LES FILLES DE SULTANA

DU MÊME AUTEUR
CHEZ POCKET

SULTANA

JEAN SASSON

LES FILLES
DE SULTANA

FIXOT

Titre original :
PRINCESS SULTANA'S DAUGHTERS

Traduit de l'anglais par Marie-Thérèse Cuny

Le Code de la propriété intellectuelle n'autorisant, aux termes de l'article L. 122-5, (2° et 3° a), d'une part, que les « copies ou reproductions strictement réservées à l'usage privé du copiste et non destinées à une utilisation collective » et, d'autre part, que les analyses et les courtes citations dans un but d'exemple et d'illustration, « toute représentation ou reproduction intégrale ou partielle faite sans le consentement de l'auteur ou de ses ayants droit ou ayants cause est illicite » (art. L. 122-4).
Cette représentation ou reproduction, par quelque procédé que ce soit, constituerait donc une contrefaçon sanctionnée par les articles L. 335-2 et suivants du Code de la propriété intellectuelle.

© 1994 by Sasson Corporation
Traduction française : Fixot, 1995.

édition originale : Bantam Doubleday Dell Publishing Group, Inc.,
(New York)

ISBN : 2-266-07332-X

AVERTISSEMENT

Pour une femme occidentale, certains mots et certains comportements se conçoivent aisément. Il y a bien longtemps que nous « n'appartenons » plus ni à notre père ni à notre mari, encore moins à un frère, à un cousin ou à un oncle, tel un objet que les hommes se transmettraient par héritage.

Nous avons des droits auxquels parfois nous ne pensons même plus tant ils sont devenus naturels.

Il est naturel qu'une femme ait droit à la parole et qu'elle vote, naturel qu'elle choisisse l'homme qu'elle aime, qu'elle travaille, s'habille et voyage comme elle l'entend. Naturel qu'elle fasse des enfants ou non, divorce ou non, conduise une voiture, et offre librement son visage à la lumière du soleil ou au regard des autres.

En Occident, une femme est libre, une femme est l'égale d'un homme.

Ailleurs, dans certains pays, c'est une autre histoire. En Arabie Saoudite, par exemple, ce pays dont on parle si peu, sauf à l'occasion de la guerre du Golfe.

Dans ce deuxième tome de la vie de la princesse Sultana d'Arabie Saoudite, derrière le voile, derrière les murs de la domination masculine, une femme cultivée, intelligente et drôle, critique et raconte un pouvoir absolu.

Nous connaissons en Europe le risque que représente ce genre de témoignage. Plus prisonnière encore que d'autres femmes, en raison de sa condition de princesse royale, Sultana est contrainte à l'anonymat.

Ce n'est pas la révolution qu'elle réclame. C'est le droit. Le simple droit, pour toutes les femmes de son pays, qu'elles soient riches ou pauvres, princesses ou servantes. Ces femmes qui ne possèdent sur terre, disent les Saoudiens, que leur « voile et leur tombe ». Un voile noir, une tombe sans inscription dans le désert. Une naissance anonyme, aucun passeport individuel, et à la moindre « faute » l'enfermement à vie, la lapidation, ou la mort.

Plus que le récit de la vie d'une princesse, d'une épouse et d'une mère de famille, ce livre est le cri d'une femme dans le désert masculin de son pays, où la moindre velléité de féminisme, la plus minuscule des libertés sont des péchés.

PROLOGUE

Le vent ne peut bousculer un grand roc; l'esprit du sage ne sera perturbé ni par la gloire ni par le pouvoir.

J'ai lu un jour que la plume d'un écrivain était capable de poignarder un roi. En regardant la photographie de mon oncle, le roi Fahd ibn Abdul Aziz d'Arabie Saoudite, j'ai dû me rendre à l'évidence : je n'avais absolument pas le désir de poignarder notre roi, ni de susciter la plus petite étincelle de courroux chez cet homme dont je connais la gentillesse.

Effleurant légèrement du doigt cette image, j'essaye de me remémorer l'homme de mon enfance. Le photographe a fait le portrait d'un être mûr – plus rien ne subsiste ici du visage jeune dont je me souviens. La mâchoire redoutable, les sourcils sévères ont pris l'avantage sur les traits de l'homme sympathique et charmant que je préfère garder en mémoire.

Parfois, lorsque mes souvenirs vagabondent, je revois mon oncle avant son couronnement. La stature haute, les épaules larges, ses grandes mains ouvertes, offrant gentiment une datte à la petite fille craintive que j'étais. Comme son père avant lui, Fahd était robuste et, à mes yeux d'enfant, ressemblait plus au fils de guerrier bédouin qu'il était alors qu'à l'homme d'État qu'il allait devenir.

Curieusement, en dépit de ma hardiesse habituelle, je

me comportais devant lui avec timidité. J'acceptais craintivement le fruit du désert qu'il me tendait du bout des doigts pour me réfugier ensuite dans les bras de ma mère. Je me rappelle le grand rire qu'il eut en me regardant goûter maladroitement la douceur sucrée de la datte.

Selon la coutume saoudienne, dès l'âge de la puberté je ne devais plus me dévoiler en présence du roi. Et cela jusqu'à ce qu'il ait lui-même atteint la vieillesse.

En le voyant si sombre, si sévère maintenant, je me dis que les années de son règne l'ont endurci, que les responsabilités du pouvoir l'ont lourdement éprouvé. Et, bien qu'il soit toujours imposant et majestueux, notre roi ne peut plus être considéré comme un bel homme. Les paupières lourdes tombent sur les yeux bouffis, le nez fait une ombre à la lèvre supérieure qui rétrécit la bouche déjà trop mince. Sur le portrait officiel, si familier à tous les Saoudiens et aux visiteurs du royaume, que l'on accroche scrupuleusement dans chaque entreprise, au mur de chaque administration de mon pays, le roi apparaît si éloigné de l'homme que j'ai connu, comme inaccessible et arrogant.

Malgré son autorité inattaquable, et son immense richesse, sa position n'est pas enviable. Le souverain absolu de l'une des nations les plus riches de la planète règne sur une terre brûlante et desséchée, et ce règne est un perpétuel combat entre la tradition et la modernité.

Alors que la plupart des pays ont opté pour l'abandon des mœurs ancestrales et progressent doucement vers des systèmes moins archaïques, qui permettent à la civilisation d'avancer, notre roi n'a pas choisi une telle voie.

Lui, simple mortel, est dans l'obligation d'imposer la paix et l'union à quatre groupes de citoyens. Des citoyens tellement différents, et divisés : les religieux fondamentalistes, rigides, craints par le pouvoir, qui réclament le retour au passé ; la classe moyenne, importante, cultivée, qui revendique à cor et à cri d'être débarrassée de ces vieilles coutumes qui étouffent l'existence quotidienne ; les tribus bédouines qui luttent pour ne pas sacrifier leur vie libre et rude aux mirages des grandes villes; enfin, les membres de l'immense famille royale qui ne désirent rien d'autre que richesse – et encore plus de richesse. Or il existe un autre groupe, bien oublié : ce sont les femmes d'Arabie Saoudite, dont les désirs et les besoins divergent de ceux des hommes qui régentent leur vie.

Paradoxalement, moi qui suis femme, profondément frustrée par l'attitude du roi, je n'ai guère de rancœur contre lui. Pour gouverner, il doit d'abord s'assurer la simple loyauté de ses fils et frères avant de pouvoir affronter la rigidité des religieux.

Ces ecclésiastiques affirment haut et fort qu'ils interprètent correctement les lois historiques qui permettent aux hommes de dominer leurs femmes. Il y a beaucoup d'hommes simples en Arabie Saoudite, ils se satisfont de ce statu quo, ayant découvert qu'il est plus facile d'ignorer les plaintes de leurs épouses que de suivre le roi dans une tentative de changement de la société.

En dépit de ces difficultés, la majorité des Saoudiens soutiennent le roi Fahd. Dans l'esprit de ses sujets, il demeure un homme de générosité et de courage. Seuls les fondamentalistes réclament sa chute.

Les femmes de notre famille savent que le roi est aimé de ses épouses. Or, qui connaît mieux un homme que son épouse ?

Alors que le règne de notre roi Fahd est mené d'une poigne plus douce que celle de son père et que celle qu'auraient sûrement ses trois frères, il est impensable d'admettre que mon premier livre, *Sultana*, soit une gifle au visage de l'homme qui gouverne mon pays. Ce n'est pas le cas et je regrette profondément cette interprétation.

J'ai éprouvé une énorme culpabilité en décidant de briser le fil de la tradition et de faire voler aux quatre vents les secrets de ma famille. Maintenant, et pour la première fois, je me demande si j'ai agi avec plus de passion que de rancune. Il est possible que mon enthousiasme et mon manque de culture aient fait de moi une piètre diplomate.

En attendant que se calment ma conscience et mes frayeurs, comment pourrais-je oublier ma colère contre ces hommes de ma famille, les maîtres de l'Arabie Saoudite, qui tiennent pour rien la souffrance des femmes du pays sur lequel ils règnent en potentats.

1

DÉVOILÉE

Le désespoir obscurcit la vue et bouche les oreilles. On ne voit plus que les fantômes de la mort, on n'entend plus que le battement de leurs cœurs en détresse.

Nous sommes en octobre 1992, et moi, princesse Sultana Al Sa'ud, je compte les jours du calendrier avec un mélange d'excitation anxieuse et de morosité déprimante.

Sultana, le livre qui raconte ma vie de femme voilée, a été édité aux États-Unis en septembre. Depuis sa publication, j'ai le sombre pressentiment de marcher vers la mort, comme suspendue dans le temps et l'espace.

Je sais qu'aucune initiative de ce genre, petite ou grande, bonne ou mauvaise, ne peut, ici, demeurer sans effet.

Et je retiens mon souffle, dans l'espoir de sortir saine et sauve de cette aventure, perdue dans l'anonymat rassurant de l'immense famille Al Sa'ud. Pourtant, instinctivement, quelque chose me dit que je suis déjà découverte. Je le sens.

Alors que je me débats intérieurement entre culpabilité et frayeur, Karim, mon mari, surgit soudain dans la maison, appelant à tue-tête mon frère Ali qui vient de rentrer d'un voyage en Europe. « Nous sommes tous convoqués d'urgence, par mon père en son palais, pour une réunion de famille », dit-il.

Les yeux noirs étincelants dans son visage devenu rouge de colère, mon mari a l'air d'un chien enragé. Me vient à l'esprit une idée terrifiante : Karim a entendu parler du livre ! La seconde suivante, une image affreuse me traverse la tête : je me vois prisonnière, étouffée dans un cachot sinistre, séparée pour toujours de mes enfants adorés. J'efface rapidement cette vision horrible et demande d'une voix de petite fille, suppliante et haut perchée, si éloignée de la mienne :

– Que se passe-t-il ?

Karim hausse les épaules :

– Est-ce que je sais, moi ?

Ses narines frémissent d'irritation, il marmonne :

– J'ai pourtant averti ton père de ce voyage très important à Zurich, demain, et que nous irions le voir toi et moi, à mon retour, mais il s'obstine à vouloir me faire changer mes plans !

Karim fonce comme une tornade dans l'office en maugréant :

– Trois rendez-vous à décommander !

Les genoux en coton, je m'effondre sur le divan, un peu soulagée tout de même. Ma conclusion était prématurée, la colère de Karim n'a rien à voir avec moi ! Le courage me revient et des couleurs aussi.

Mais j'ai toujours la terreur d'être découverte, et il reste de longues heures à attendre avant cette maudite et soudaine assemblée de famille.

Le moment venu, j'affiche une feinte décontraction, souris, bavarde, tandis que nous traversons, Karim et moi, l'immense hall d'entrée du nouveau palais de mon père, foulant d'épais et somptueux tapis persans.

Père n'est pas encore rentré, et apparemment nous sommes les derniers arrivés. Les onze autres enfants vivants de ma mère ont été convoqués, mais sans leurs conjoints. Je sais que trois de mes sœurs ont pris l'avion de Jeddah pour Riyad, et deux autres sont venues de Taïf.

D'un coup d'œil, je m'aperçois que Karim est le seul membre extérieur à la famille. Même la dernière épouse de mon père et ses enfants sont invisibles. Je devine qu'on les a confinés dans leurs appartements privés.

L'urgence bizarre de cette réunion me ramène au livre et mon cœur se serre d'effroi. Ma sœur Sara et moi échangeons des regards angoissés. Elle est la seule de la famille à être au courant de cette publication, ses craintes sont les mêmes que les miennes.

Tous ceux de mon sang me saluent, excepté mon unique frère, Ali. Et je surprends des coups d'œil sournois et furtifs de sa part dans ma direction.

Quelques instants après notre arrivée, père pénètre dans la pièce. Ses dix filles se redressent en même temps, avec respect et, chacune à leur tour, rendent hommage à l'homme qui leur a donné la vie – sans le moindre amour.

Je n'ai pas vu mon père depuis quelques mois; il me semble las et prématurément vieilli. Au moment où je tente de l'embrasser sur la joue, il se détourne avec impatience, refusant délibérément mon élan. Mes peurs n'en deviennent que plus intenses. Je vois bien maintenant à quel point je me suis montrée naïve en croyant que les Al Sa'ud étaient trop préoccupés par une insatiable soif de richesses pour prêter attention aux livres.

Je tremble de plus en plus.

D'un ton sévère, père ordonne à tout le monde de s'asseoir, en nous avertissant qu'il a de mauvaises nouvelles à nous apprendre.

Ali, avec son attirance sadique pour la souffrance des autres, ne cesse de m'observer d'un air de fausse pitié. Cette fois, plus de doute, il est au courant de l'affaire qui nous réunit ce soir.

Père fouille dans son grand attaché-case noir et en sort effectivement un livre, mais que personne d'entre nous ne pourrait lire car il est en langue étrangère. Je suis déconcertée. Peut-être me suis-je trompée ? Peut-être ai-je eu peur trop tôt ?

La voix vibrant d'une rage à peine déguisée, père annonce qu'Ali a découvert récemment cet ouvrage dans une librairie à l'aéroport de Francfort et qu'on y raconte l'histoire d'une princesse, une femme stupide et folle, ignorant les impératifs de son rang et de ses privilèges royaux. Il fait lentement le tour de l'assemblée, le livre à la main. L'image de couverture ne représente pas forcément une Saoudienne; la femme est effectivement voilée mais se tient sur un fond de minarets turcs. J'ai le fol espoir qu'une vieille princesse d'Égypte ou de Turquie en exil ait écrit un livre de souvenirs quelconques, mais je comprends très vite qu'un tel récit ne présenterait aucun intérêt dans notre pays.

Quand mon père s'arrête devant moi, je peux enfin déchiffrer le titre en allemand: *Ich, Prinzessin aus dem Hause Al Saud*.

C'est moi, c'est mon histoire!

Je ne suis plus en contact avec l'auteur depuis qu'elle m'a dit avoir confié le manuscrit à William Morrow aux États-Unis, une importante et respectable maison d'édition. J'ignorais donc que mon livre, *Sultana*, édité dans de nombreux pays, était devenu entre-temps un grand succès.

Un court instant, je me sens défaillir d'émotion et de terreur. Le sang se retire de mon visage, puis l'envahit à nouveau brutalement; de blême, je deviens écarlate. Paralysée, j'entends à peine la voix furieuse de mon père expliquant qu'Ali, intrigué par ce livre où le nom de notre famille apparaissait, s'est donné énormément de mal pour le faire traduire.

Au début, Ali était tout simplement irrité à l'idée qu'une obscure princesse, probablement négligée au sein même de notre famille, ait pu divulguer les ridicules petits secrets de sa vie. Mais en lisant la traduction, il a parfaitement reconnu dès les premières pages des incidents de sa propre enfance! Furieux, il a abandonné ses projets de vacances pour rentrer précipitamment à Riyad.

Père dispose de plusieurs copies de la traduction, il fait un petit signe de la main à Ali qui s'empare d'une énorme pile de documents posés près de lui et commence à distribuer, à chacun de nous, un paquet de feuillets ceint d'un large ruban.

Troublé, Karim me dévisage en fronçant les sourcils et en roulant des yeux interrogateurs.

Jusqu'à l'ultime seconde, je fais celle qui ne comprend rien et hausse les épaules, regardant sans les voir, sans les lire, les papiers que je tiens dans ma main.

Mais d'une voix de fauve en colère, père hurle mon nom :

– Sultana!

Tout mon corps sursaute. Père se met à parler rapidement, les mots sortent de sa bouche comme les balles d'une mitraillette.

– Sultana! Tu te souviens du mariage et du divorce de ta sœur Sara? de la méchanceté de tes amies d'enfance? de la mort de ta mère? de ton voyage en Égypte? de ton mariage avec Karim? de la naissance de ton fils? Sultana?

J'ai cessé de respirer. Sans répit, père poursuit ses accusations.

– Sultana? Si tu as du mal à te souvenir de tous ces événements, je te suggère de lire ce livre!

Il le lance à mes pieds. Incapable de bouger, je fixe, muette, le livre à terre.

Mon père ordonne :

– Sultana! Ramasse-le!

Karim le récupère avant moi, regarde la couverture, s'étrangle, prend une profonde inspiration, puis se tourne vers moi.

– Qu'est-ce que c'est, Sultana?

La peur me paralyse, mon cœur a cessé de cogner dans ma poitrine. Je viens d'en percevoir le dernier battement. Ma vie s'arrête. Silence du corps. Silence des lèvres. Je meurs sur place.

Karim rejette le livre, me prend par les épaules et me secoue avec une rage presque démente. Alors les coups familiers reprennent, mon cœur se remet à battre, je vis toujours. Il me vient une idée enfantine à cet instant, une vague de chagrin. Je ne suis pas morte sur le coup, me voilà donc un fardeau pour mon mari, et j'en porterai la culpabilité toute ma vie.

Les muscles de mon cou claquent sous la puissance des secousses de Karim tandis que mon père hurle :
— Sultana ! je t'ordonne de répondre à ton mari !
Soudain les années s'effacent. Me voilà redevenue enfant, à la merci de mon père. Comme j'aimerais que ma mère soit encore en vie, seule la tendresse maternelle savait me préserver de ce duel haineux et permanent entre lui et moi.

Un gémissement sort péniblement de ma gorge serrée. Bien souvent, par le passé, je me suis persuadée qu'il n'existait pas de liberté sans courage, et voilà que le courage me fuit au moment où j'en ai le plus besoin. Je savais bien que si les membres de ma famille proche lisaient ce livre, mon secret serait découvert. Naïvement, je comptais sur le fait que seule Sara s'intéressait à la lecture. Et que si des bruits couraient en ville, personne ne les prendrait au sérieux.

Or, ironie, c'est mon frère, l'homme qui méprise ouvertement les femmes, qui a lu ce livre dénonçant les abus qu'elles subissent dans mon pays. Mon démon de frère, Ali, a brisé l'armure de mon précieux anonymat.

Je regarde craintivement autour de moi, mon père, mes sœurs, mon frère. Comme s'ils s'étaient donné le mot, ils arborent le même air de surprise et de colère, qui se transforme graduellement en un regard uniformément dur. Ils vont me haïr.

En me raclant la gorge, je tente de protester faiblement. Je reconnais le forfait commis contre la plus haute autorité, je suis coupable, je dis ce que tout bon musulman doit dire lorsqu'il est pris en faute et que la punition est suspendue au-dessus de sa tête. Je frappe le document de ma main :
— Dieu l'a voulu ! Ce livre est Sa Volonté !
Ali est prompt à répliquer en raillant :
— Dieu ? Sûrement pas ! Le diable l'a voulu ! Pas Dieu !
Il se tourne vers mon père, l'air extrêmement sérieux :
— Depuis sa naissance, Sultana abrite un esprit mauvais en elle. C'est lui qui a voulu ce livre !

Mes sœurs feuillettent rapidement les pages, avides de vérifier par elles-mêmes si nos secrets ont été réellement dévoilés au public. Il ne reste que Sara pour me soutenir. Elle se lève tranquillement de son siège, vient se glisser derrière moi et pose ses mains sur mes épaules pour m'apporter le réconfort d'un geste tendre.

Karim est figé à présent. Après sa première explosion de colère il s'est plongé dans la lecture. En me penchant un peu de côté, je vois qu'il tient le chapitre de notre première rencontre et de notre mariage. Parfaitement calme, il se met à lire à voix haute les mots qu'il découvre pour la première fois.

La fureur de mon père encourage l'élan haineux d'Ali. Ils discutent entre eux de ma stupidité, s'entraînent mutuellement, rivalisant d'attaques verbales. Au milieu de ce vacarme passionné, j'entends même Ali m'accuser de félonie.

Félonie ? J'aime Dieu, mon pays, mon roi, exactement dans cet ordre-là, et je crie à mon tour :

– Non, je ne suis pas une traîtresse ! Seul un ramassis d'esprits médiocres peut parvenir à cette conclusion !

Au fur et à mesure que ma colère monte, la peur cède le pas. En fin de compte, les hommes de ma famille ont pour seule croyance que les hommes et les femmes ne peuvent vivre en paix que si l'un des deux sexes est assez fort pour écraser totalement l'autre. Nous, femmes d'Arabie Saoudite, qui commençons à être éduquées et à penser enfin par nous-mêmes, nous ne pouvons que constater la discrimination dont nous avons plus que jamais à souffrir. Finalement, cette bataille de famille commence à me plaire – si elle aboutissait à plus de droits pour les femmes ? Cela vaut mieux que cette fausse paix, cette hypocrisie consentie qui n'amène rien aux femmes qu'une aliénation supplémentaire. Mais le moment est mal choisi pour argumenter dans ce sens.

La discussion orageuse ne cesse de s'enflammer, et je me sens perdue dans les détails. La frayeur du début a brouillé mes souvenirs. Au fait, pourquoi ai-je demandé à Jean Sasson, cette journaliste américaine, libre, elle, dans son pays, d'écrire mon histoire ? Je n'écoute même plus les accusations et je me concentre sur le souvenir de la mort atroce de mon amie Nada. Car c'est pour elle, aussi, Nada, que j'ai voulu témoigner.

J'étais adolescente à cette époque, et les autorités religieuses venaient de surprendre mes deux meilleures amies, Nada et Wafa, en compagnie d'hommes qui, oh ! scandale ! n'étaient ni leurs maris ni des membres de leurs familles. Parce qu'elles étaient toujours vierges, l'État ne les a pas condamnées pour crime contre la morale. Mais on les a remises entre les mains de leurs pères respectifs afin qu'ils décident eux-mêmes de la punition.

Wafa a dû épouser un homme beaucoup plus âgé qu'elle. Nada a été exécutée, châtiment cruel que son propre père a réclamé lui-même en affirmant que l'honneur de la famille était ruiné par l'horrible comportement sexuel de sa plus jeune fille. L'exécution de Nada était censée lui restituer cet honneur soi-disant perdu !

Je me souviens aussi de la terrible séquestration de la meilleure amie de ma sœur Tahani, Sameera, une jeune fille dont les parents étaient morts, victimes d'un accident de la route. Elle s'était enfuie aux États-Unis avec son amoureux, après avoir subi les mauvais traitements de son oncle, devenu son tuteur à la mort de ses parents. Lorsqu'il a réussi à la retrouver aux États-Unis, et à la faire rentrer en Arabie Saoudite, ce fut une affreuse tragédie. Furieux de cette histoire d'amour, l'oncle l'a d'abord mariée à un homme dont elle ne voulait pas puis, lorsqu'il fut évident que Sameera n'était plus vierge, on la fit enfermer dans la « chambre des femmes », où elle se trouve toujours prisonnière, à l'heure où éclate ma propre crise familiale.

Bien avant la publication de mon livre, je savais qu'aucun témoignage oral ne paraîtrait crédible. Il fallait que des lecteurs se rendent compte par eux-mêmes de la barbarie dont ces hommes font preuve vis-à-vis de leurs femmes. Et encore, quelque chose me dit que peu de gens sont en mesure de me croire, et que d'autres ignorent tout simplement les mœurs et traditions de notre pays. Je me demande même maintenant si les destins tragiques de Nada et de Sameera ont réussi à toucher le cœur des lecteurs étrangers.

Tous les souvenirs liés au destin de mes malheureuses amies, et à leurs fins lamentables, me redonnent l'énergie pour lutter. Je me sens de plus en plus hors de moi et me dis que qui veut la liberté doit la payer de sa propre vie.

Le pire est arrivé. On m'a découverte. Et alors ?

Le moment est crucial. Mes forces revenues, je fais face à mes adversaires. Je sens bouillonner dans mes veines le sang guerrier de mon valeureux grand-père Abdul Aziz.

Depuis mon enfance, je suis habituée à réagir avec plus de courage que de peur devant la réalité du danger. Et le courage ne fait que renforcer ma résolution.

Je revois le visage de cet homme qui offrait gentiment des dattes succulentes à la petite fille que j'étais. Une idée folle me vient. Sans hésitation, je clame bien fort au-dessus du tollé général :

– Emmenez-moi chez le roi !

Les cris s'arrêtent. Incrédule, mon père répète après moi :

– Chez le roi ?

Ali fait « Tsit... tsit » du bout de langue, avec mépris :

– Le roi ne voudra même pas te voir !

– Si ! Il le voudra ! Je veux lui expliquer moi-même pourquoi j'ai dû écrire ce livre, lui faire toucher du doigt l'existence épouvantable des femmes de son royaume. Je veux me confesser. Mais uniquement devant le roi.

Mon père consulte son fils du coin de l'œil. Leurs regards se croisent et se comprennent. Je peux lire dans leurs pensées comme dans un livre : Une fois, cela passe encore, mais point trop n'en faut !

– J'insiste pour me confesser à lui. Au roi.

Car je le connais bien ce monarque, il déteste la confrontation. Bien entendu, il me châtiera.

Mais avant de me confesser devant lui, je dois pouvoir

parler à un journaliste étranger, révéler mon identité. Si j'ai à être punie, le monde saura comment notre pays traite ceux qui dévoilent la vérité.

Je me dirige vers le téléphone, placé sur une petite table près du hall d'entrée, et cherche désespérément à me rappeler le numéro de téléphone de ce journal international que j'avais pourtant mémorisé dans le cas d'une telle éventualité.

Karim bondit sur ses pieds, se précipite pour me devancer et, dressé de toute sa taille devant moi, me bloque le chemin. Le visage mauvais, il pointe son bras vers mon corps comme s'il s'agissait de l'arme du bourreau.

En dépit de la gravité du moment, quelque chose m'amuse dans cette démesure, tout comme l'expression de son visage. J'éclate de rire. Mon mari est susceptible d'accès de folie et, s'il n'a pas encore appris à me faire taire, il peut toujours m'enterrer vivante. Mais il ne s'y résoudrait jamais, je le sais bien, car il est incapable de violence, et cette certitude m'a toujours donné de la force. Ni lui ni moi ne faisons un geste de plus. L'intensité de cet instant dramatique me pousse à hurler :

– Quand le gibier est acculé, le chasseur est en danger !

L'idée me vient de me précipiter sur lui, la tête en avant. J'envisage sérieusement cette possibilité, lorsque ma sœur aînée, Nura, se met entre nous et s'efforce de nous calmer de sa voix douce.

– Cela suffit ! Ce n'est pas comme ça que vous résoudrez le problème !

Elle s'arrête, jette un regard dans la direction d'Ali et de mon père.

– Tout le monde crie. Les serviteurs vont entendre chacune de nos paroles ! Ce qui poserait un vrai problème.

Nura est la seule de ses filles qui ait réussi à se faire apprécier et entendre de mon père ; il nous demande alors de reprendre notre calme.

Karim me traîne par le bras, et nous retournons nous

asseoir. Mon père et Ali, eux, restent debout, mais sans mot dire.

Depuis la parution du livre, la peur ne cessait de me tourmenter, et voilà que pour la première fois depuis des semaines, je me sens rassérénée à voir que la seule chose voulue par ces hommes est de me faire céder à leur autorité.

La réunion se poursuit plus calmement, nous discutons maintenant sérieusement de la meilleure manière de préserver mon anonymat. Il est évident que les gens vont spéculer, à travers le royaume, sur l'identité de cette princesse. Ma famille est d'accord sur le fait qu'il est impossible aux Saoudiens, qui n'ont pas accès aux cercles des familles princières, de découvrir qui je suis. Il n'existe pas de réel danger non plus venant de nos parents masculins car au sein de l'immense famille Al Sa'ud, les hommes se tiennent systématiquement à l'écart des activités des femmes : mon père a toujours tenu fermement à exclure les femmes de notre famille et se résigne rarement à ce qu'elles participent à certaines réunions privées.

Un moment de panique s'empare du cercle familial lorsque Tahani nous rappelle que l'une de nos vieilles tantes, qui a vécu de près le mariage épouvantable de Sara et son divorce, est toujours en vie.

Nura calme l'inquiétude générale en nous apprenant qu'on a diagnostiqué chez elle, il y a quelques jours seulement, des troubles mentaux dus à son grand âge ; elle est même rarement lucide – si tant est qu'elle le fût jamais. Si elle entend parler de ce livre, par un hasard extraordinaire, rien de ce qu'elle dira ne sera pris au sérieux par le reste de la famille.

Chacun soupire de soulagement. Quant à moi, je n'ai pas peur de la vieille femme. Je me souviens de ses confidences et qu'elle m'offrait en me chuchotant à l'oreille, son soutien dans ma quête de liberté pour les femmes. Cette tante s'était vantée auprès de moi d'être la première féministe au monde, bien avant que les femmes européennes osent seulement y penser. Elle m'avait raconté avoir exigé, la nuit même de ses noces, de son époux stupéfait, qu'il lui apprenne à compter l'argent de la vente des moutons, jusqu'à ce que les chiffres s'impriment dans sa tête. Il avait dû, pour cela, d'un bâton les inscrire dans le sable ! De plus, l'époux en question n'eut pas le droit de prendre une autre femme, car elle lui répétait inlassablement qu'elle lui suffisait amplement. Elle riait sous cape en me confiant que le secret, pour tenir un homme en laisse, résidait dans l'habileté de la femme à garder le « bâton de cuir » de son époux rigide et toujours prêt.

J'étais une très jeune fille à cette époque et je n'avais aucune idée de ce que pouvait être un « bâton de cuir ». Mais plus tard, j'ai ri à mon tour en songeant aux vigoureux ébats qui devaient agiter leur tente dans le désert.

Après la mort précoce de son mari, ma tante m'a avoué combien ses tendres caresses lui manquaient et qu'elle refusait de prendre un autre compagnon en souvenir de lui.

Durant toutes ces années, j'ai jalousement gardé secrètes ses confidences, craignant qu'une révélation ne puisse chagriner un jour son âme.

Pendant des heures, toute la famille s'est penchée sur la traduction pour s'assurer que personne d'autre, de vivant en dehors d'elle-même, ne pouvait être au courant des drames et querelles intimes qui s'y trouvaient révélés.

Ils paraissent maintenant visiblement soulagés. De plus, je ressens un léger vent d'admiration pour la manière dont j'ai su habilement brouiller les pistes et éviter que les autorités ne viennent directement devant ma porte.

La soirée s'achève sur les recommandations de notre père et d'Ali, afin que mes sœurs ne disent rien à leurs époux de cette affaire. Qui sait si un mari ne se sentirait pas tenté de se livrer à son tour à une mère ou à une sœur ?

Mes sœurs auront l'obligation de raconter que cette

réunion tardive concernait des « histoires de femmes » qui, de toute façon, n'intéressent pas les hommes.

À moi, mon père m'ordonne sévèrement de ne pas « faire état » de mon « crime » en public ; le fait que ce livre soit l'histoire de ma vie doit demeurer au tombeau. Il me rappelle que je ne serai pas la seule, en cas de manquement, à subir de terribles châtiments – assignation à résidence, ou même emprisonnement – mais que les hommes de la famille, y compris mon propre fils Abdullah, seraient éclaboussés et se trouveraient rejetés par la société saoudienne, société patriarcale qui place au-dessus de tout le pouvoir et l'autorité d'un homme sur ses femmes.

En gage de soumission, je baisse les yeux et promets d'obéir. Mais je cache une joie nouvelle dans mon cœur, car j'ai fait ce soir une découverte importante : les hommes de ma famille se retrouvent ligotés par moi et par mon silence, mieux que par une chaîne. Car leur domination sur moi les emprisonne aujourd'hui aussi sûrement qu'elle m'enferme.

Je souhaite une bonne nuit à mon père et à mon frère, en pensant intérieurement : la main qui détient le poison est elle-même empoisonnée.

Ali, ce frère cruel, se retrouve déconfit et frustré. Il aurait tant aimé me voir mise aux arrêts à la maison, mais hélas ! il ne peut pas prendre le risque de faire souffrir son orgueil de mâle, ce qui serait le cas puisqu'il est lié par le sang à une femme comme moi.

Je le salue chaleureusement, en lui glissant à l'oreille :
– Rappelle-toi toujours de ça, Ali, on ne peut pas écraser *n'importe quel* prisonnier.

C'est un immense triomphe !

En rentrant à la maison, Karim est maussade, buté, renfrogné. Il fume une cigarette après l'autre, en maudissant le chauffeur philippin et en l'accusant de conduire son maître de manière brusque. Il le prend comme bouc émissaire. Pour l'instant.

J'appuie mon visage contre la vitre, sans rien voir des

rues de Riyad que nous traversons et me prépare à une seconde bataille. Je sais bien que je ne pourrai échapper à la fureur de Karim.

Une fois enfermés dans notre chambre, il empoigne le paquet de feuilles et se met à lire à voix haute les passages les plus insultants pour lui :

« Il était en apparence réconfortant et agréable, mais en réalité hypocrite et égoïste. J'étais écœurée de découvrir qu'il était avant tout une coquille d'homme, sans beaucoup de confiance en lui-même en fin de compte ! » Il me reste un fonds de sympathie pour cet être qui n'a pas voulu montrer de souffrance ou de colère devant la révélation publique de ses faiblesses. Je dois lutter contre l'émotion, m'obliger à me rappeler les agissements de ce mari qui m'avait tant fait souffrir. Mais j'ignore à cet instant s'il faut rire de lui ou en pleurer.

Karim me donne lui-même la réponse, par son comportement excessif. Mon mari lève les bras au ciel, tape des pieds. Il me rappelle l'une des marionnettes du spectacle égyptien présenté la semaine dernière dans le palais de ma sœur Sara, où les figurines étaient déguisées en Saoudiens. Plus je le regarde, plus il ressemble à Goha, personnage imaginaire charmeur et excentrique, célèbre dans tout le monde arabe. Au cours de la représentation, Goha, dans son état de folie habituelle, piaffait sur la scène et se désarticulait dans des positions incroyables.

Je serre les lèvres sur un fou rire qui menace et m'attends à chaque seconde à le voir s'effondrer sur le sol et se laisser aller à une crise d'enfant gâté.

« Il écume, il est rouge de honte ; peut-être se met-il en colère contre sa propre incapacité à maîtriser sa femme. »

Karim me jette un regard haineux :

— Sultana ! cela ne devrait pas te faire rire ! Je suis vraiment furieux !

Me débattant toujours dans des émotions contradictoires, je risque :

— Tu prétends nier que ce que tu viens de lire n'est pas la vérité ?

Sans m'écouter, Karim continue comme un dément à débusquer les passages les plus affligeants pour lui, en l'occurrence l'extrait où Sultana le quitte. Véritablement hors de lui, il lit tout haut :

« Comme j'aurais aimé être mariée à un battant, un homme au tempérament de feu et d'acier, capable de diriger sa vie ! »

À chaque mot, sa rage ne fait que croître et s'exalter, il me met le livre sous le nez et pointe du doigt les phrases :

« Six ans auparavant, Sultana avait souffert d'une maladie vénérienne. Après beaucoup de tergiversations, Karim voulut bien admettre qu'il avait passé un week-end avec des étrangères et avait eu des relations sexuelles avec elles... Une fois passé l'angoisse de la maladie, Karim promit qu'il ne tenterait plus le week-end aventureux, mais Sultana répondit qu'elle le savait faible devant ce genre de fête et qu'il continuerait à s'y laisser aller, sans aucune honte. Leur merveilleux amour n'était plus qu'un souvenir. Sultana dit qu'elle resterait avec son mari et supporterait son calvaire, mais pour la sauvegarde de ses filles. »

Cette révélation le met tellement en fureur que je crains de le voir s'étouffer. Mon mari m'accuse d'être une « empoisonneuse de paradis » en hurlant que « notre existence a été et reste parfaite ! ».

Je dois reconnaître que j'ai retrouvé un peu de mon amour et de ma confiance en lui depuis l'année dernière, mais dans des moments comme aujourd'hui, je suis à nouveau consternée par la lâcheté, la couardise des hommes de notre famille. Je vois bien, à son attitude, qu'il n'a aucune idée de ce qui m'a fait risquer ma sécurité et notre bonheur en révélant les événements de notre vie, ou en décrivant les faits tragiques qui ont mené à la mort d'innocentes jeunes femmes, dans son propre pays. Karim ne se sent concerné que par la description de sa personne et est ulcéré de se découvrir si médiocre.

J'essaie encore d'expliquer que lui et les autres

hommes de la famille Al Sa'ud ont seuls le pouvoir de faire évoluer les choses dans ce pays. Que doucement, sans heurts, à leur manière subtile, ils pourraient au moins encourager ce changement. Mais comme il ignore ma supplique, je comprends que ces hommes-là ne risqueront jamais de défier le pouvoir royal pour le bien-être de leurs femmes : ils sont trop passionnément attachés à la couronne.

Karim retrouve un peu de sa dignité quand je lui rappelle que personne d'autre, hormis les membres de la famille et l'auteur, ne sait qui il est ! Et que ceux qui le connaissent bien sont au courant de ses qualités et de ses défauts depuis longtemps, sans avoir eu besoin de lire ce livre.

Il s'assied près de moi et, d'un doigt léger, caresse ma nuque, presque apaisé.

– Pourquoi as-tu raconté cette histoire de maladie vénérienne à Jean Sasson ?

Je me tortille avec gêne, et Karim secoue lentement la tête de droite à gauche, visiblement découragé par sa femme :

– Rien n'est donc sacré pour toi, Sultana ?

Nombre de batailles s'achèvent sur des compromis de bonne volonté, et la nôtre se termine sur des démonstrations d'affection assez inattendues. Étrangement, Karim chuchote qu'il ne m'a jamais autant aimée...

Voilà que mon mari me fait la cour et que mes ressentiments s'évanouissent. Il réveille en moi un amour que je croyais à jamais perdu, et mon aisance à aimer et à haïr le même homme en même temps me laisse perplexe.

Plus tard, alors que Karim s'est endormi, étendue à ses côtés je revois chaque instant de cette terrible journée. En fait, malgré l'issue apparemment calme de la soirée, le renouveau du désir de Karim et la promesse que la famille garantira mon anonymat, je ne me sens toujours pas en sécurité. C'est la peur du bannissement ou de la punition royale.

Il me sera impossible d'être sereine avant que mon

pays trouve une juste paix sociale pour les femmes dont je porte le fardeau. Les dures nécessités de notre vie m'obligent à poursuivre mes efforts afin d'obtenir un jour la liberté pour chaque femme d'Arabie.

Et je me pose une question : je suis la mère de deux filles et n'ai-je donc pas le devoir de lutter pour mes filles, et les filles de mes filles ?

Je souris en repensant à Goha qui disait si comiquement des mots tout à fait sensés : « Un chien fidèle du désert peut-il se désintéresser de la défense de son maître pour peu qu'il trouve un os sur son chemin ? »

J'ai crié tout haut : « Non ! », et Karim s'agite dans son sommeil. Alors je caresse ses cheveux en lui murmurant des mots tendres pour qu'il se rendorme. Je sais maintenant que je ne pourrai garder le secret. La communauté mondiale décidera elle-même si je dois ou non retourner au silence. À moins que les gens ne choisissent de se boucher les oreilles pour ne pas entendre les plaintes des femmes désespérées, je continuerai de proclamer la vérité, de dire ce qui se passe sous le voile noir. C'est ma destinée.

J'ai pris une décision. En dépit de mes promesses faites sous la contrainte, au prochain voyage hors du royaume je contacterai mon amie Jean Sasson. C'est le mieux à faire. En fermant les yeux, pour m'endormir, je me sens moins triste que la Sultana de la veille car j'entre à nouveau dans l'arène, je sais que le danger est là, que ma punition sera cruelle. La mort peut-être même. Mais je sais aussi que le silence serait plus amer, car le silence, lui, est éternel.

2

MAHA

> *Plus on a d'interdits, moins on se sent vertueux.*
>
> Tao Te Ching.

Comme tous les parents du monde, je suppose, nos enfants, les êtres que nous aimons le plus au monde, sont une source de soucis permanents. Notre fils Abdullah nous inquiète, le caractère d'Amani, la cadette nous intrigue. Quant à l'aînée de mes filles, Maha, elle nous fait peur.

Depuis son plus jeune âge, Abdullah s'est toujours surpassé dans les jeux sportifs, ce qui a représenté pour son père, lui-même athlétique, une immense satisfaction. Et comme la plupart des pères, Karim se délectait du récit des exploits de ce fils chéri. Il était difficile d'envisager, à l'entendre Abdullah raconter avec une joie enfantine les formidables succès qu'il obtenait sur un terrain de football, un avenir précis pour notre fils unique.

Un jour, alors que nous l'écoutions avec fierté détailler ses prouesses, un véritable drame se préparait. Maha et Amani s'amusaient dans leur coin avec un jeu vidéo, et nous ne prenions pas garde à elles. Soudain, Amani, la plus petite, se mit à hurler au secours, et nous vîmes avec effroi les vêtements d'Abdullah en flammes. Instinctivement, Karim le jeta à terre et s'efforça d'éteindre les longues flammèches en le roulant dans un tapis persan.

Dès que nous fûmes certains qu'il n'était pas brûlé, Karim chercha la raison de cet incendie inexplicable. De mon côté, j'éclatai d'abord en sanglots. J'ai toujours eu peur de l'œil du diable : une malédiction avait pu provoquer ce feu, pour nous punir de notre trop grand orgueil à avoir un fils aussi beau. Puis luttant contre les larmes, je m'efforçai de rassurer mes deux filles. Pauvre Amani ! Son petit visage s'était couvert de larmes. Tandis que je la soulevais d'un bras, je fis signe à sa grande sœur, Maha, de venir vers moi. C'est à ce moment qu'en découvrant son visage, je me sentis glacée d'horreur. Ma fille montrait un masque effrayant de haine et de rage.

Ce n'est qu'après une rapide enquête sur cet incident troublant que nous avons été obligés d'admettre la terrible vérité. Maha avait délibérément mis le feu à la djellaba de son frère.

Maha, « la gazelle », ne tient pas du tout la promesse de son tendre prénom. Depuis l'âge de dix ans, il est évident que notre fille aînée est habitée d'une énergie démoniaque – semblable à celle de sa mère ! J'ai souvent pensé qu'en elle se jouait une bataille permanente entre bons et mauvais esprits, et que les mauvais prenaient toujours le dessus sur les bons. Ni son existence princière, pleine de splendeurs, ni l'amour inconditionnel que sa famille lui porte n'ont pu jusqu'ici tempérer son esprit.

Depuis toujours et sans aucune raison, elle tourmente avec acharnement son frère Abdullah et sa petite sœur Amani. Peu d'enfants ont causé autant d'ennuis à une famille que Maha.

En apparence, elle s'est toujours montrée une petite fille étonnamment séduisante, à la personnalité extraordinairement intéressante. Ma fille aînée ressemble à une danseuse espagnole, des yeux noirs jusqu'à la chevelure somptueuse. Outre cette grande beauté, elle a reçu l'intelligence en cadeau. D'ailleurs, depuis sa naissance, j'ai le sentiment secret que trop de dons, trop de facilités lui ont été accordés en partage.

Maha est incapable de se fixer un but, d'atteindre un seul objectif; elle se disperse, ne parvient à utiliser ses talents dans aucune direction. Au fil des années, je me suis aperçue qu'elle a entamé puis abandonné près d'une centaine de projets pourtant prometteurs.

Karim m'a confié un jour sa peur que sa fille ne soit qu'une enfant superficiellement brillante et incapable d'obtenir le moindre résultat dans sa vie. Mon plus grand souci, quant à moi, est que Maha soit en fait une révolutionnaire à la recherche d'une cause et, telle que je me connais adulte, je sais les ennuis qui découlent d'un tel tempérament.

Dans son jeune âge, le problème paraissait simple. Maha aimait son père à la folie et nous pensions que ce caractère possessif s'atténuerait avec le temps. Mais ses sentiments se sont au contraire intensifiés au fil des années.

Karim aime autant ses deux filles que son fils et s'est toujours efforcé de leur épargner cette solitude terrible que j'ai ressentie enfant. Mais notre société est constituée de telle sorte qu'Abdullah mène forcément une vie plus proche de celle de son père, à l'extérieur de la maison. Cette règle, due à notre héritage culturel musulman, a provoqué le premier choc de la jeune vie de Maha.

La jalousie intense qu'elle ressentait vis-à-vis de son père me rappelait ma propre enfance malheureuse de petite fille écrasée par un système social archaïque. C'est pour cela que je me suis efforcée de comprendre le comportement exalté de ma fille.

Après cet épisode, nous avons compris que son amour exclusif pour Karim allait bien plus loin que la simple affection d'une fille pour son père.

Maha avait alors dix ans, Abdullah douze. Amani n'avait que sept ans, mais elle avait parfaitement vu sa sœur abandonner furtivement le jeu, s'emparer du briquet en or de son père et mettre le feu au bas de la robe de son frère.

Le second incident choquant s'est produit un an plus

tard. Pour échapper à la fournaise du mois d'août, la famille avait déserté la ville de Riyad, et rejoint la résidence d'été de ma sœur Nura, dans la fraîcheur des montagnes de Taïf. C'était la première fois, depuis des années, que père avait réussi à rassembler tous les enfants de sa première épouse, et il se consacrait entièrement à ses petits-fils.

Il était tombé en admiration devant la force et le visage d'Abdullah, ignorant même Maha qui le tirait sans cesse par la manche pour lui faire admirer une fourmilière que les enfants exposaient fièrement.

J'ai bien vu que mon père la repoussait avec impatience, pour tâter fièrement les biceps d'Abdullah. Maha s'est sentie immédiatement humiliée par la préférence affichée de mon père pour son petit-fils, et son indifférence à son endroit. J'ai ressenti de la peine pour elle, sachant ce qui pouvait se passer dans son cœur.

Connaissant les aptitudes de ma fille à faire une scène, je me dirigeai vers elle pour la réconforter, mais avant que j'aie pu intervenir, elle adopta une attitude garçonnière et se mit à invectiver son grand-père, l'abreuvant d'insultes grossières dans un mélange d'accusations abominables.

À partir de cet instant précis, l'atmosphère familiale s'est rapidement dégradée. J'avais honte, bien entendu, mais je pensais toutefois que Maha venait en fait d'exprimer devant mon père son droit d'exister le plus strict, au même titre que son frère. Père, qui n'a jamais eu une haute opinion du sexe féminin, n'avait guère besoin de ce prétexte ce jour-là. Rudement, il a ordonné :

– Ôte cette horrible créature de ma vue !

Ma fille a compris le mépris que cet ordre traduisait vis-à-vis de moi. Le regard de mon père était devenu méchant, ses lèvres pincées de colère, en passant de sa fille à sa petite-fille. J'ai entendu ce qu'il marmonnait à la cantonade :

– Une souris ne peut enfanter qu'une souris.

En un clin d'œil, Karim a écarté Maha de la vue de

son grand-père et l'a emportée, hurlante et gesticulante, dans la villa pour lui laver la bouche avec du savon. On pouvait entendre ses hurlements d'orfraie depuis le jardin.

Père est parti très vite, non sans oublier d'affirmer devant toute la famille que mes filles étaient maudites par mon sang. La petite Amani, trop sensible pour supporter une telle accusation, s'est effondrée en une crise de larmes hystérique. Et mon père a refusé de reconnaître l'existence de l'une ou l'autre de mes filles depuis ce jour-là.

Le tempérament belliqueux et agressif de Maha ne l'empêchait pas pour autant d'avoir ses moments de gentillesse et de sensibilité. Son caractère s'adoucit un peu après l'incident de Taïf. Mais les colères de ma fille éclataient, puis retombaient, comme des orages d'été. Pourtant, Karim et moi nous redoublions d'efforts pour que nos deux filles sachent que nous les aimions et les considérions autant que leur frère.

Mais hors de la maison, Maha n'a jamais pu ignorer qu'elle était moins considérée que son frère. Les Saoudiens ont la mauvaise habitude, ma famille et celle de Karim y compris, de porter toute leur attention et leur tendresse sur la tête des garçons, et d'ignorer totalement les filles. Or Maha est brillante, il est difficile de l'abuser, et les inégalités de la société arabe bouillonnent dans sa tête. J'ai souvent eu le mauvais pressentiment qu'elle était un volcan qui, un jour, allait entrer en éruption. Hélas ! comme beaucoup de parents modernes, je n'ai pas une idée claire de la meilleure manière d'aider une enfant si perturbée.

Maha n'avait que quinze ans pendant la guerre du Golfe. Une époque qu'aucun Saoudien n'est près d'oublier. Le changement bruissait dans l'air, et nul plus que ma fille ne pouvait être tenté par l'espoir fou d'une libération des femmes. Le port du voile piquait la curiosité de nombreux journalistes étrangers, et nombre de femmes cultivées de mon pays se mirent à espérer le jour où elles pourraient le brûler, se débarrasser des lourdes djellabas noires, conduire leur propre automobile, vivre enfin. Un rêve.

Moi-même, j'étais alors si pleine d'excitation que j'en oubliais de remarquer que ma fille aînée s'était prise d'amitié pour une adolescente qui affichait à l'extrême ses idées de liberté.

La première fois que j'ai rencontré cette jeune Aisha, je me suis sentie gênée, non par le fait qu'elle n'appartienne pas à la famille royale (moi-même j'ai des amis très chers en dehors de ce cercle). Aisha est d'ailleurs d'une famille saoudienne de bonne renommée, qui a fait fortune dans l'importation de mobilier destiné aux sociétés étrangères qui prolifèrent dans le pays, pour l'aménagement des villas réservées à leur personnel.

En fait, cette jeune fille m'est apparue trop mûre pour son âge. À seulement dix-sept ans, elle était déjà adulte et se comportait d'une manière qui annonçait le scandale. Aisha et Maha étaient devenues inséparables, et Aisha passait beaucoup de temps chez nous. Elle disposait d'une liberté inhabituelle pour une jeune Saoudienne. Plus tard, j'ai découvert que ses parents l'ignoraient et ne semblaient nullement se préoccuper des faits et gestes de leur fille.

Aisha est l'aînée d'une famille de onze enfants. Sa mère, la seule épouse légale de son père, est engagée dans un conflit domestique interminable avec son mari, dû au fait qu'il a profité d'un avantage peu usité dans les mœurs arabes et que l'on appelle *mut'a*. Autrement dit « mariage de convenance » ou « mariage temporaire ».

Un tel mariage peut durer d'une heure à quatre-vingt-dix-neuf ans ! Si l'homme informe l'épouse temporaire que l'accord est rompu, les deux parties se séparent, sans avoir besoin de divorcer. La foi sunnite islamique, prépondérante en Arabie Saoudite, considère de telles pratiques immorales et condamne cet arrangement comme étant une sorte de prostitution officielle. Cependant, aucune autorité légale n'interdit à un homme le droit de le pratiquer !

En tant que musulmane sunnite, la mère d'Aisha s'insurgeait contre l'intrusion d'une nuit ou d'une semaine d'épouses légalement provisoires que son mari dépravé ramenait systématiquement à la maison. Et lui, au mépris des droits de son épouse légitime, réclamait la reconnaissance de ces arrangements transitoires, sur la base d'un verset du Coran qui stipule : « Il est permis de rechercher des épouses au moyen de sa fortune, de manière inconvenante, mais sans fornication, tout en leur donnant une récompense pour le plaisir que l'on a pris d'elles, à condition de respecter sa promesse. »

Alors que ce verset est interprété par des musulmans de confession chiite comme une simple entorse à la règle, ces unions éphémères ne sont pas communes chez les sunnites. Le père d'Aisha est l'exception dans notre pays, il prend la liberté d'épouser de cette manière des jeunes filles, pour satisfaire son unique plaisir sexuel.

Toujours concernée par la condition désespérée des femmes et des jeunes filles de mon pays, j'ai questionné précisément Aisha au sujet de cette coutume indécente, dont j'avais déjà entendu parler par une femme chiite originaire de Bahreïn.

Il semble que le père d'Aisha ait refusé de prendre la responsabilité d'entretenir quatre femmes et leurs enfants. C'est pourquoi il expédie chaque mois son fidèle assistant dans les régions de religion chiite, à l'intérieur ou à l'extérieur des frontières de l'Arabie Saoudite, pour y négocier dans différentes familles de tels mariages avec de jeunes vierges. Ce genre de marché peut se conclure facilement avec un homme qui possède quatre femmes, beaucoup de filles et peu d'argent. Les épouses provisoires ont donc été nombreuses et le sont encore au foyer d'Aisha. Et il lui arrive parfois de se lier d'amitié avec ces jeunes filles « importées » à Riyad pour quelques nuits d'horreur.

Une fois le désir du père assouvi, elles sont renvoyées dans leurs familles, chargées de cadeaux, de bijoux en or et de petites valises bourrées d'argent.

Aisha m'a raconté que la plupart d'entre elles n'avaient guère plus de onze ou douze ans. Issues de familles pauvres, et sans aucune instruction, elles ne semblent pas savoir ce qui les attend, ni comprendre ce qui leur arrive. Tout ce que ces fillettes ont saisi de l'aventure, c'est qu'elles ont eu terriblement peur, que l'homme qu'Aisha appelle son père leur a fait des choses très douloureuses et elles pleurent toutes pour retourner chez leurs mères.

En racontant l'histoire de Reema, l'œil habituellement froid d'Aisha s'est rempli de larmes. Reema venait d'une région extrêmement pauvre du Yémen où vivent un grand nombre de familles chiites. Elle était aussi belle que le cerf dont elle porte le nom, et la plus douce qu'Aisha ait connue.

Reema était issue d'une des tribus nomades qui parcourent ce rude pays et son père n'avait qu'une femme, mais vingt-trois enfants. Bien entendu, la mère de Reema était accablée par ses grossesses multiples et le travail épuisant, mais elle avait été jolie dans sa jeunesse et avait donné le jour à dix-sept filles ravissantes. Fièrement, Reema racontait que sa famille était réputée jusqu'à Sanaa, la capitale du Yémen, pour la beauté de ses femmes.

La famille, terriblement démunie, ne possédait que trois chevaux et vingt-deux moutons. De plus, deux des six fils étaient restés handicapés après des naissances difficiles. L'un d'eux avait une jambe tordue et ne pouvait pas marcher. L'autre se déplaçait péniblement ; agité de tics et de mouvements bizarres, il était incapable de travailler. C'est pourquoi le père de Reema s'employait à vendre ses filles, marchandises si recherchées, au plus offrant.

Pendant les mois d'été, toute la famille migrait au-delà des hautes montagnes, le long des sentiers tortueux, en direction de la ville, pour pouvoir monnayer celle des filles qui avait atteint l'âge requis pour le mariage selon la loi musulmane.

L'année précédente, à douze ans, Reema venait d'atteindre la puberté. Elle était l'enfant favori de sa mère et s'occupait de ses deux frères handicapés. Toute la famille avait supplié le père de la laisser quelques années encore avec eux, mais il jura qu'il ne pouvait malheureusement pas. Deux fils encore venaient après Reema, et sa jeune sœur, qui n'avait que neuf ans, était malingre et sous-alimentée ; son père craignait qu'elle n'atteigne pas l'âge de la puberté avant trois ou quatre ans. La famille n'arriverait pas à survivre sans l'argent d'un mariage.

On emmena donc Reema à Sanaa pour y être mariée. Son père se mit en quête d'un entremetteur convenable à travers la ville, pendant que Reema attendait dans une case de terre avec ses frères et ses sœurs. Le troisième jour, son père est revenu à la cabane. L'agent d'un homme riche d'Arabie Saoudite l'accompagnait. Le père était tendu et excité car cet homme avait dit représenter un puissant homme d'affaires, prêt à donner beaucoup d'or pour une jolie jeune fille.

L'agent saoudien insista pour voir Reema avant de payer, une requête généralement satisfaite sous la menace d'une lame de sabre yéménite plus que par l'humble soumission d'un père musulman. Mais l'or qui brille dans les mains de l'intermédiaire est là pour effacer les convictions religieuses de la famille.

Reema a raconté que l'homme l'avait examinée comme si elle était un chameau ou une chèvre au marché. Elle a caché sa honte, se sachant depuis toujours destinée à une nouvelle famille, et à devenir, tel un objet, la propriété d'un autre homme. Mais elle s'est débattue et a repoussé l'homme quand il a insisté pour regarder ses dents.

L'agent s'est déclaré satisfait de Reema et a versé une partie de la somme convenue. La famille a fêté l'accord en tuant un mouton gras tandis que l'homme s'occupait des papiers nécessaires au voyage de Reema en avion jusqu'en Arabie Saoudite. Le père annonça alors joyeusement à la famille qu'ils n'attendraient pas quatre années pour que la jeune sœur de Reema devienne enfin pubère, car l'homme riche avait donné une forte quantité d'argent pour Reema, et la petite fille serait nourrie.

Reema elle-même en oubliait ses angoisses, surexcitée par ce que lui avait raconté son père. Elle était la plus favorisée de ses filles, elle allait connaître une vie de paresse, manger de la viande tous les jours, elle aurait des domestiques à son service. Ses enfants mangeraient bien eux aussi et recevraient une bonne éducation. Reema demanda à son père si l'homme lui achèterait une poupée, comme celle qu'elle avait vue dans ce vieux magazine européen qu'elle avait extirpé d'un tas d'ordures à Sanaa. Son père promit que ce souhait serait exaucé en priorité.

Lorsque l'homme est revenu la chercher une semaine plus tard, Reema a appris d'abord la terrible vérité. Le mariage ne serait pas honorable puisqu'il s'agissait d'un mariage *mut'a*, une union temporaire. Son père s'est mis en colère, car son honneur avait été trompé. Sa fille ne pouvait pas être traitée de cette mauvaise manière. Il discuta avec l'entremetteur saoudien, arguant qu'il ne trouverait plus un mari convenable pour Reema puisqu'elle ne serait plus vierge et pure. Il serait donc obligé de l'entretenir durant des années avant de trouver un homme acceptant une épouse déshonorée.

L'homme arrangea le marché d'un paquet de billets supplémentaires. Et si le père de Reema refusait, il devrait exiger le remboursement immédiat de l'avance versée. Le père dut céder : il avait déjà dépensé une partie de la somme. Humilié, la tête basse, il dit à Reema d'aller avec cet homme. C'était le vœu de Dieu. À l'homme, il demanda de trouver ensuite à Reema un mari « permanent » en Arabie Saoudite parmi les nombreux travailleurs yéménites immigrés dans ce pays riche. L'agent répondit qu'il ferait son possible. De toute façon, Reema pourrait servir de domestique chez lui.

Reema fit son adieu à sa famille et quitta la terre de sa naissance, hantée par l'avenir de ses deux frères handicapés. Durant le voyage, l'agent lui promit de lui acheter sa poupée, bien que ce genre de jouet soit strictement interdit par la religion.

Comme la plupart des filles arabes, Reema connaissait beaucoup de choses sur le devoir d'une épouse. Elle avait dormi dans la même pièce que ses parents depuis le jour de sa naissance et savait donc qu'une femme doit se soumettre à chaque désir de son mari.

Aisha estime insupportable l'acceptation résignée de la vie d'esclave dont cette fille a fait preuve. Elle pleurait même en jurant qu'elle n'était pas malheureuse de son sort. Durant les six jours passés dans la maison du père d'Aisha, Reema n'a cessé de pleurer tout en reconnaissant à cet homme le droit de faire ce qu'il voulait avec elle.

Puis l'entremetteur a trouvé facilement un Yéménite, travaillant comme coursier et porteur de thé dans l'un de leurs bureaux, susceptible d'accepter Reema comme deuxième épouse. Sa première épouse se trouvait au Yémen et il avait besoin d'une femme pour lui faire la cuisine et le servir.

La dernière fois qu'Aisha a vu Reema, elle berçait sa petite poupée dans ses bras, prête à suivre l'entremetteur hors de la maison de son père, et aller épouser un autre homme ailleurs, qu'elle ne connaissait pas, pour le servir, l'honorer et se plier à ses moindres caprices.

La mère d'Aisha est une musulmane pieuse, et elle a trouvé la situation de Reema tellement inacceptable qu'elle est venue s'en plaindre auprès de la famille de son mari. Cette démarche désespérée fut assez inutile, elle n'a fait que provoquer la fureur et créer la discorde. Les parents de cet homme ne pouvaient rien faire ou dire qui l'oblige à se comporter décemment, et à renoncer à cette pratique. La mère d'Aisha n'avait qu'à prier Dieu pour l'âme de son mari.

Souvent, je me demande ce que deviennent ces enfants, les épouses *mut'a*. Car il est presque impossible, dans le monde arabe, d'arranger un mariage convenable pour une fille qui n'est plus vierge. Comme les filles *inutiles* dans les familles infortunées, je suppose qu'elles sont, de la même manière que Reema, probablement remariées, en qualité de troisième ou quatrième femme, à un homme sans pouvoir ni fortune.

Pour une jeune fille intelligente comme Aisha, la vie de famille est une horreur, et l'angoisse permanente de devoir subir la débauche d'un père pareil ne pouvait que la mener vers une adolescence décadente et révoltée.

Ma fille Maha, naturellement aventureuse, s'est laissé fasciner par les fanfaronnades d'Aisha. Mais je n'ai eu qu'à me souvenir de ma propre révolte à son âge pour savoir qu'il était inutile de l'empêcher de la fréquenter. Le fruit défendu est trop tentant pour les enfants, sans distinction d'époque, de sexe ou de culture.

En pleine guerre du Golfe, notre roi a dû tenir en laisse les groupes religieux les plus agressifs de notre société, ceux qui surveillent la morale, et leur interdire, par exemple, de harceler les visiteurs étrangers dans notre pays. Peu à peu, les hommes de notre famille se sont dit qu'il valait mieux éviter de montrer aux journalistes occidentaux la vie telle qu'elle est dans notre pays. Et, joyeusement, les femmes saoudiennes ont profité de cette décision royale. L'absence des patrouilles de police religieuse, à l'œil perçant, toujours à la recherche d'une femme non voilée pour la frapper ou la badigeonner de peinture rouge, semblait trop belle pour être vraie.

Cette liberté n'a pas duré plus longtemps que la guerre elle-même, mais, pour quelques mois, les Saoudiennes ont bénéficié d'un peu de répit, échappant aux regards inquisiteurs habituels. Durant cette période exceptionnelle, l'espoir s'est répandu chez toutes les femmes d'Arabie Saoudite d'obtenir une vraie place dans la société, et nous pensions, follement, que la situation était non seulement favorable à une telle évolution, mais qu'elle serait ensuite définitive. Pour certaines d'entre nous, cette liberté trop vite acquise a provoqué des désastres. Les hommes étaient déçus que les femmes ne les considèrent plus comme leurs seigneurs, sans comprendre pour autant la confusion née des contradictions de notre manière de vivre.

Je sais maintenant qu'Aisha et Maha sont deux jeunes filles saoudiennes absolument incapables, psychologiquement, d'accéder à une liberté totale sans soutien familial.

Grâce aux conditions de vie exceptionnelles en ce temps de guerre, Aisha s'est débrouillée pour se faire engager comme volontaire dans l'un des hôpitaux de la ville et je ne pouvais rien faire pour empêcher ma fille de la suivre ; ce qu'elle fit deux jours par semaine, après l'école. Ce fut une expérience formidable pour Maha. Même contrainte de porter l'*abaaya*, et le foulard sur la tête, elle n'était plus obligée de garder l'affreux voile qu'elle déteste, dès qu'elle se trouvait à l'intérieur de l'hôpital.

Et, à la fin de la guerre, Maha a refusé de reprendre la vie comme avant. Elle tenait dur comme fer à sa liberté toute neuve, et nous a suppliés, son père et moi, de la laisser continuer à travailler. Finalement, nous avons fini par céder.

Un soir, alors que Maha devait se rendre à l'hôpital, notre chauffeur l'attendait dans l'allée et je suis allée la presser un peu. Par un curieux concours de circonstances, je suis entrée dans la chambre de ma fille, juste au moment où elle dissimulait un pistolet de petit calibre dans un étui de cuir attaché en haut de sa jambe. J'étais sidérée ! Une arme ! Karim, rentré à la maison pour faire la sieste, nous a entendues parler fort, et est donc venu s'en mêler. Après une scène éprouvante, Maha a fini par nous avouer que durant la guerre, elle avait pris avec Aisha l'habitude de porter une arme, au cas où l'armée iraquienne ferait irruption dans Riyad. Une fois la guerre finie, elle estimait encore devoir se protéger contre les milices morales religieuses qui recommençaient à maltraiter les femmes dans la rue.

Les « milices morales », les « policiers religieux », parfois appelées *mutawwa*, appartiennent au Comité pour imposer le bien et interdire le mal. Depuis que les journalistes occidentaux ont quitté le royaume, à l'issue de la guerre du Golfe, ces agents zélés sont de plus en plus actifs et plus stricts qu'ils ne l'ont jamais été. Provoquant des arrestations et des persécutions incessantes à l'encontre des femmes.

Maha et Aisha ont décidé qu'elles ne supporteraient pas les agissements de ces démons et leur acharnement sur des femmes innocentes. J'ai regardé ma fille avec inquiétude, sans pouvoir y croire. Était-elle décidée à tirer sur un religieux ?

Karim a su que le pistolet appartenait au père d'Aisha. Comme beaucoup d'Arabes, il aime collectionner les armes à feu et n'a pas remarqué l'absence de celles subtilisées par sa fille et Maha. Avec horreur, nous avons appris que le pistolet était chargé et ne possédait pas de cran de sécurité. Maha nous a avoué, en larmes, qu'elle s'entraînait au tir avec Aisha, dans un bâtiment vide derrière la maison de son amie. Au grand désappointement de Maha, son père, furieux, a confisqué l'arme illégale et a poussé sa fille de force dans sa Mercedes. Nous avons traversé tout Riyad jusqu'à la maison du père d'Aisha, dans l'intention de rendre le pistolet et de prévenir ses parents du dangereux comportement de leur fille.

Il y eut une réunion houleuse entre son père, sa mère, et nous, tandis que les deux filles restaient enfermées dans la chambre d'Aisha. Avec la mère d'Aisha, voilée de noir comme moi, nous nous sommes installées à l'écart des hommes pour discuter des enfants que nous avions mis au monde. Pour la première fois de ma vie, j'étais contente d'être voilée et de pouvoir examiner sans être vue l'épouvantable père d'Aisha, un homme capable de violenter des enfants. À ma grande surprise, je voyais un homme jeune d'allure et extrêmement digne. Il fallait donc se méfier de ceux qui ont l'air d'une rose, car toutes les roses ont des épines. Mais compte tenu des événements, je n'ai pas eu le temps d'approfondir les terribles secrets de cette maison.

Ce que nous avons découvert ce jour-là, à propos de notre fille aînée, Maha, a choqué nos plus intimes convictions et hantera nos mémoires jusqu'à ce que nous cessions d'arpenter cette terre.

Je ne cesse de me poser des questions sur les pratiques injustes et les coutumes cruelles que subissent les femmes d'Arabie Saoudite, du fait de ceux qui interprètent de façon si rigide, et parfois mal, les lois de notre Prophète. Mais il n'existe en moi aucun doute de l'existence de Dieu, tel qu'Il a été révélé par Son messager, Mohammed. Nos trois enfants ont été élevés dans le respect des enseignements du Prophète qui lui viennent de Dieu. Que l'un de mes enfants cherche à blasphémer le nom de Dieu et refuse Sa parole me glace le cœur et me terrorise.

Lorsque nous avons annoncé à Aisha et à Maha ce que leurs parents venaient de décider avec raison : que les deux jeunes filles devaient éviter de se voir, rechercher d'autres amis et d'autres occupations, ma fille a arraché le voile de son visage et a redressé la tête comme une furie. Elle a jeté à sa propre mère un tel regard diabolique que j'en suis restée pétrifiée de terreur. Moi qui l'ai portée dans mon ventre, nourrie de mon sein, bercée ! Si je n'avais pas entendu les mots de Maha de mes propres oreilles, jamais je ne les aurais crus. La bouche serrée par une détermination implacable, notre fille a crié :

– Je refuse de faire ce que vous voulez ! Aisha et moi, nous allons quitter ce pays que nous haïssons, nous ferons notre vie ailleurs. On nous déteste ici! On nous hait! Être une femme dans ce pays de fous, ça consiste à passer sa vie à subir les pires injustices du monde!

Maha écumait. Son corps tremblait de colère. Son regard affrontait le mien.

– Quand une fille vit modestement, elle est folle! Quand elle vit normalement, c'est une hypocrite! Si elle croit que Dieu existe, c'est *une imbécile*!

– Maha! tu blasphèmes!

– Blasphème! Où est le blasphème? *Dieu n'existe pas!*

Karim a sauté sur ses pieds, pour bondir sur sa fille et lui fermer la bouche de sa main. La mère d'Aisha s'est mise à pleurer et à se lamenter, car une telle déclaration peut coûter la vie dans notre pays. Le père d'Aisha, vociférant, nous a sommés de sortir de chez lui avec notre fille incroyante.

Karim et moi avons dû lutter avec Maha, qui semblait avoir soudain la force d'un géant. Ma fille avait perdu l'esprit. Il faut être folle pour avoir cette force surnaturelle. Après une série de bousculades, nous avons réussi à la pousser sur le siège arrière de la voiture pour rejoindre vite la maison. Karim conduisait pendant que je cherchais à calmer Maha qui ne reconnaissait même plus sa mère. Finalement, elle est restée immobile comme une gisante.

Nous avons convoqué un médecin égyptien que notre famille estime beaucoup. Essayant de nous rassurer, il a évoqué les désordres habituels de l'adolescence, les mêmes que partout dans le monde, et a cité des statistiques au sujet d'une étrange maladie qui semble n'affecter que les filles. Le médecin avait sa propre théorie, il prétendait que, à la puberté, une fille fabrique un excès d'hormones et que cela peut la rendre folle durant de courtes périodes. Hystérique en somme. Il nous a précisé avoir traité de tels cas psychologiques au sein même de la famille royale, sans aucune complication ni effet secondaire. En souriant, il a même affirmé ne pas avoir encore perdu de patiente.

D'après le médecin, Maha doit être mise sous sédatif pendant quelques jours. Elle sortira de son hystérie toute seule. Il nous a laissés avec un stock de tranquillisants, en promettant de revenir examiner sa patiente le lendemain. Karim l'a remercié et reconduit à la porte.

Nous en sommes là, silencieux, hébétés, nantis d'un vague diagnostic, avec, pour tout recours contre une révolte existentielle, des tranquillisants. C'est impossible, nous ne pouvons pas en rester là. Maha a le droit de vivre. Nous échangeons un long regard pensif. Les mots sont inutiles entre nous.

Tandis qu'il s'occupe de faire préparer notre avion privé, je téléphone à ma sœur Sara pour lui demander de s'occuper d'Abdullah et d'Amani durant notre absence. Nous allons emmener Maha à Londres. Elle a besoin d'urgence d'un bon psychiatre. Je prie Sara de garder secret l'état de ma fille aînée. Si on lui pose des questions, elle devra dire à la famille que Maha nécessitait des soins dentaires particuliers qui exigent plusieurs séances à Londres. Beaucoup de membres de la famille royale saoudienne ont l'habitude d'aller à l'étranger pour suivre des traitements médicaux. Notre voyage ne suscitera pas vraiment de curiosité.

En préparant les valises de Maha, je découvre parmi ses vêtements des livres étranges et des documents interdits cachés dans la penderie : des précis d'astrologie, de magie noire et de sorcellerie. Maha a souligné de nombreux passages détaillant des révélations et des prophéties. Et, plus inquiétant encore, elle a dissimulé des objets maléfiques, destinés à porter malheur aux gens qui l'ont offensée, ou à faire naître l'amour en un clin d'œil, ou à faire mourir d'un seul mot. Tout un arsenal démoniaque.

Mon cœur se met à cogner comme un fou dans ma poitrine en trouvant un lambeau de vêtement d'Abdullah, enveloppant une pierre noire, avec quelques morceaux en vrac d'une matière bizarre et verte, impossible à identifier.

Effondrée, je cherche à réfléchir. Cela peut-il être

vrai ? Maha cherche-t-elle réellement à ensorceler son frère ? Si c'est le cas, je suis une mère incapable ! Tourmentée, je m'active à rassembler les preuves matérielles des idées barbares de ma fille, cherchant à retrouver confusément tout ce que Maha a fait depuis son enfance, le fil de son comportement. D'où lui viennent de telles choses ? Où a-t-elle appris ? Pourquoi cette accumulation de noir attirail caché dans la maison comme un trésor maudit ?

Je me souviens alors de Huda, la vieille esclave de mon père et de ses dons pour prédire l'avenir. Mais Huda est morte avant la naissance de ma fille. Autant que je sache, il n'y a pas d'esclaves libres ou de domestiques africains dans notre maison, qui posséderaient les mêmes pouvoirs de sorcière que Huda.

Et soudain, je sais ! En un éclair, je pense à Noorah, ma belle-mère. Ce doit être elle ! C'est Noorah ! Elle me déteste depuis toujours. Quand j'ai épousé son fils, j'étais une jeune fille un peu fantasque, au caractère rebelle et têtu, qui lui a fait mauvaise impression. Elle a été déçue que son fils n'ait jamais divorcé ni pris de seconde épouse. Noorah n'a pas cessé de me haïr depuis le premier jour, bien qu'elle soit habile à dissimuler sa haine en affichant une fausse affection. Si Karim a fait innocemment quelques confidences à sa mère, Noorah a deviné avec son œil d'aigle que Maha était mon point faible.

Depuis son plus jeune âge, le comportement psychologique de Maha ne nous a apporté que chagrin et problèmes. Et Noorah s'est emparée de ce chagrin pour éprouver ma vulnérabilité. Il est facile à présent de remarquer que Noorah a toujours favorisé Maha par rapport à ses autres petites-filles et que cette attention particulière a été reçue avec joie, en toute innocence. Maha a passé de longues heures seule avec sa grand-mère. Noorah, avide de sciences occultes, n'a pas perdu de temps pour inculquer à ma fille ses prétendues croyances.

Comment ai-je pu être assez stupide pour croire que

Noorah n'avait que de l'intérêt pour elle et pour moi ? J'étais folle, folle de me laisser endormir par le prétendu plaisir que Noorah prenait à s'occuper de Maha. Et dire que j'ai souvent exprimé ma reconnaissance à ce sujet, pour les attentions généreuses de ma belle-mère envers la plus fragile de mes enfants. C'est parce qu'elle ne m'aime pas que Noorah a choisi d'entraîner ma faible et sensible petite fille au plus noir des abysses.

Je dois faire part de mes réflexions à Karim. Mais il faudra me montrer subtile, délicate, car Karim aura beaucoup de mal à croire que sa mère est capable d'un comportement aussi honteux. Il va d'abord exploser de colère ! Me voilà obligée d'arranger la vérité. Moi, Sultana, j'aurais à supporter le poids de ma rage, tandis que Noorah, confortablement installée dans son palais, va ricaner de la belle-fille qu'elle hait le plus, et railler mes échecs de mère et d'épouse.

3

LONDRES

> *Nul ne peut jouir éternellement de la paix et de la sérénité. Mais le malheur et les obstacles ont toujours une fin. L'herbe brûlée par le feu de la steppe repousse à nouveau en été.*
> Proverbe mongol.

Maha dort profondément, abrutie par les médicaments puissants. Ma fille est comme morte, alors qu'avec son père nous cherchons comment sortir de cette situation critique. Une fille qui blasphème, dans une société et un pays où le moindre écart religieux est considéré comme un crime, c'est extrêmement dangereux pour elle, comme pour nous.

Pendant presque tout le voyage en avion, Karim reste pétrifié, le visage livide, à contempler les objets trouvés dans la chambre de Maha, et que j'ai emportés avec moi dans un petit sac. Enfin, après un long silence, il se risque à poser la question que je craignais :

– Sultana, comment en est-elle arrivée à détenir ces horreurs ?

Le sourcil froncé, il marmonne encore à voix haute :

– Tu crois que c'est cette folle d'Aisha ?

Je me tortille dans mon fauteuil, ne sachant quoi répondre à mon mari. Un proverbe arabe me revient à l'esprit, que ma mère utilisait souvent : « Une mouche ne peut pas pénétrer dans la bouche de qui sait se taire. » Karim a déjà suffisamment enduré d'épreuves pour aujourd'hui. Mettre sa mère sur la sellette peut attendre et, en me mordant les lèvres, je secoue négativement la tête :

– Je ne pense pas. Il faudra parler au médecin de ce que nous avons trouvé. Maha lui fera peut-être confiance, et nous saurons qui ou quoi se cache derrière tout cela.

Karim est d'accord. Il retombe dans un silence pensif. Le reste du vol, nous tentons de nous reposer et surveillons notre fille qui, toujours sous l'effet de la drogue, semble maintenant dormir comme un ange.

Maha me fait penser à une autre princesse royale, la princesse Misha'il Al Sa'ud, une jeune femme qui cachait un amour clandestin. Lorsque ce secret a été découvert, ma royale cousine a terminé sa vie devant un peloton d'exécution. Elle était la petite-fille du prince Mohammed ibn Abdul Aziz, prince qui n'a pu monter sur le trône, par ordre de son père, car son tempérament de guerrier féroce ne lui permettait pas d'occuper cette place.

Je n'étais pas une amie intime de Misha'il, mais je l'ai souvent rencontrée au cours de ses activités royales. On la savait plutôt sauvage, et je me demande aujourd'hui si son caractère dépressif n'était pas lié à son mariage, car on lui avait fait épouser un vieil homme qui ne pouvait pas la satisfaire. Quoi qu'il en soit, malheureuse, elle se prit un jour d'une passion romantique pour Khalil Muhalhal, le neveu de l'ambassadeur saoudien au Liban.

Leur folle histoire d'amour connut bien des tensions, en raison du climat social infernal qui règne en Arabie Saoudite. Nombre de membres de la famille royale se trouvaient au courant de leurs relations coupables, tout le monde en parlait, et lorsque le jeune couple fut certain d'être confondu officiellement, ils prirent tous deux la décision fatale de s'enfuir ensemble. Ma sœur aînée, Nura, vivait alors à Jeddah et eut le récit de l'histoire par un témoin de première main, parent proche de Misha'il. Elle craignait tant la fureur meurtrière de son entourage, qui organisait déjà sa propre exécution, qu'elle est partie un jour en racontant à sa famille qu'elle allait se baigner sur une plage privée de la mer Rouge. Là, elle a éparpillé ses vêtements sur le sable pour faire croire à une noyade puis, habillée en homme, a tenté de fuir le pays par avion.

Malheureusement pour Misha'il, le prince Mohammed, son grand-père, était très perspicace et l'un des hommes les plus puissants du pays. Il n'a pas cru une minute à la noyade, et tous les organismes officiels du territoire furent mis aussitôt en alerte pour la retrouver. Misha'il fut capturée à l'aéroport de Jeddah au moment où elle tentait de prendre un avion. Les téléphones ont alors résonné à travers tout le royaume, chacun des membres de la famille royale affirmant en savoir plus que l'autre. Une rumeur a couru pendant un moment selon laquelle Misha'il avait été libérée avec la permission de vivre avec son amant dans le royaume. Puis on m'a raconté que son divorce était en cours. Plus tard, une cousine complètement hystérique m'a appelée en hurlant que Misha'il avait été décapitée et qu'il avait fallu trois coups de sabre pour détacher sa tête de son corps. Pire que cela, elle aurait remué les lèvres pour prononcer une dernière fois le nom de son amant, faisant fuir son bourreau.

– Tu imagines ? disait ma cousine surexcitée, des paroles sortant d'une tête sans corps !

En fin de compte, la terrible vérité est sortie de son puits. Pris d'une colère noire, le prince Mohammed a estimé que sa petite-fille était une femme adultère et qu'une femme adultère devait subir la loi islamique. Misha'il et son amant furent donc condamnés à être exécutés. Le roi Khalid, notre souverain régnant au moment de cette tragique histoire, était réputé pour son indulgence. Il recommanda au prince Mohammed d'en faire preuve à son tour. Mais ce sentiment n'était pas compatible avec le caractère de ce fier Bédouin.

Le jour de l'exécution, j'attendais des nouvelles avec mes sœurs. Comme elles, j'espérais une grâce de dernière minute, mais bien entendu Ali, mon frère, déclarait à qui voulait l'entendre que les femmes adultères doivent s'attendre à la mort.

C'est par un jour torride de juillet 1977 que ma cousine Misha'il, les yeux bandés, fut contrainte à s'agenouiller devant un tas d'immondices. Elle a été fusillée par un peloton d'exécution sous les yeux de son amant, lequel fut ensuite décapité au sabre. Une fois de plus, l'amour libre venait de coûter la vie à deux jeunes gens.

L'affaire fut étouffée, le clan Al Sa'ud souhaitant que l'histoire d'une jeune femme, assassinée pour une simple histoire d'amour, tombe rapidement dans les oubliettes. Mais ce ne fut pas le cas. Bien enterrée dans les sables du désert, Misha'il n'a cependant jamais été oubliée. Beaucoup d'Européens se souviennent du documentaire consacré à son exécution et justement nommé *Mort d'une princesse*. Aussi divisée que soit notre famille au sujet de cette punition, rien n'est comparable aux âpres discussions qu'a suscitées ce film.

Enfermés, prisonniers, confits dans leur rôle de dictateurs, les hommes de la famille étaient furieux de leur incapacité à contrôler et empêcher la diffusion de ce film en Occident. Offensé au plus haut point, le roi Khalid demanda, à cette occasion, le rappel de l'ambassadeur de Grande-Bretagne.

J'ai entendu plus tard Karim et Asad, le mari de ma sœur Sara, dire que nos rois étaient responsables en grande partie du départ des citoyens britanniques de notre pays. La tension internationale s'était intensifiée autour de cette histoire et condamnait un comportement antisexuel aberrant contre une princesse saoudienne. Mais elle en est morte...

J'abandonne là mes souvenirs. Angoissée, la tête dans les mains, me voilà la mère d'une enfant devenue folle. Et dans sa démence, Dieu sait quel acte elle serait capable d'accomplir, au risque de détruire notre famille et de faire entrer le malheur d'une jeune morte dans notre maison ? Mon impitoyable père serait partisan du châtiment le plus dur, pour cette enfant née de mon sein, qui a pu si méchamment et si violemment mettre en évidence ses carences.

Maha s'agite un peu dans son sommeil. Karim se réveille et nous parlons à nouveau des craintes qui nous assaillent au sujet de notre fille.

Une fois arrivés à Londres, j'appelle Sara qui, comme convenu, a dû prendre rendez-vous pour nous par téléphone avec un médecin. Sara me confirme que Maha est attendue dans une clinique psychiatrique de Londres où une chambre lui a été réservée. Un médecin doit la voir le lendemain, pour une première consultation. Sara a même pensé à réserver une ambulance pour nous emmener à la clinique.

Une fois terminées les formalités d'admission, l'équipe médicale nous prévient que le spécialiste ne nous recevra qu'après l'examen de notre fille. L'une des jeunes infirmières se montre particulièrement gentille. En me prenant la main, elle chuchote que ma sœur a trouvé ici le meilleur spécialiste de la ville, et qu'il a des années d'expérience en ce qui concerne les problèmes psychologiques particuliers aux femmes arabes. J'envie les Britanniques pour cela. Dans mon pays, on a honte de ce genre de maladies, on les cache, personne n'en parle, et non seulement je n'aurais rencontré ni sympathie ni soutien, mais ma fille n'aurait pu bénéficier d'aucun traitement. Pourtant, l'angoisse m'étreint d'abandonner ainsi ma précieuse fille entre les mains d'étrangers, même s'ils sont aptes à s'en occuper.

Je monte tristement en voiture avec Karim pour gagner notre appartement londonien. Le personnel de la maison ne nous attendait manifestement pas, et nous les tirons d'un sommeil paresseux. Karim est irrité, mais je le calme : notre confort n'était pas le premier souci de Sara qui s'est déjà occupée de tout.

On ne peut tout de même pas lui reprocher de ne pas avoir prévenu les domestiques de notre arrivée.

Depuis l'invasion du Koweit par l'Irak en 1990, et la guerre du Golfe en 1991, nous ne sommes pas venus à Londres, notre lieu de résidence favori en Europe. Nos trois servantes ont négligé leur travail, sans prêter beaucoup de soins à l'appartement. Pourtant, que nous soyons à Londres ou à Riyad, elles ont ordre de le maintenir en état exactement comme si nous y résidions.

Mais nous sommes trop déprimés par l'état de Maha pour nous plaindre. Assis côte à côte, sur la housse d'un canapé du salon, nous nous réconfortons d'un café fort. Les domestiques s'activent du mieux qu'elles peuvent, si l'on considère que nous les avons réveillées à trois heures du matin. Personnellement, j'aurais voulu m'en excuser, mais au premier mot Karim m'a ordonné d'un claquement de doigts :

– Sultana ! ne t'excuse jamais devant des gens que nous payons ! Tu vas gâter leurs habitudes de travail !

Vexée, j'aurais bien aimé lui rétorquer que les Saoudiens seraient bien inspirés de montrer un peu plus d'humilité. Mais je préfère changer de sujet et reparler de notre fille. Ne suis-je pas saisie moi-même par une forme de faiblesse mentale ; c'est la deuxième fois en un jour que j'évite ainsi une discussion avec mon mari.

Notre lit fait, nous nous allongeons, incapables de dormir. Je n'ai jamais trouvé de nuit aussi longue.

Le psychiatre anglais est un petit homme d'allure excentrique, au corps minuscule surmonté d'une énorme tête. L'arcade sourcilière est proéminente, le nez légèrement de travers. Je le regarde avec étonnement. Surprenantes, ces touffes de poils blancs qui émergent bizarrement de ses oreilles et de son nez ! Bien que déconcertante en apparence, son attitude me réconforte. Avec ses yeux bleus et pénétrants, il a l'air d'un homme qui prend au sérieux les problèmes de ses patients. Ma petite fille est entre de bonnes mains. Comme moi, Karim se rend compte immédiatement que cet homme a l'habitude de dire ce qu'il pense. Sans se soucier de notre fortune, ou du fait que mon mari est un prince de haut rang de la famille royale saoudienne, il s'exprime sans crainte, et avec franchise, sur le système social de notre pays qui perturbe tellement les femmes. Parfaitement informé sur les mœurs et les traditions des pays arabes, il nous dit d'emblée :

– Enfant, j'étais fasciné par les explorateurs de l'Arabie : Philby, Thesiger, Burton, Doughty, Thomas, et bien entendu sir Lawrence, et j'ai dévoré les récits de leurs aventures. J'étais bien déterminé à observer de près ce que j'avais lu dans les livres, et j'ai convaincu mes parents de m'envoyer en Égypte. Ce n'était pas l'Arabie bien sûr, mais c'était un début. Malheureusement pour moi, je suis arrivé en pleine crise du canal de Suez. Mais j'ai été pris de passion et fasciné par ce pays.

Son regard s'évade, loin de Londres...

– ... J'y suis retourné quelques années plus tard, j'ai ouvert un petit cabinet au Caire... appris un peu l'arabe...

Il se tait un instant en regardant Karim.

– ... Et j'en ai appris plus que je ne l'aurais souhaité sur la manière dont vous, chers amis, vous traitez vos femmes.

L'amour de Karim pour sa fille passe au-dessus de son honneur. À mon grand soulagement, il reste calme, le visage dénué de toute expression. Le médecin paraît content. Il doit penser : « Voilà un Arabe qui n'a pas pour obsession de cloîtrer les femmes. »

– Est-ce que notre fille va guérir ? Complètement guérir ? demande Karim.

L'angoisse perce dans le ton de sa voix et dit assez au médecin l'amour qu'il porte à Maha. Le docteur joint les mains, les frotte longuement l'une contre l'autre, comme s'il voulait en polir les paumes. Son regard va de Karim à moi, il devine un drame derrière une situation déjà passablement inquiétante. Son visage demeure impénétrable, tandis qu'il répond :

– Est-ce que votre fille va guérir ? Complètement guérir ? Je n'ai parlé avec elle qu'une heure seulement. Il m'est donc encore difficile d'envisager son cas dans sa totalité.

Mais voyant mon expression inquiète, il ajoute :

– Mais celui-ci m'a l'air tout à fait classique. J'ai traité un bon nombre de femmes arabes qui souffraient d'hystérie, des femmes qui séjournaient ici. Avec le temps qu'il faut et les soins appropriés, je peux vous dire que l'évolution en ce qui concerne votre fille sera positive.

Le médecin de Maha nous laisse seuls dans son bureau et je m'effondre de soulagement dans les bras de Karim.

Durant trois mois, je vais donc demeurer à Londres avec Maha, pour son traitement psychiatrique. D'évidence, notre fille a besoin de soins importants, et la cure ne peut pas se faire en quelques jours. Karim, lui, fait des aller-retour entre Londres et Riyad les mardi et jeudi, car ce sont les deux seuls jours où nous avons l'autorisation de rendre visite à Maha. Ces visites sont destinées en principe à faire la paix avec elle, mais Maha préfère la guerre. On dirait qu'une horde d'angoisses et de terreurs accumulées l'empêche de nous parler calmement et raisonnablement. Rien de ce que nous pouvons dire ou faire ne trouve grâce à ses yeux.

Pour respecter les recommandations du médecin, nous refusons systématiquement, son père et moi, de discuter avec elle. Si bien que, dans ces moments-là, Maha parle toute seule et va même si loin dans son monologue qu'elle semble posséder deux voix qui se répondent en une discussion dont nous sommes exclus. Le médecin nous a assurés que sa santé mentale se stabiliserait un jour au-delà de nos espoirs. C'est dire si nous prions pour que ce jour arrive.

Ces entrevues sont extrêmement pénibles pour Karim. J'ai vu mon mari vieillir d'un coup sous mes yeux. Un soir, je lui ai dit :
– Tu sais, j'ai appris entre autres choses que l'âge n'avait rien à voir avec les années. Vieillir, pour des parents, c'est être faible devant la jeunesse.

Une petite lumière a éclairé son regard, le premier signe de gaieté depuis bien des jours. Très sérieusement, il a rétorqué que cela n'avait rien à voir :
– Si tel était le cas, Sultana, ton père, qui a tant de faiblesses pour la jeunesse et depuis si longtemps, serait l'homme le plus vieux du monde !

Heureuse que mon mari ait montré une fragile lueur de vie, je laisse passer la remarque et me réfugie contre son épaule, soulagée que ce drame familial nous ait finalement rapprochés au lieu de nous éloigner. Dans des moments comme celui-là je me dis que personne ne peut espérer une vie parfaite et je pardonne à mon époux ce choc que j'ai subi lorsqu'il a voulu prendre une deuxième épouse. C'était il y a des années, et nous avons retrouvé, depuis, des relations normales. Mais encore aujourd'hui je ne parviens pas à oublier ce désir qu'il a eu d'installer une autre femme chez nous. J'ai de la chance d'avoir épousé un homme comme lui. Nous formons un couple, pas un harem.

En fait Karim et moi, nous espérions le miracle pour Maha.

Ce médecin, je m'en doutais, est un homme de génie, d'une rare obstination, dont le talent réussira à apaiser les démons effrayants qui habitent notre fille. Dans une tranquille atmosphère d'anonymat, avec sa grande compétence médicale et son expérience du monde féminin arabe, il est parvenu à capter la confiance de Maha. Une fois cette confiance saisie, il a pu la laisser se défouler, et Maha a ouvert toutes grandes les vannes en écrivant elle-même ses secrets. Il en est sorti des flots de jalousie, de haine et de rage. De la main tremblante de Maha, ce journal ordinaire est devenu un journal extraordinaire.

Des semaines plus tard, en relisant l'une de ses petites histoires inquiétantes qu'elle nous a confiées librement, nous avons découvert, Karim et moi, l'abîme dans lequel était tombée notre fille, un monde plus sinistre encore que nous ne pouvions l'imaginer.

Le mirage de l'Arabie Saoudite
ou
Le harem des rêves
par
Princesse Maha Al Sa'ud

Au plus sombre de l'histoire de l'Arabie Saoudite, les femmes du désert les plus ambitieuses ne rêvaient que de harems peuplés d'hommes musclés et dotés de tous les instruments du plaisir. Dans les « années-lumière » aux alentours de 2010, lorsque la société matriarcale eut pris le pouvoir, sous le règne de la plus intelligente des souveraines, les femmes firent légalement autorité en matière sociale, économique et politique.

Une immense fortune avait été amassée durant les années qui suivirent le développement pétrolier de l'an 2000 qui avait affaibli le pouvoir des États-Unis, de l'Europe et du Japon sur les pays du tiers monde, et l'Arabie Saoudite avait fait le plein pour les générations futures.

Le temps ayant joué en leur faveur, les femmes ont alors réclamé les libertés sociales dont l'interdit empoisonnait le pays depuis toujours.

Une petite minorité de femmes vota pour l'abolition de la polygamie masculine et pour l'usage de la possession de quatre maris. La majorité, en souvenir des démons que cette coutume avait fait naître par le passé, au temps où le royaume était une société patriarcale, admit que si ce système n'était pas le meilleur, c'était du moins le seul qu'après des décennies d'amertume les femmes pouvaient concevoir.

Le plaisir de l'amour, jadis défendu, fit désormais son chemin dans l'esprit de chaque femme, y compris dans celui de l'indécise Malaak, fille de la reine d'Arabie Saoudite.

Malaak dansait, un jour, une langoureuse danse d'amour, un souverain d'or entre les lèvres, provoquant voluptueusement son amant favori Shadi et l'invitant à le saisir entre ses dents. Malaak était brune, petite, aux traits fins et délicats. Son amant était un homme puissant aux muscles d'acier. Voulant désespérément atteindre son but, afin d'être reconnu l'homme le plus influent du harem, Shadi promenait sa langue sur tout le corps de Malaak, embrasant ses sens d'un désir fou.

À force de frénésie amoureuse, Shadi réussit à saisir la pièce d'or entre ses dents et emporta Malaak dans ses bras pour l'aimer à l'abri des lourdes tentures du quartier réservé du harem. Là, leurs souffles mêlés balayant leurs visages, nuques renversées, poitrines palpitantes, les amants allaient s'unir l'un à l'autre.

Oubliant le reste du monde, ils s'embrassaient passionnément. C'est alors que Malaak ouvrit les yeux pour admirer les mouvements langoureux du corps de son amant. Et son corps se figea lorsqu'elle vit que Shadi s'était transformé en femme!

La vie l'ayant doté d'une âme cynique, Malaak se résigna volontiers au pouvoir étrange qui venait de lui être accordé et tomba aussitôt amoureuse de la plus ravissante des femmes qui ait partagé son lit.

Entre la peur de ne plus être aimée et le désir d'aimer sans contrainte, Malaak a choisi de ne pas sacrifier l'amour.

Le regard vide, l'air atterré, Karim tourne lentement les pages du journal intime de Maha, sur le bureau du médecin. Il ne parvient pas à y croire :

– Qu'est-ce que ça veut dire ?

Puis il s'énerve devant ce carnet de notes, le ton accusateur :

– Vous disiez que Maha allait mieux ! Ce texte ne représente que les incohérences d'un esprit dérangé !

J'ignore pourquoi, mais mon instinct me dit ce que va répondre le médecin, avant même qu'il ne s'exprime. Il est courtois avec Karim :

– C'est très simple, vraiment. Votre fille est en train de vous dire qu'elle a découvert que les hommes étaient ses ennemis et que les femmes étaient ses amies.

Karim ne comprend toujours pas ce que le médecin veut dire. Dans son ignorance totale, il n'en est que plus impatient :

– Oui ? Et alors ?

Il ne reste qu'à lui parler crûment. Le docteur exprime enfin ce que je sais déjà.

– Prince Karim, votre fille et son amie Aisha sont amoureuses.

Karim n'a pas bougé, restant pétrifié pendant de longues minutes. Puis il a retrouvé ses esprits, mais il a fallu le tenir à l'écart de Maha trois jours durant.

On enseigne aux musulmans que l'amour entre deux êtres de même sexe est mal, et que le Coran interdit d'en faire l'expérience. « N'apprends pas ce que tu ne dois pas savoir. »

En Arabie Saoudite, le sexe et l'amour sont considérés comme une perversion, même entre deux êtres de sexe opposé. Notre société prétend qu'une relation fondée sur l'amour sexuel ne peut pas exister. Le plaisir ne doit pas faire partie du mariage. Dans cette atmosphère de honte permanente, les Saoudiens ont trouvé une réponse aux interdits sociaux et religieux, comme on peut s'y attendre, et disent évidemment : Ce que nous « faisons » est entièrement différent.

Les Arabes sont sensuels par nature. Bien que nous vivions dans une société puritaine, le sexe est un sujet qui intéresse tout le monde, y compris l'État qui dépense des sommes énormes pour employer d'innombrables censeurs. Ces hommes, avides de scandales, siègent dans les bureaux du gouvernement, à la recherche de tout ce qu'ils jugent odieux, sur les femmes et sur le sexe, dans chaque publication autorisée dans le royaume. Il est rare qu'un magazine passe l'épreuve de la censure sans y perdre un certain nombre de pages ou trouver gribouillées de noir des phrases complètes, voire des paragraphes entiers, par un crayon pointilleux. Cette forme de censure extrême englobe tout le comportement social, affecte chaque aspect de notre vie, et l'existence quotidienne de ceux qui participent de près ou de loin à notre économie.

Asad, le plus jeune frère de mon mari, et l'époux de ma sœur Sara, a un jour signé un contrat avec une société de films étrangère. Il s'agissait de produire un simple film commercial pour la télévision saoudienne. Le responsable de cette société a été contraint de signer d'avance une liste d'interdictions qui feraient sourire si elles n'étaient malheureusement vraies :

– Aucune femme séduisante dans la publicité.
– Si une femme doit absolument y participer, elle ne devra pas porter de vêtements choquants, tels que jupes courtes, pantalons ou maillots de bains. Aucun morceau de chair ne sera visible, à part le visage et les mains.
– Deux personnages ne doivent pas manger dans le même plat, ou boire dans le même verre.
– Il ne doit pas y avoir de grand geste du corps (et dans le cas où l'on utiliserait une femme, elle se tiendra debout ou assise, sans bouger).
– Il ne doit y avoir aucun clin d'œil.
– Le baiser est interdit.
– Le rot est interdit.
– À moins que ce ne soit impérativement nécessaire pour vendre le produit, il est recommandé d'éviter le rire.

Quand on interdit aux gens d'avoir un comportement normal, ils tombent dans l'anormal. Je crois que c'est ce qui est arrivé à ma fille. Il est interdit dans mon pays à un garçon ou à une fille célibataires de se rencontrer. Donc, les hommes se lient d'amitié entre eux, et les femmes entre elles. On nous empêche de nous fiancer simplement, et la tension sexuelle qui règne entre les jeunes du même sexe est particulièrement visible.
N'importe quel étranger ayant vécu en Arabie Saoudite suffisamment longtemps a pu constater que les relations homosexuelles y sont toujours latentes. J'ai assisté à beaucoup de réunions et de réceptions au cours desquelles on devinait, sous le lourd voile noir, des beautés frémissantes et des comportements suggestifs. Une soirée ordinaire, entre femmes saoudiennes frustrées en amour, tourne facilement à l'exubérance spontanée, puis s'enflamme en une sorte d'orgie, autour de chansons d'amour interdites et de danses à corps perdu. J'ai

vu des femmes, d'apparence timide, danser lascivement avec d'autres femmes, face à face, chair contre chair. Je les ai entendues se murmurer des mots d'amour, se donner des rendez-vous clandestins, pendant que les chauffeurs attendaient patiemment aux parkings, puis les ramenaient ensuite à leurs maris qui, dans la même journée, s'étaient pris de passion pour d'autres hommes. Mais si le comportement des hommes peut être vu au grand jour et n'échapper à personne, celui des femmes est soigneusement camouflé.

Tout cela est le résultat des lois et des règles qui régissent les femmes.

Il y a quelques années, j'avais découpé un petit article de l'un de nos journaux nationaux pour le montrer à mes sœurs. J'étais particulièrement furieuse au sujet d'une nouvelle mesure prise contre les femmes : le maquillage était interdit à l'école des filles. Je l'ai retrouvé récemment en fouillant dans de vieux papiers.

« Le maquillage interdit à l'école.

« Abdullah Muhammed al-Rashid, directeur de l'éducation féminine à al-Ras, somme toutes les étudiantes et le corps enseignant placé sous son autorité de cesser d'utiliser les produits de maquillage, teintures de cheveux, bijoux et autres fanfreluches à l'intérieur des établissements scolaires. Le directeur rappelle en outre l'interdiction désormais de porter des voiles transparents et des fards, de même que des chaussures à talons. De tels accessoires sont totalement prohibés. Puisque les étudiantes doivent porter l'uniforme, les enseignantes sont tenues de leur montrer le bon exemple. Les autorités prendront sans hésitation les mesures punitives adéquates contre celles qui violeront les règlements scolaires. »

Je me souviens parfaitement de ce que j'ai dit à mes sœurs à cette époque, en balançant méchamment l'article sous leur nez :

– Regardez ! Regardez vous-mêmes ! Les hommes de ce pays veulent réglementer vos chaussures, les rubans de vos cheveux, la couleur de vos lèvres !

La colère de mes sœurs, qui n'était pourtant pas aussi

violente que la mienne, a monté d'un cran ce jour-là. Il devenait évident que les hommes voulaient contrôler chaque aspect de notre existence, y compris ce qui dans la vie quotidienne est supposé demeurer personnel et intime.

Et j'affirme que les censeurs fanatiques qui gouvernent notre vie traditionnelle ont mené tout droit ma fille dans les bras d'une autre femme !

Même si j'en suis énormément peinée, je ne peux pas condamner les relations de Maha avec cette fille. Compte tenu du poids des interdits dont elle a hérité, simplement pour être née femme, je comprends qu'elle ait cherché à rompre sa solitude avec un être comme elle. Ayant pris conscience du problème, je me sens mieux à même d'y chercher des solutions.

Karim a peur que le caractère de Maha soit maintenant définitivement marqué par ses expériences. En tant que mère, je ne suis pas d'accord. Mon mari devrait comprendre que si Maha a voulu partager son terrible secret avec ceux qui l'aiment le plus, c'est pour sa propre guérison.

Mon analyse de la situation s'est révélée juste. Après des mois de traitement spécialisé, Maha est maintenant prête à accepter mon soutien maternel. Pour la première fois de sa jeune vie, elle s'est rapprochée de sa mère, avide de communiquer, tristement consciente du fait qu'elle n'a cessé de haïr tous les hommes à part son père depuis sa plus tendre enfance. Mais elle ne trouve pas d'explication à cela.

J'ai ressenti un sentiment confus de culpabilité : mes propres préjugés contre le sexe mâle n'ont-ils pas grandi dans l'embryon auquel je donnais la vie, comme si ma fille avait été imprégnée dans mon ventre par mon jugement sur la perversité masculine ? Maha m'a avoué qu'elle a subi un premier traumatisme lors de la longue séparation de ses parents ; c'est à ce moment-là, dit-elle, qu'elle a perdu confiance vis-à-vis des hommes.

Elle m'a demandé ce qui allait si mal avec son père, pour que nous soyons obligés de vivre ailleurs ?

Elle voulait parler de l'époque où Karim avait décidé de prendre une deuxième épouse. Comme je refusais de partager ma vie de femme mariée avec une autre, j'avais quitté le royaume, retiré mes enfants d'un camp de vacances dans les Émirats arabes pour les emmener en France avec moi. La France, et ses habitants compréhensifs, sait protéger les êtres humains en détresse et me semblait parfaite pour garantir la sécurité de mes enfants pendant que je négociais âprement durant de longs mois avec Karim. Et je croyais ainsi avoir réussi à les préserver de l'échec de mon propre mariage et de ma séparation d'avec Karim ! Quelle bêtise ! Je sais maintenant qu'il est tout à fait prétentieux de croire que le moindre événement, même mineur dans la vie des parents, n'affecte pas les enfants.

Entendre Maha me dire maintenant que ma façon d'agir alors a aggravé sa souffrance et l'a poussée vers des idées complètement anormales me procure encore plus d'angoisses. J'ai un sursaut de rancœur subit contre mon mari, pour le chagrin qu'il a donné à nos trois enfants. Maha m'a expliqué que, même après notre réconciliation, et alors que nous avions repris la vie commune, l'éclat de nos conflits permanents a réussi à percer le cocon protecteur dans lequel je croyais la faire vivre.

Lorsque j'ai voulu la pousser dans ses retranchements, à propos de ses relations avec Aisha, Maha a avoué qu'elle ignorait que les femmes pouvaient aimer des femmes, et les hommes des hommes. Elle n'avait jamais songé à une telle chose, avant qu'Aisha ne lui montre des magazines volés dans les affaires de son père.

Photo après photo, elle a découvert toutes les phases de l'amour au féminin, toutes les postures des corps splendides. D'abord ces photos furent une découverte, puis elle les a trouvées belles et s'est mise à penser que l'amour entre femmes était bien plus tendre et attentionné comparé à la possession agressive d'une femme par un homme. Ensuite elle a eu d'autres révélations tout aussi perturbantes.

Aisha, qui avait beaucoup d'expérience et de connaissances sur les sujets tabous de notre société, bien avant de connaître ma fille, ne pensait qu'à une chose : espionner les aventures sexuelles innombrables de son père. Pour cela, elle avait tout simplement pratiqué un petit trou dans le mur d'un bureau mitoyen de la chambre à coucher paternelle. C'est à travers cette minuscule lucarne qu'avec ma fille elles ont observé cet homme, le père d'Aisha, déflorer des jeunes vierges, les unes après les autres.

Maha jure que les hurlements de ces gamines l'ont tellement bloquée qu'une relation sexuelle entre un homme et une femme lui paraissait impossible. Elle m'a raconté une scène incroyable. Si cela n'avait pu être qu'une invention et qu'elle ne l'ait jamais vue de sa vie !

Un vendredi soir, Aisha lui téléphone en lui demandant de venir la rejoindre au plus vite. Nous étions sortis Karim et moi, un de nos chauffeurs l'a donc conduite chez Aisha. Le père de son amie avait « invité » sept jeunes filles, mais Maha ne savait pas s'il les avait épousées provisoirement, ou s'il s'agissait de concubines. Ma fille les a vues se pavaner, nues, tout autour de la chambre, chacune ayant pour seul ornement une grande plume de paon. Elles devaient effleurer et caresser savamment le visage du père d'Aisha avec leurs plumes. Et à la fin de cette longue soirée d'orgie, il a eu des rapports sexuels avec cinq des sept filles. Alors Maha et Aisha, ayant récupéré l'une des plumes, ont joué ensemble dans le lit d'Aisha au même jeu, à chatouiller et frôler leur propre corps. C'est ensuite qu'Aisha a montré délibérément à ma fille le plaisir qu'une femme peut prendre avec une autre femme.

Honteuse de son amour pour Aisha, Maha s'est effondrée en larmes dans mes bras, sanglotant qu'elle veut avoir maintenant une vie de femme normale et heureuse.

– Pourquoi je ne suis pas comme Amani ? Nous sommes nées de la même graine, et nous avons poussé différemment ! Amani est une rose superbe, moi je ne suis qu'un vilain cactus !

Ignorante des desseins de Dieu, je n'ai pas de réponse à donner à mon enfant. Je l'ai serrée contre moi en lui promettant que son avenir serait une fleur aussi belle. Alors elle a posé cette question, la plus difficile à laquelle j'ai eue à répondre de toute ma vie :

– Maman, comment peut-on aimer un homme, quand on sait ce que l'on sait sur eux ? Comment faire pour aimer un homme un jour ?

J'ai regardé ma petite fille, son joli visage désespéré, toutes ces illusions perdues dans un regard si jeune. Ce serait si simple de la rassurer.

« Un jour tu rencontreras l'homme qui t'aime, il te prendra par la main... ton cœur battra la chamade, vous ferez de longues promenades ensemble, vous échangerez des mots tendres et des baisers à l'ombre des jardins... et ton corps aura tout naturellement besoin du sien... »

Mais nous sommes en Arabie Saoudite, et ce comportement est INTERDIT. Alors, je ne sais quoi lui répondre pour l'instant. Je dois me contenter d'être simplement heureuse, d'avoir une nouvelle chance avec Karim, d'aider notre fille à mieux assimiler nos traditions à son tempérament passionné.

Il était temps de rentrer à Riyad. Mais avant de partir, Karim a voulu offrir au médecin anglais de Maha le poste de médecin personnel de notre famille à Riyad qu'à notre grand étonnement il a décliné.

– Je vous remercie. Je suis très honoré. Heureusement ou malheureusement, mais c'est ainsi, mon sens de l'éthique est trop « raffiné » pour l'Arabie Saoudite.

Nullement ébranlé, Karim a insisté pour le récompenser d'une forte somme d'argent. Il est allé jusqu'à essayer de lui mettre l'argent dans la main. Le médecin de Maha a refusé poliment, en chuchotant quelques mots qui auraient pu être insultants s'il ne les avait prononcés avec gentillesse.

– Mon cher monsieur, je vous en prie, non. La fortune et le pouvoir ne m'attirent pas.

C'est en regardant avec admiration le personnage le

plus sympathique que j'aie jamais rencontré que m'est venue soudain la réponse à l'impossible question de Maha. Je lui ai dit :

— Maha, un jour viendra où tu rencontreras un homme qui méritera ton amour sincère, car de tels hommes existent. Toi et moi, nous en avons rencontré un à Londres. Fasse que Dieu nous exauce.

De retour à Riyad, nous avons découvert la source des connaissances de Maha en matière de magie noire. Comme je le pensais, c'était Noorah la coupable. Maha a raconté à son père, devant moi, comment sa grand-mère l'avait initiée au monde infernal de ces sciences occultes. Mais lorsque nous l'avons confrontée au vêtement de son frère Abdullah, enveloppé autour d'un objet magique, Maha a refusé d'admettre qu'elle avait voulu jeter un sort à son frère. Espérant qu'elle avait pris une grande leçon, nous n'avons pas insisté.

Je mourais d'envie de me précipiter sur ma belle-mère, de lui griffer la figure et de lui tirer les cheveux. Connaissant les excès de mes colères, Karim a refusé de m'emmener avec lui lorsqu'il est allé lui reprocher ses crimes. J'ai dû soudoyer ma sœur Sara qui, sans enthousiasme, s'est rendue chez notre belle-mère commune, en son palais, le jour de la visite de Karim. Arrivée peu de temps après lui, elle a attendu dans le jardin que Karim s'en aille. Mais elle a entendu les cris de mon mari et les supplications de Noorah pour obtenir son pardon. Karim a interdit à sa mère de revoir ses enfants sans une surveillance.

Bien après son départ, résonnaient encore depuis le jardin les hurlements de désespoir de Noorah.

— Karim, mon fils bien-aimé, tu es sorti de mon ventre ! Reviens vers ta mère, elle ne peut pas vivre sans ton amour précieux !

Lorsque Sara m'a raconté le chagrin, le malheur bien mérités de ma traîtresse de belle-mère, j'étais tellement ravie que ma sœur m'a accusée d'être aussi mauvaise qu'elle !

4

LA MECQUE

> *Dieu dans sa gloire et sa grandeur a dit :*
> « *Que l'on proclame le pèlerinage parmi les hommes, ils viendront à toi à pied, et à dos de chaque chameau de chaque vallée profonde.* »
> Al Hadj, 22 ; 27.

Depuis l'époque du prophète Mohammed et du premier pèlerinage, il n'existe aucune statistique sur le nombre de musulmans pieux qui périrent dans les sables du désert d'Arabie Saoudite au cours de leur épuisant voyage, mais on l'estime à plusieurs milliers.

Heureusement, les pèlerins n'ont plus à guerroyer contre les tribus bédouines, à traverser le désert à pied ou à dos de chameau pour faire œuvre de foi et accomplir le pèlerinage annuel à La Mecque, l'un des piliers les plus importants de l'islam. Mais cela reste une véritable expédition. Chaque année, des centaines de milliers de pèlerins convergent vers les villes, les aéroports et les autoroutes d'Arabie Saoudite pour le rite du Hadj. J'ai accompli plusieurs fois ce pèlerinage traditionnel dans ma jeunesse : en enfant gaie et souriante dans les bras de ma mère et, plus tard, en adolescente révoltée à la recherche d'une communication avec Dieu devant qui je priais pour obtenir la paix dans mon âme malheureuse.

À ma grande déception, depuis que nous sommes mariés, Karim et moi, nous ne l'avons pas accompli à la période officielle du Hadj.

Nous l'avons fait, avec ou sans les enfants, pour Umrah, pèlerinage moins important, qui peut être entrepris à n'importe quel moment de l'année. Nous ne nous sommes donc jamais retrouvés dans la multitude de la grande célébration du Hadj où les musulmans se consacrent aux lectures de l'Écriture sainte, au sacrifice, à l'obéissance, au pardon, à la prière, et respectent toutes les règles de bonne conduite que réclame la foi islamique.

Durant ces dernières années, j'ai souvent attiré l'attention de Karim sur le fait que nos enfants devraient éprouver l'expérience du Hadj. À mon grand chagrin, Karim s'est toujours opposé à ce que nous prenions l'avion à cause de ce désordre indescriptible que représente, en Arabie Saoudite, ce flot de pèlerins venus du monde entier – la plus grande concentration humaine sur notre territoire. Chaque fois que j'ai demandé à Karim la raison pour laquelle il ne remplissait pas son devoir du Hadj, mon mari m'a fourni une montagne d'explications plus contradictoires les unes que les autres.

Déroutée par son attitude, et décidée à trouver la clé du problème, je suis arrivée un jour à enfermer Karim dans le labyrinthe de ses explications. Il s'était empêtré dans un prétexte, sans en trouver l'issue, et je ne cessais de le harceler. Pour finir, j'ai prêché le faux pour savoir le vrai.

— Toi, un homme, un croyant, qui as foi dans le Dieu de Mohammed, on dirait que tu détestes ce rite qui apporte tant de joie aux musulmans ! Il n'y a pas d'autre explication à ton attitude bizarre.

Les bras croisés sur la poitrine, j'attendais fermement sa réponse à cette accusation insultante, qui supposait une défense vigoureuse de sa part. Le visage de mon mari s'est révulsé devant une dénonciation de si grande lâcheté pour un musulman. Choqué que je puisse penser cela de lui, il a juré qu'il ne haïssait pas ce pèlerinage ! Puis, comme le font si bien les hommes quand ils savent qu'ils mentent, Karim s'est mis à hurler :

— Sultana, tu es un monstre hideux !

Et il m'a tourné le dos, m'abandonnant au salon en croyant avoir clos la conversation. Mais j'ai couru après lui et l'ai dépassé pour bloquer la porte, les bras plaqués derrière le dos :

— Voilà qui réclame plus de précisions !

Puis j'ai sangloté, en me disant désolée de m'entendre répliquer aussi légèrement sur un sujet si important. J'étais bien décidée à attendre jusqu'à la fin des temps la vraie réponse concernant son sentiment pour le Hadj.

Voyant qu'il se retrouvait maintenant en position de faiblesse, j'ai accentué la pression par un petit mensonge :

— Je ne suis pas la seule à avoir remarqué cette répulsion, d'autres s'en sont aperçus, et on commence à jaser...

Il a bien vu que je ne céderais pas, à moins d'utiliser la force. Alors il m'a regardée longuement en hésitant. Je sentais qu'il pesait le pour et le contre, puis il m'a prise par le bras et m'a obligée à m'asseoir, en pesant sur mes épaules, sur le lit.

Il a d'abord arpenté la terrasse pour se calmer avant de parler. D'une traite ensuite, il m'a avoué que jeune homme il avait eu un cauchemar épouvantable, si réel qu'il n'a jamais pu l'oublier. Il se voyait écrasé, étouffé à mort, dans une foule de *hadjis* (les pèlerins du Hadj).

Je me suis raclé la gorge en silence. Depuis que je le connais, certains comportements de mon mari me demeuraient incompréhensibles : Karim a ainsi toujours vu des foules où il n'y en avait pas, son esprit transformant en véritables marées humaines de petits groupes de gens.

Me voilà perplexe devant des sentiments si particuliers, cette vie intime que j'ignorais. En fait, Karim est agoraphobe !

Comme je crois profondément aux messages que nous recevons en rêves et à leur pouvoir, j'ai écouté son récit avec un certain effroi. Sa description du cauchemar provoquait encore sur lui une véritable terreur. Le visage blème, il me racontait son asphyxie, l'étouffement mortel sous la multitude de pieds frénétiques d'une foule hystérique.

Depuis ce rêve horrible, fait vers l'âge de vingt-trois ans, il s'est toujours efforcé d'éviter la multitude. Et il devrait la supporter en se mêlant à la foule des pèlerins de La Mecque.

Il croit fermement que son cauchemar se réalisera s'il participe au Hadj, et je n'ai guère d'arguments à opposer à ce mauvais présage. Si bien qu'une fois de plus, et comme d'habitude, notre famille quitte le royaume d'Arabie Saoudite au moment de la grande célébration.

Lorsque s'est déroulée l'affreuse tragédie en 1990, au cours de laquelle mille cinq cents pèlerins furent écrasés dans le tunnel souterrain de La Mecque, nous étions à Paris. Karim s'est couché et il n'a cessé de grelotter dans son lit toute la journée. Ce désastre représentait pour lui un signe mystérieux venu de Dieu.

Cette réaction extrême de mon mari a fini par me préoccuper vraiment. J'avais beau lui expliquer que ses frayeurs n'avaient aucun sens, rien de ce que je pouvais dire à ce moment-là ne le rassurait. D'autant plus que, sans le vouloir, j'avais mis le doigt sur un détail essentiel : son rêve s'était réalisé mais concernait la mort d'autres personnes et il en déduisait que la catastrophe qu'il redoutait pouvait encore se produire.

De toute évidence, LUI serait écrasé au cours d'un accident particulier s'il refusait de croire à son rêve.

Il est vrai qu'un grand nombre de hadjis sont piétinés ou étouffés à mort à chaque saison du Hadj et je ne peux pas faire entendre raison à Karim. Je voudrais le délivrer de cette obsession, ou balayer ses terreurs, mais c'est impossible.

Malheureusement, il me faut renoncer pour longtemps à l'éventualité de refaire un jour ce merveilleux voyage. Y renoncer dans ma tête, mais pas dans mon cœur.

Depuis notre retour de Londres, avec notre bien-aimée Maha, j'éprouve un désir irrésistible de me joindre aux croyants, d'aller glorifier et remercier Dieu, en union avec d'autres musulmans. L'époque du Hadj étant de retour, j'essaie d'aborder doucement le sujet avec Karim. Je pourrais peut-être emmener seule les enfants à La Mecque ?

Comme il est rare que les femmes musulmanes voyagent dans notre pays sans la protection d'un homme, j'ai longuement réfléchi à la possibilité d'accompagner ma sœur Sara et sa famille. À ma grande surprise, Karim répond favorablement à mon ardent désir.

Il sait qu'il continue à se faire du tort avec sa peur et ne peut non plus ignorer mon besoin de rendre grâce à Dieu pour la guérison de notre précieuse Maha.

Nous discutons du futur voyage avec la famille de Karim, lorsque son beau-frère Mohammed, qui a épousé sa plus jeune sœur Hana, nous met en garde. Il affirme que l'on attend plus de deux millions de pèlerins dans la ville sainte et, pour couronner le tout, cent cinquante mille voyageurs inquiétants en provenance d'Iran, l'État chiite qui réclame chaque année la destitution de notre roi Fahd, propriétaire exclusif du lieu le plus sacré de l'islam.

En 1987, des chiites exaltés ont organisé une violente manifestation de protestation au cours du pèlerinage sacré et, dans le but avoué de violer les lois saoudiennes, ils ont profané les lieux saints en provoquant la mort de quatre cent deux pèlerins. Deux ans plus tard, en 1989, Téhéran était encore à l'origine de deux attentats à la bombe qui ont fait une victime et seize blessés.

Mohammed pense que le Hadj est devenu une cérémonie religieuse dangereuse pour des musulmans pacifiques. Les musulmans extrémistes sont partout, dans le monde entier, et ils ont choisi le sanctuaire sacro-saint de l'islam pour faire entendre leurs revendications politiques.

Mohammed est un prince qui fait autorité chez nous au sein de la sécurité publique, l'administration saoudienne chargée d'assurer la sécurité des musulmans et des Saoudiens qui visitent notre pays; il est à même de savoir ce que la plupart des Saoudiens ignorent.

Voyant mon émotion, et uniquement préoccupé de notre sécurité personnelle, il suggère que nous attendions, Karim et moi, que la grande masse des pèlerins ait quitté le royaume. Nous pourrons ensuite emmener tous les deux les enfants pour accomplir le rite sacré. Karim est blême, il parle peu, mais je sais qu'il est avant tout envahi par la vision de quatre millions de pieds lui écrasant le visage.

Obstinée et déterminée, je conteste les craintes de Mohammed. À mon avis, les actes de violence des Iraniens sont trop prévisibles, et ces pèlerins-là seront tellement triés sur le volet, et surveillés par la sécurité saoudienne, qu'ils représentent finalement un danger mineur pour les fidèles hadjis.

Mohammed affiche un air froid et un regard ennuyé par mon obstination.

– Non. On ne peut *jamais* faire confiance aux Iraniens. Ne l'oublie jamais, Sultana, nous négocions avec des fanatiques chiites qui ne rêvent que d'une chose : renverser notre gouvernement dirigé par des Al Sa'ud sunnites !

J'ai compris qu'il me faut utiliser une tactique féminine et demande malicieusement à Mohammed, et à mon mari, s'ils ont oublié que l'islam nous enseigne que mourir à La Mecque est l'assurance de monter au ciel immédiatement. Ni l'un ni l'autre ne goûte l'humour de la situation, et mon argument sentencieux n'a guère d'influence sur Karim. Mais il a ressenti lui aussi un formidable soulagement à la guérison miraculeuse de Maha, plus grand que je ne l'imaginais.

Karim prend soudain une grande inspiration et annonce avec un faible sourire :

– Sultana, j'affronterai mille dangers si cela doit t'apporter la paix de l'âme. Nous irons ensemble avec les enfants au pèlerinage.

Mohammed cache sa désapprobation sous un sourire de convenance, et j'embrasse mon mari sur la joue, dans un élan naturel, lui tire les oreilles en disant malicieusement :

– Toi, tu ne regretteras pas ta décision.

Mohammed, complètement scandalisé par ce comportement affectueux et tendre, trouve un prétexte fallacieux pour quitter la pièce. Hana, la jeune sœur de Karim, mariée depuis quelques années à Mohammed, nous adresse un sourire de complicité, en nous priant de ne pas faire attention à la pruderie apparente de son mari. Car Mohammed, dit-elle, est le plus amoureux, le plus tendre et le plus prévenant des hommes, mais uniquement à l'abri des portes closes.

J'éclate de rire à cette évocation de leur vie privée, car Mohammed m'est toujours apparu sévère et distant, à tel point que j'ai souvent plaint ma belle-sœur par le passé. Mon mari est devenu écarlate à l'évocation de sa sœur dans son intimité avec Mohammed. Décidément, nos hommes saoudiens sont terriblement rigides et incroyablement puritains dès qu'il s'agit d'amour conjugal, même du leur.

Mais nous allons partir pour La Mecque, et j'embrasse à nouveau mon mari ! Je suis aux anges. Nous invitons Sara, Asad, et toute leur nichée, à nous accompagner dans notre aventure religieuse si longtemps espérée. Sara n'a jamais pu participer au Hadj, elle est extrêmement heureuse que cette année, pour une fois, la famille ne fuie pas le pays. Nous préparons des plans avec excitation pour organiser notre départ de Riyad et atteindre La Mecque en deux jours de temps.

Nous y voilà enfin, c'est le jour du voyage à La Mecque. Et nous avons une foule de choses à faire ! Nous avons prévu de retrouver Sara et sa famille à l'aéroport de Riyad à sept heures du soir. Avant cela, chacun des membres de la famille a dû respecter l'*Ihram*, qui se caractérise par une concentration particulière sur tous les rituels de la foi du pèlerin.

Durant l'Ihram, on ne vit plus normalement : il ne faut pas se couper les cheveux, ni se laquer les ongles, se raser la barbe, se parfumer ou porter des bijoux. On ne doit pas tuer d'animaux, et les rapports sexuels, le contact direct entre homme et femme, sont interdits jusqu'à la fin de cette période sainte.

Chaque membre de la famille a respecté les rites avant de quitter Riyad. Il est important de se mettre en état de pureté, bien avant d'effectuer le long voyage.

Ma servante philippine, Cora, qui fait le ménage dans ma chambre à coucher, est atterrée de me voir arriver dans mes appartements privés, scandant la célèbre complainte que murmurent tous les pèlerins : « Me voilà, Dieu ! Me voilà ! Me voilà, je suis à Tes ordres ! » Cora ayant repris ses esprits, et le mien se trouvant dans de bonnes dispositions, je lui explique la signification de ce voyage religieux. Cora est une fervente catholique et connaît peu les traditions musulmanes mais, profondément croyante, elle comprend mon bonheur.

Tandis qu'elle me prépare un bain en souriant, je continue à chanter ma complainte à Dieu, à compter sur mes doigts le nombre de tâches à accomplir. Je dois me démaquiller entièrement, ôter tous mes bijoux, y compris les deux boucles d'oreilles chargées d'un diamant en poire de dix carats que Karim m'a offertes l'année dernière et que j'enlève rarement. Après les avoir retirées et rangées dans le grand coffre de ma chambre à coucher qui abrite ma collection de bijoux précieux, je me plonge durant des heures avec délice dans le bain chaud, pour laver symboliquement mon corps de toute impureté.

Tout en me savonnant, je me prépare aussi en répétant tout haut le commandement de Dieu aux musulmans de se rendre à La Mecque : « Et proclamez le pèlerinage à tous les hommes, ils viendront vers vous à pied, et sur le dos de chaque chameau, venant de chaque vallée profonde. »

J'ai laissé de côté tous les problèmes de famille, y compris les miens, pour me concentrer uniquement sur des idées de paix, de sérénité et aussi d'amour pour mon bon époux.

Après ce bain interminable, je me vêts d'une robe noire sans ornement et couvre mes cheveux d'un voile noir léger. En me tournant dans la direction de La Mecque je me prosterne sur le sol de ma chambre à coucher, pour adresser mes prières à Dieu afin qu'il me fasse hadji. Me voilà prête au voyage.

Je retrouve les enfants et mon mari dans le salon du rez-de-chaussée. Karim et Abdullah sont en robes blanches immaculées et sans couture, les pieds chaussés de simples sandales de cuir. Maha et Amani se sont habillées modestement de vêtements noirs qui les recouvrent entièrement, à part le visage, les mains et les pieds. Comme moi, elles ne sont pas voilées.

« Le véritable voile est dans les yeux des hommes », dit le Prophète. C'est pourquoi les femmes tant qu'elles sont en pèlerinage ne couvrent pas leur visage.

Lorsque j'étais enfant, j'ai souvent demandé à ma mère pourquoi il fallait voiler son visage devant les hommes et non devant Dieu. Cela me paraissait étrange. Ma mère, qui ne discutait jamais l'autorité des hommes, m'a paru décontenancée et surprise par la saine logique de sa rebelle de fille. Mais elle était soumise depuis de si longues années qu'elle m'a grondée, sans répondre à ma question que je trouvais pourtant justifiée.

Aujourd'hui, en regardant les visages de mes deux filles, dans toute leur innocente pureté, ce souvenir me revient à l'esprit. Je les serre dans mes bras, en disant d'un ton irrité :

– Quand un homme partage le souhait de Dieu, on peut jeter le voile que l'on déteste tant !

Sans pouvoir m'empêcher de lancer un coup d'œil satisfait à mon mari et à mon fils.

Karim grommelle pour me faire comprendre ce que je viens de faire :

– Allons... Sultana !

Horreur, je viens de briser mon vœu de Hadj ! J'ai succombé à un moment de contestation, parlé sans retenue, alors que je ne devrais me réjouir que d'amour et de paix.

Embarrassée par mon écart de conduite, je sors du salon en courant, sous prétexte d'aller faire mes prières encore une fois. Karim a souri et mes enfants éclatent de rire en s'asseyant pour m'attendre.

Je me prosterne sur le plancher de ma chambre, suppliant Dieu de me lier la langue et de m'aider encore à pratiquer l'Ihram. Mais tout en priant, il me revient de tristes souvenirs de ma mère, et des images de mon père en colère hantent mon esprit. Adieu la sérénité si nécessaire à l'accomplissement de l'Ihram. Je recommence mes prières depuis le début en fronçant les sourcils de concentration.

Je suis au bord des larmes en rejoignant la famille, et mon mari m'adresse un tendre regard amoureux, que je prends à tort pour une invite sexuelle. Je crie après lui, avant de fondre réellement en larmes. Je ne peux pas être hadji, je ne le pourrai pas, il faut que ma famille y aille sans moi, je n'arrive pas à faire la paix dans mon esprit surexcité.

Karim fait un signe à mes filles, puisque nous ne pouvons pas avoir de contact direct lui et moi, et Maha et Amani me poussent en riant vers la voiture qui attend.

À l'aéroport, Karim calme mes protestations en m'affirmant que je pourrais toujours recommencer le rituel dès que nous serons dans l'avion, ou bien chez nous à Jeddah avant de faire le court trajet qui nous sépare de La Mecque.

Asad, Sara et leurs enfants nous attendent dans le salon royal, à l'aéroport international King Khalid. Je salue ma sœur et les siens, en observant un silence contraint, tandis que Maha chuchote à l'oreille de ma sœur. Sara me sourit d'un air complice, l'air de comprendre le pourquoi de notre retard.

Nous allons prendre l'un des jets privés de Karim jusqu'à Jeddah. C'est un voyage calme, les adultes ne pensent qu'à Dieu et à leurs prières. Les enfants les plus âgés jouent tranquillement, les plus jeunes dorment ou feuillettent des livres.

Connaissant mon incapacité à tenir ma langue, je ne

prononce pas un seul mot avant l'atterrissage, et là je parle trop.

Il fait nuit lorsque nous arrivons à l'aéroport international King Abdul Aziz de Jeddah. Heureusement, Karim a demandé au pilote de nous éviter le terminal des pèlerins, une cité de tentes complètement surréaliste qui couvre deux kilomètres carrés de terrain. Ce terminal est destiné aux pèlerins venant de pays étrangers mais, de toute façon, notre statut de princes royaux nous permet d'atterrir où nous voulons.

Il y a quelques années, Karim a emmené Abdullah assister à l'inauguration du terminal, mais aucune de mes filles ne connaît cet ensemble spectaculaire. C'est là qu'oubliant mon vœu récent de silence jusqu'à ce que mes pieds touchent le sol de La Mecque, je ressens le besoin impératif de donner à mes filles une raison d'être fières de leur héritage culturel, même si cela n'est dû qu'à notre force financière. D'abord, je parle doucement, ce qui ne peut pas offenser Dieu, je le sais. Je leur explique que ce terminal a remporté un prix international pour son architecture unique et sa technologie avancée.

Je suis orgueilleuse de ce monument que les Saoudiens ont réussi à créer en une seule et courte génération. Oubliée la honte de la terrible pauvreté de mes ancêtres qui hanta mes jeunes années. Les anciennes passions m'ont quittée, mon sens de l'histoire s'est émoussé. Ce qui me paraissait blâmable et insupportable, je le trouve maintenant beau, et sans prix. Cette terre oubliée, où s'entre-tuaient encore des tribus belliqueuses il y a cinquante ans, nous, les Saoudiens, nous en avons fait une puissance économique.

Ma propre famille a conduit des tribus sans loi dans la désolation d'un désert absolu pour en faire l'un des peuples et l'une des nations les plus riches de la terre. Les Occidentaux ont toujours prétendu que seul le pétrole était la base de notre prospérité. Je me méfie de cette analyse, car dans d'autres pays pétrolifères les simples citoyens n'ont jamais profité du même cadre de vie que les Saoudiens. Le secret est dans le dessein des hommes qui contrôlent les bénéfices de nos ressources.

Après avoir si souvent fait des reproches aux hommes de ma famille, en particulier sur l'absence de liberté des femmes, sur ce sujet précis je reconnais volontiers leur discernement, et j'en fais ouvertement l'éloge.

J'ai l'opportunité de transmettre cet orgueil ancestral à ma descendance, et me voilà soudain enthousiaste et parlant fort pour raconter aux enfants les événements du passé, et les vertus, le courage, l'endurance, l'indépendance et l'intelligence de nos ancêtres bédouins. Je compare la vie misérable de mes parents à l'incroyable opulence de l'existence de leurs enfants et petits-enfants. Un changement qui ressemble à un miracle. Et je m'anime, en racontant leur vie, avec une intensité dramatique et un réalisme convaincant.

Je me prends presque pour un historien plongé avec délice dans le récit des fondations de notre pays lorsque, tout à coup, je m'aperçois que je n'ai pas de public. Sara, Asad et Karim me lancent des regards peinés mais, comme si j'avais complètement oublié le but de ce voyage, leurs expressions de mécontentement ne m'atteignent même pas.

Je regarde les jeunes, profondément déçappointée de constater leur manque d'intérêt. Et je comprends à cet instant que la pauvreté que l'on n'a pas connue ne peut affecter les privilèges de la naissance. La jeune génération des Al Sa'ud est totalement tombée sous l'influence de son immense richesse.

En fait, les enfants ne veulent plus entendre parler de la graine des Bédouins dont ils sont issus. Abdullah joue au backgammon avec le fils aîné de Sara, les petits font des cabrioles et s'amusent avec les petites voitures rapportées par Asad de son dernier voyage à Londres.

Je revois le visage émouvant de ma mère adorée, j'entends ses récits poignants sur la vie de mes merveilleux grands-parents que je n'ai pas connus, ceux dont les âmes fières sont mortes depuis si longtemps. Et les mains me démangent de claquer les joues irresponsables de leurs descendants.

Je cherche sur qui me jeter de préférence et, juste au moment où je vais pincer la joue d'Abdullah, mes yeux rencontrent ceux de Sara. Ses lèvres articulent sans bruit le mot « Ihram ». Trop tard, je devrai recommencer toutes mes prières dès notre arrivée à Jeddah. Et mon esprit retourne au passé, les larmes jaillissent sans que je puisse les retenir à la pensée de ces courageux ancêtres. Sara, ma chère sœur, m'adresse un gentil sourire d'encouragement, elle sait à quoi je pense et me pardonne d'avoir fauté. Un proverbe me vient à l'esprit qui conviendra exactement à la situation : « On ne pleure que sur soi-même. »

La capacité de ma famille à oublier ceux qui nous ont précédés m'attriste. Je dis en pleurant d'une voix forte :

– Ceux qui sont morts à vos yeux sont toujours vivants pour moi !

Ils me regardent avec stupéfaction, tous sauf Karim qui ne peut s'empêcher d'éclater de rire. Je le foudroie du regard, tandis qu'il essuie ses yeux humides en observant la drôle de femme qu'il a épousée et en murmurant quelque parole à Asad que je n'arrive pas à entendre.

Pour me calmer, je me tourne vers mes deux filles pour voir si elles ont retenu quelque chose de ce que j'ai dit. Maha, qui préfère l'Europe et l'Amérique à tout ce qui ressemble à l'Arabie Saoudite, est d'un faible réconfort. Elle a ignoré ma tirade dithyrambique sur l'historique de notre famille et maugrée maintenant :

– Qui a eu l'idée saugrenue de dessiner un aéroport en forme de tente ? À quoi bon reconstruire le passé !

Elle grommelle avec une pointe d'amertume dans la voix :

– On est au XXe siècle, non ?

Amani, fascinée tout de même par les lumières suspendues au sommet d'immenses pylônes, a le nez en l'air. Cela lui donne une vision stupéfiante de cette fabuleuse machinerie, si impressionnante, et elle pousse de petits cris d'émerveillement. Abdullah, en habitué de l'aéroport, lui fait remarquer justement que le toit de béton de la tente couvre le plus grand espace actuel au monde, bien qu'il existe un projet pour en construire un plus grand encore dans la ville de Médine. Amani, la plus sensible de mes enfants, serre ma main et me remercie en souriant gentiment de l'avoir emmenée ici ! Je lance à ma fille un regard de contentement. Tout n'est pas perdu !

Qui pouvait savoir que ce voyage, accompli avec tant de désir de rendre grâce à Dieu, pour avoir rendu la lucidité à ma fille aînée, influencerait d'une manière aussi importante et aussi longue Amani, et que les conséquences en seraient désastreuses pour sa mère et son père ?

5

AMANI

> « *La Sainte Mecque* » *porte également le nom de* Umm Al Qurrah, *la* « *Mère de toutes les villes* ». *La cité vers laquelle les visages des croyants se tournent cinq fois par jour pour la prière. Pour des millions de musulmans, c'est le but de toute une vie. Se rendre à La Mecque et devenir hadj.*
>
> *La ville est strictement interdite aux non-musulmans, et les incroyants en sont profondément frustrés, ils aimeraient bien savoir ce qu'elle recèle. En qualité de Saoudien, j'ai été élu par Dieu pour protéger la vraie foi qui a pris naissance dans la ville la plus sainte du monde et qui se trouve dans mon pays.*
>
> Déclaration faite à l'auteur par un très vieux Bédouin saoudien, expliquant pourquoi le peuple saoudien est le peuple élu de Dieu.

J'ai accouché d'Amani en même temps que ma sœur Sara mettait au monde son deuxième enfant, une petite fille à qui elle a donné le nom de Nashwa. Ce qui veut dire Extase.

Amani ne nous a apporté jusqu'ici que des satisfactions, alors que Nashwa est une enfant difficile et odieuse qui a complètement désorganisé le bonheur tranquille de ma sœur et de son mari Asad.

J'ai souvent demandé à Karim s'il était possible qu'Amani soit la véritable fille de Sara. Une éventualité à vrai dire terrifiante, mais j'avais souvent le sentiment que Nashwa était de notre sang, car elle me ressemble terriblement de caractère. En outre, ma fille a une ressemblance étonnante avec sa tante Sara : même expression charmante du visage, même tempérament calme et serein.

Je me demandais s'il était possible que l'équipe de l'hôpital ait commis une erreur accidentelle en échangeant nos deux filles. Elles sont nées avec onze heures de décalage, mais Sara et moi occupions deux suites royales voisines. Dans ce cas, une confusion entre les nouveau-nés semblait possible.

Au fil des années, Karim s'est efforcé plus d'une fois de me rassurer à ce sujet, en m'expliquant que les statistiques montrent que ce genre de méprise ne se produit que très rarement. Mais chaque fois que j'observais ma petite fille, je ne pouvais m'empêcher de penser avec un sentiment bizarre qu'elle appartenait peut-être à une autre.

Amani est une enfant contemplative et mélancolique qui a toujours préféré les livres aux jouets et qui, depuis son plus jeune âge, montre une passion évidente pour les arts et le langage. À la différence de sa sœur aînée Maha, elle ne nous a pratiquement pas posé de problèmes et se montre en général calme et affectueuse à la maison. Amani, à l'âme si sensible, est bien plus proche de moi que son frère et sa sœur, et pourtant j'aurais dû me soucier bien davantage de l'obstination secrète que cachait un tempérament complexe.

Sa passion exagérée pour les animaux, par exemple, a souvent provoqué des conflits au sein de la famille. Elle éprouve un amour enfantin pour chaque être vivant, ce qui est en contradiction totale avec l'amour de la chasse des Saoudiens et leur manie de tuer tout ce qui vit dans notre pays. Abdullah et son père sont toujours prêts à se joindre à leurs royaux cousins pour une partie de chasse dans le désert, ce qui consiste en Arabie Saoudite à tuer des gazelles ou des lapins à la mitraillette, à la lumière d'énormes projecteurs. Les chasseurs sont installés sur des jeeps et des camionnettes spécialement équipées pour cela. Chaque fois que mon père décide d'entreprendre une telle expédition, Amani se faufile dans le salon de chasse de son père pour y cacher les munitions, démonter les fusils, voire mettre à la poubelle des armes de grand prix.

Cet amour immodéré pour les bêtes est le seul élément qui l'éloigne d'une harmonie familiale à laquelle elle aspire pourtant profondément. Elle a ce trait de caractère, humain certes mais curieux, depuis son plus jeune âge. Et en raison de cette ferveur, la maison est régulièrement envahie d'animaux abandonnés de toutes les races, de tous les âges et de toutes les couleurs.

En général, les Arabes, au contraire d'Amani, ne leur accordent que peu d'intérêt et n'ont aucun scrupule à torturer ou blesser les chats et les chiens sauvages qui traînent dans les rues des villes. Depuis 1980, il existe un organisme officiel, dépendant de la police, qui ramasse ces animaux errants et les abandonnent dans le désert à une mort lente et douloureuse. Mais beaucoup d'entre eux ont cependant réussi à échapper à leurs kidnappeurs et ont trouvé asile chez une créature tendre, comme ma fille.

Je suis de tout cœur avec Amani dans son désir de les protéger, mais Karim et les autres ne sont pas du tout d'accord sur la manière dont elle a transformé notre maison en refuge. Non contente de leur sauver la vie, Amani cajole et nourrit tous ses protégés comme s'il s'agissait d'espèces rares et coûteuses. Et quand ils meurent, elle les enterre dans notre jardin, avec tout le rituel funéraire qui convient. Les survivants qu'elle a dressés à devenir de bons toutous et de charmants chatons se mêlent à la vie de famille, galopent dans les jardins comme dans la maison.

Il m'a semblé parfois qu'Amani montrait plus d'attention envers ses animaux familiers que pour les membres de sa propre famille. Mais je ne suis pas une mère à punir facilement, ou à interdire, et Amani a la permission de cultiver sa petite manie.

Karim a même engagé deux jeunes domestiques, des Thaïlandais, en charge de nettoyer, désinfecter le chenil et apprendre aux chiens à obéir. Nous sommes allés jusqu'à construire à Amani son propre petit zoo dans le parc et avoir installé de nombreux animaux exotiques dans des cages spacieuses, tout cela dans l'espoir de la satisfaire.

À côté du zoo, Karim a fait installer un abri suffisamment vaste pour les animaux abandonnés. Il a bien recommandé à sa fille de les maintenir strictement dans les limites de leur territoire. Mais devant une fontaine de larmes, il a fini par céder. Amani a eu le droit de choisir une dizaine de ses chats et chiens favoris, qui ont désormais l'autorisation de se promener dans la maison et de gambader dans les jardins.

En dépit de tous nos efforts pour canaliser cette passion, Amani persiste à s'occuper de ceux qui errent dans les rues, lesquels trouvent immanquablement le chemin de notre porte.

Karim a assisté une fois à une scène stupéfiante. Il venait de prendre en flagrant délit trois domestiques philippins, employés chez nos voisins, en train de livrer à l'un de nos gardiens de zoo un sac contenant cinq chats. Les Philippins gardaient un silence effrayé devant Karim, qui venait de découvrir également un prospectus accordant une récompense de cent riyals à quiconque rapporterait un chien ou un chat errant. Mon mari a été pris de colère, puis après avoir sérieusement secoué les deux gardiens thaïs, il a su le fin mot de l'histoire. Amani leur avait tout simplement ordonné d'afficher ce prospectus sur les murs de tous les palais et villas du voisinage ! En outre, les deux hommes étaient chargés de patrouiller dans les rues avoisinantes et de ramener à Amani tous les chats et les chiens abandonnés qu'ils ramassaient. Notre fille avait fait jurer le secret aux deux hommes, et comme ils étaient employés par Karim, mais directement au service de sa fille, ils avaient cru devoir respecter le secret.

Karim a fait le compte et lorsqu'il a découvert qu'il

nourrissait en fait environ quarante chats et douze chiens, il s'est affalé, ahuri. Puis, après un long moment de silence, et sans un regard pour nous, mon mari s'est relevé et, toujours sans dire un mot, a quitté la maison. Nous avons entendu le crissement des roues de sa voiture qui démarrait en trombe. On ne l'a pas revu de deux jours et trois nuits. Des servantes bavardes m'ont rapporté qu'il était allé se reposer chez ses parents en disant qu'il avait grand besoin de quelques jours de répit pour oublier les femmes qui compliquaient sa vie, sans quoi il serait obligé de nous confier à une maison de santé !

Pendant son absence, j'ai pris la décision de faire en sorte de débarrasser ma fille de son extrême sensiblerie et j'ai fait d'étranges découvertes à cette occasion, auxquelles je ne m'attendais certes pas. Les quarante chats mangeaient du poisson frais de la mer Rouge, les douze chiens étaient nourris de viandes délicates en provenance de la boutique d'un boucher australien fort cher. Amani prenait l'argent nécessaire dans une petite boîte de la cuisine destinée aux serviteurs pour nos courses personnelles. Nos dépenses domestiques étaient devenues si énormes que le comptable avait jugé préférable de ne pas noter ce que prélevait Amani. Lorsque j'ai su aussi qu'elle dépensait de grosses sommes d'argent pour acheter des oiseaux en cage, dans le seul but de les libérer, je l'ai sérieusement menacée de la traîner chez un psychiatre. Et pendant quelque temps, elle s'est moins préoccupée du problème animal dans notre royaume.

Je me souviens parfaitement d'un événement dramatique à propos de mon frère Ali. Il s'était déjà longuement plaint par le passé des animaux d'Amani. Il me houspillait sans cesse, disant qu'un musulman qui se respecte aurait peur d'entrer dans la maison car les bêtes qui y traînent l'obligeraient à se purifier ensuite. Ali déteste les animaux, qui le lui rendent bien, et les charmantes petites bêtes d'Amani, les chiens plus particulièrement, filent se cacher dans les buissons dès qu'il traverse les jardins.

Ali était venu nous rendre une courte visite au palais et, à peine franchi la porte du jardin, s'arrêta au passage pour ordonner à l'un de nos domestiques de laver sa voiture. Pendant qu'il parlait, l'un des chiens favoris d'Amani, Napoléon, le plus culotté, a levé la patte sur sa *thobe* fraîchement sortie de la teinturerie.

Ali est un snob, fier de ses vêtements comme de son apparence qu'il veut toujours impeccable. De rage, il est resté sans voix. Il s'est mis à battre brutalement la malheureuse créature, avant que ma fille ait le temps de se précipiter à son secours. Amani était si furieuse qu'elle s'est mise elle-même à frapper son oncle, sur les bras, la poitrine, tout ce qu'elle pouvait atteindre de ses poings. Souillé par un chien et physiquement agressé par sa nièce, Ali a fui vers la maison en hurlant aux domestiques hilares que non seulement sa sœur était complètement malade, mais qu'elle avait mis au monde des enfants qui préféraient la compagnie des bêtes à celles des humains ! Dans la foi musulmane, le chien est considéré comme impur, ce qui explique la colère d'Ali, et son dégoût.

Amani déteste son oncle depuis ce jour-là, comme j'ai jadis haï mon frère.

Je craignais la rancune d'Amani. En outre, elle se voilait trop légèrement pour les principes de mon frère. Or j'ai l'heureuse surprise de voir ma fille pénétrer dans le salon, convenablement voilée, jouant l'hôtesse parfaite, et demandant courtoisement à son oncle s'il désire un verre de jus de fruits frais. Ali, soulagé, et semblant avoir oublié l'incident, répond qu'il a effectivement très soif. Rayonnante de satisfaction et de fierté maternelle, je remarque une fois de plus la ressemblance entre ma sœur Sara et Amani. Elle tend gracieusement à Ali sa boisson, et une assiette de gâteaux aux amandes. Je lui adresse un sourire heureux en me promettant de lui faire un cadeau à la prochaine occasion. Ali a le sourire et d'après lui Amani fera sûrement un jour le bonheur d'un homme.

Ce n'est qu'après son départ que je trouve Amani se

tordant de rire dans sa chambre, à un tel point que les domestiques se sont rassemblées autour d'elle pour connaître la cause de cette joie bruyante. Et Amani de raconter à l'assemblée stupéfaite que son oncle vient de boire dans un verre que tous ses petits protégés ont consciencieusement nettoyé à coups de langue ! Ma fille a d'abord rempli le verre d'eau fraîche pour les animaux, avant d'y verser le jus de fruits destiné à son oncle ! Pire, elle a fait grignoter par son Napoléon préféré les gâteaux qu'il a mangés ensuite. Les domestiques se réjouissent de l'histoire, Ali n'étant guère populaire dans la maisonnée.

J'ai beau m'astreindre à la sévérité, il m'est impossible de contrôler le fou rire qui me vient. Après avoir fait l'effort d'une remontrance en bonne et due forme, j'éclate moi aussi de rire dans les bras de ma fille. Pour la première fois de sa vie, Amani vient de montrer un trait de caractère qui me redonne l'espoir qu'elle est bien ma fille finalement. Je sais bien que je devrais la réprimander plus sévèrement, elle aurait pu donner une crise cardiaque à Ali s'il avait su, mais c'est plus fort que moi, je trouve ça si drôle.

Je raconte en riant l'incident à Karim, et il me regarde avec un air d'effroi indescriptible, ce qui m'amuse encore plus, connaissant l'obsession de mon mari pour l'hygiène de son entourage.

Cette fois, sa patience est à bout. Pris d'une colère devant cette farce, et réellement gêné de l'attitude d'Amani face aux animaux, mon mari me prévient que leur nombre croissant dans la maison est en train de perturber notre vie, et que nous devons absolument avoir une sérieuse conversation avec Amani. Avant que j'aie pu lui répondre, il appuie sur l'interphone pour lui ordonner de venir nous retrouver immédiatement dans nos appartements privés.

Amani nous rejoint dans le salon qui fait suite à la chambre, avec sa grâce habituelle, ses yeux noirs brillants de curiosité. Je n'ai pas le temps de lui exposer la situation que Karim la questionne brutalement :

— Dis-moi, Amani, quel est ton but dans la vie ?

Avec la naïveté de l'enfance, Amani répond sans hésitation :

— Protéger tous les animaux des méfaits des hommes.

— La protection des animaux est une vanité de l'esprit réservé aux riches Européens et aux Américains !

Karim est en colère. Il me regarde comme si j'étais responsable.

— Sultana, je croyais ta fille plus intelligente que ça !

Les yeux d'Amani se remplissent de larmes, elle nous demande la permission de s'en aller. Mon mari supporte mal les pleurs des femmes, il croyait bien faire en utilisant le mode sarcastique. Pourtant, il change de ton, et très sérieusement lui demande :

— Amani, quand tu auras sauvé tous les animaux du monde, que feront-ils pour toi-même, ou pour ta famille ?

Amani serre les lèvres et regarde ailleurs. Incapable de répondre, incapable de formuler ses pensées, elle ne peut envisager la réalité des choses. Elle hausse les épaules en regardant son père d'un air interrogateur.

En évitant de l'attaquer de front sur son amour pour les animaux, Karim lui explique qu'il existe des objectifs plus importants dans la vie, qui animent et inspirent en principe les humains que nous sommes. Elle doit songer que les bonnes actions en faveur des êtres à quatre pattes ne doivent pas l'empêcher de faire progresser notre société. Et il ajoute :

— Faire avancer la civilisation, c'est le devoir de ceux que la société néglige. Ce n'est que libéré de sa propre imperfection que le genre humain peut se préoccuper de rendre meilleure la société dans laquelle il vit.

La formule fait sursauter Amani. Elle élève la voix et pose à son père la question élémentaire :

— En Arabie Saoudite ? Que peut faire une femme que la société néglige pour changer quelque chose dans CE pays ?

Ma fille me regarde, espérant une approbation de ma part. Au moment où je m'apprête à répondre à Karim, il me coupe la parole et, à ma stupéfaction, me fait remarquer que notre fille doit faire comme moi. En femme que nul n'écoute en Arabie Saoudite, je ne me suis pas contentée d'une existence oisive d'héritière de sang royal, mais ayant reçu une éducation, je me sers de celle-ci pour défendre la cause féminine. Il poursuit son étonnant laïus en affirmant qu'un jour le rôle des femmes sera prépondérant et que notre influence franchira les murs des maisons.

Impressionnée par les propos de Karim, je n'ai pas grand-chose à ajouter. Jamais mon mari n'avait admis le bien-fondé de mes idées sur la liberté des femmes.

Après une discussion d'une heure au moins, Amani promet à son père de s'efforcer d'aller au-delà de sa passion et de trouver un second but tout aussi honorable à sa vie. Avec plus d'affection qu'elle n'en a jamais montré, elle nous embrasse tous les deux et nous souhaite bonne nuit, en reconnaissant qu'elle a grand besoin de réfléchir. Au moment de refermer la porte de notre chambre à coucher, elle se retourne avec un merveilleux sourire :

– Je t'aime papa, et toi aussi maman.

Ma cadette est encore une petite fille innocente.

Fier du grand succès qu'il estime avoir remporté, Karim me prend dans ses bras pour me confier les rêves qu'il nourrit pour ses filles et pour son fils. « Si cela dépendait de lui », tous ces interdits ridicules qui pèsent sur les femmes disparaîtraient... comme par magie.

Karim claque des doigts pour illustrer sa pensée en me gratifiant d'un tendre regard. Et je me dis avec un certain cynisme : rien de mieux qu'une petite fille adorée pour obliger un homme à réclamer à grands cris le changement d'une société injuste.

J'espérais depuis longtemps cette paix inhabituelle dans la maison avec mes trois enfants, et la promesse de Karim représentait une bénédiction. Amani allait certainement se libérer de son fol amour pour les animaux. Hélas, peu de temps après, la guerre du Golfe a éclaté, suivie par l'explosion de l'instabilité mentale de Maha.

Et durant cette période de stress, Amani s'est retrouvée solitaire et dans une impasse. Personne ne pouvait l'aider dans sa recherche personnelle. J'ai étudié la philosophie, fait l'étude critique des pensées fondamentales et je comprends à présent que le comportement obsessionnel d'Amani, uniquement axé sur des causes qui l'intéressent, la rendait proche des fanatiques, de ceux dont les idées vont jusqu'à embrasser dangereusement les convictions extrémistes.

Amani était animée d'une ferveur extrême, et je me reproche maintenant d'avoir influencé l'esprit fragile et impressionnable de ma fille à l'occasion de ce voyage à La Mecque pour le Hadj.

Elle n'avait alors que quatorze ans, l'âge des grandes perturbations de l'adolescence. C'est pendant ce pèlerinage que s'est produit le plus étrange bouleversement de l'histoire de notre famille. Nous avons vu, Karim et moi, notre fille Amani changer, son esprit se modifier, comme si elle émergeait d'un long sommeil de la foi, et se jeter dans le culte de l'islam avec une avidité déconcertante.

Je ne suis qu'une mère, préoccupée par son enfant, attentive à lui transmettre les bases de notre héritage culturel et familial, mais on aurait dit qu'Amani était fascinée par une vision plus large, par un mystère trop grand pour elle, et trop intime pour qu'elle le révèle à son père ou à sa mère.

Le lendemain de notre arrivée à Jeddah, nous avons parcouru en voiture climatisée le court trajet qui sépare notre jolie ville des bords de la mer Rouge de la cité sainte de l'islam, la cité du Prophète. J'étais émue d'accomplir le rituel du Hadj entourée de toute ma famille, de ceux que j'aime le plus au monde. Je m'efforçais de me concentrer sur la prière, ce qui ne m'empêchait pas de jeter un œil sur le paysage, en me souvenant de l'époque où les fidèles, par milliers, accomplissaient ce voyage à dos de chameau, en caravanes, ou à pied, sur ce sol rocailleux et rude, dans leur quête éperdue de connaître l'un des cinq piliers de la foi islamique. Je m'efforçais de garder mes pensées pour moi, voyant bien que Karim et les enfants étaient plongés eux-mêmes dans la contemplation de Dieu et dans leur propre dialogue avec lui. Les yeux de Maha étaient clos, Abdullah égrenait son chapelet de prières, Karim avait le regard perdu. J'espérais qu'il ne repensait pas à l'horrible cauchemar de sa jeunesse, et je me rapprochais de lui pour mieux l'observer, mais il évitait religieusement mon regard.

Amani était enfermée dans de profondes méditations solitaires, son visage m'a semblé illuminé. J'ai caressé sa main avec satisfaction en me disant que j'avais bien fait d'entraîner tous les miens dans cette célébration bénite.

Nous sommes arrivés assez vite dans la cité encaissée dans la vallée d'Abraham et cernée de chaînes de montagnes à l'est, à l'ouest et au sud. La Mecque est au cœur d'un paysage accidenté, principalement constitué de granit, mais l'ancienne cité est le plus beau des spectacles pour les musulmans. J'ai chanté : « Me voilà, Dieu me voilà ! »

Aux abords de la sainte mosquée de La Mecque, nous avons rejoint un guide officiel, spécialement engagé par la famille pour nous indiquer le labyrinthe des rituels du Hadj et comment imiter notre imam, ou ministre de la foi, dans nos prières. Je suis restée en arrière avec Sara et nos filles pendant que Karim et Asad partaient devant avec leurs fils. Tout autour de nous, les pèlerins récitaient leurs prières à Dieu tandis que nous montions les marches de marbre précieux de la sainte mosquée. Nous avons ôté nos chaussures à l'entrée et continué d'avancer en priant : « Dieu, tu es la paix, et la paix T'accompagne, ô notre Dieu, donne-nous la paix. » Comme le Prophète, j'ai pris garde à franchir la cour de marbre blanc en mettant d'abord mon pied droit au passage de la Porte de la Paix.

Il y a sept portes principales donnant sur l'immense cour intérieure, et des foules énormes surgissent de chacune d'elles. À côté de la mosquée se dressent des colonnes de marbre rose, surmontées de minarets sculptés. Des tapis de soie rouge bordent la cour sur toute sa longueur, les pèlerins s'y assoient pour méditer ou lire silencieusement. Le cri du muezzin résonne pour appeler à la prière. Une partie de la cour est réservée aux femmes, mais avec Sara et les filles nous nous tenons derrière les hommes en file indienne, pour nous joindre aux autres en prière, nous prosterner et nous relever au rythme si familier à tous les musulmans du monde. Je me sens humble. Je suis née de famille royale, mais au regard de Dieu je suis comme tous les autres. Tout autour de nous, les créatures de Dieu les plus pauvres sont aussi riches que moi aux yeux d'Allah.

Les prières terminées, nous avançons comme un fleuve immense vers la Kaaba, une simple construction de pierre, dotée d'une unique porte, en retrait de deux mètres du sol de marbre. De quinze mètres de haut, et dix de large, elle demeure au centre de la mosquée sacrée. C'est là, il y a trois mille ans, qu'Ibrahim, que les juifs et les chrétiens appellent Abraham, a dédié pour la première fois une maison au culte d'un dieu unique. Dieu dit dans le Coran : « La première maison de Dieu qui fut érigée pour le peuple est celle de La Mecque. » C'est en direction de cette construction qu'un milliard d'êtres humains se tournent cinq fois par jour pour se prosterner et prier.

Une immense draperie de velours brodée de versets du Coran, au fil d'or, recouvre la Kaaba. À la fin du pèlerinage annuel du Hadj, cette draperie est enlevée et remplacée par une autre, spécialement tissée à La Mecque. Nombreux sont les pèlerins qui paieraient une fortune pour emporter chez eux un morceau de ce tissu magnifique.

Dans un angle de la Kaaba se trouve la Pierre noire, enchâssée d'argent et bénie par le prophète Mohammed. Le *hadith*, ou les oracles du Prophète, dit que notre Prophète a embrassé la Pierre noire en demandant qu'on la place dans la Kaaba. C'est pour cette raison qu'elle est particulièrement sacrée pour les musulmans.

Le rituel suivant du pèlerinage sacré est le *tawwaf* ou marche en cercle. La laissant toujours à notre gauche, nous devons faire le tour de la Kaaba en récitant : « Dieu est le plus grand. Ô Dieu, fais que nous soyons bons en ce monde, et bons dans l'autre monde, et protège-nous des tourments et des feux de l'enfer. »

Après avoir accompli ce rite, j'ai aperçu Karim qui nous faisait signe de venir vers lui. Nous avions de la chance, il avait fait en sorte de nous laisser pénétrer dans la Kaaba pour des prières supplémentaires. J'ai gravi avec ma famille l'escalier mobile que l'on avait installé devant le bâtiment, afin de franchir la porte plus haute que le sol. Une porte gravée de versets du Coran, en argent.

L'intérieur de la Kaaba, très sombre, est le lieu le plus sacré du monde pour les musulmans. J'ai prié à chaque angle pour demander à Dieu d'éloigner le diable de ma fille Maha et de bénir les autres membres de ma famille. En raison de la récente guerre du Golfe, j'ai demandé aussi à Dieu d'aider les musulmans à demeurer en paix. Et je n'ai pas oublié mon but principal, j'ai prié pour que Dieu guide les hommes d'Arabie dans leur interprétation des enseignements du Prophète et qu'ils libèrent leurs épouses, leurs sœurs et leurs filles de l'esclavage qu'ils leur imposent.

J'entendais les pleurs d'un enfant et, en scrutant le noir, j'ai vu ma propre fille Amani sangloter. Je l'entendais à travers ses larmes demander à Dieu de l'aider à fuir ce monde de luxure et à mieux supporter les faiblesses humaines. Elle suppliait Dieu d'ôter les péchés de l'humanité et de guérir toutes les maladies de l'univers. Amani était en pleine extase religieuse. Les yeux rougis, elle n'a prêté aucune attention au geste d'amour que je lui ai tendrement manifesté en sortant de la Kaaba.

Nous sommes allés ensuite à la station d'Ibrahim, située dans la mosquée sacrée, pour nous y prosterner à deux reprises devant Dieu. Le rituel de la Kaaba ne représente pas l'adoration du bâtiment en soi, mais l'adoration de Dieu, l'Unique, le Seul, l'Éternel et l'Absolu, et rien, à part Dieu, ne mérite d'être adoré.

Puis nous avons quitté la cour intérieure de la mosquée pour accomplir les autres rituels devant la source de Zamzam et à la Ma'a, ou la Place Courante, situées dans la plaine qui entoure La Mecque. Une fois de plus, Sara et moi avons dû nous séparer des hommes de la famille. Bien que nous exécutions les mêmes gestes, nous devions les accomplir avec des êtres du même sexe. C'est dans cette plaine qu'Ibrahim, lassé de voir Sarah persécuter Hagar, donna à Hagar la permission de partir avec son fils Ismaïl. Alors Ibrahim s'en alla avec Sarah et Isaac pour la Palestine. Les chrétiens et les juifs savent que les descendants d'Ibrahim en Palestine ont développé la croyance judaïque, tandis que ceux de La Mecque ont persévéré dans la foi islamique.

C'est à partir de ce seul grand homme que deux des trois grandes religions monothéistes, le judaïsme et l'islam, se rejoignent.

Hagar et Ismaïl ont traversé le désert, n'ayant rien d'autre qu'un sac de dattes. Cherchant désespérément de l'eau pour son jeune fils, Hagar parcourait inlassablement les deux collines de Safa et Marwa en quête d'une source pour désaltérer son enfant. Un miracle se produisit. L'ange Gabriel redonna vie à une source asséchée aux pieds d'Ismaïl. Ainsi Dieu sauva Hagar et son fils. Cette source, qui porte le nom de Zamzam, coule encore aujourd'hui, claire et fraîche.

Si Hagar courait sur un sol rocailleux et sous un soleil brûlant, nous, les pèlerins, nous traversons les collines de Safa et Marwa dans un souterrain à air conditionné. Ce confort a été voulu par les hommes de ma famille dans le but de réduire le nombre des accidents qui se produisaient chaque année en période de Hadj. Les pèlerins âgés, malades ou handicapés, portés sur les épaules des fidèles, avaient l'habitude de faire sept fois la course des collines, au mépris de la chaleur. Les insolations ou les crises cardiaques n'étaient pas rares.

Des panneaux installés tout au long du souterrain

indiquent aux hommes les endroits où il faut marcher et ceux où il faut courir, alors que les femmes, elles, se contentent de marcher.

Sur le chemin entre les deux collines, les pèlerins récitaient des versets du Coran en chantant « Dieu est venu » quand on entendit une rumeur parcourir les rangs. Je me dirigeai vers des musulmanes venant d'Indonésie pour leur demander en anglais si elles connaissaient la raison de cette excitation. L'une d'elles m'a répondu :

— Oui ! Trois hommes sont tombés, ils ont été piétinés, et il paraît que deux sont morts.

J'ai soudain le souffle coupé ! Je ne peux m'empêcher de penser à mon mari ! Karim ! Et si son cauchemar s'était réalisé ?

Je cours vers ma sœur et mes filles, les yeux fous de terreur, et proférant des mots incompréhensibles. Sara me secoue par les épaules, en essayant de comprendre ce qui se passe.

— Karim ! J'ai entendu que des hommes venaient de se faire écraser. J'ai peur pour Karim !

Croyant que je viens de voir le corps de leur père, mes deux filles commencent à gémir, et Sara doit élever la voix pour me demander :

— Pourquoi penses-tu qu'il s'agit de Karim ?

— À cause du cauchemar ! Karim a fait un cauchemar dans lequel il était écrasé au pèlerinage du Hadj ! Et voilà que des hommes se sont fait piétiner justement dans le secteur où on l'a vu pour la dernière fois !

Comme moi, Sara sait que beaucoup de choses dans la vie dépassent notre entendement et que des forces inexplicables nous côtoient. Elle est impressionnée, sans être aussi hystérique que moi. Au moment où nous nous séparons en trois groupes pour partir à la recherche de nos maris, deux brancards, transportant des corps recouverts d'un drap blanc, traversent la foule. En larmes, je cours aussi vite que je peux pour arracher les draps des corps inertes, l'un après l'autre. Les quatre brancardiers de l'hôpital de La Mecque s'immobilisent sous le choc, ne sachant à quoi s'attendre de la part de cette femme apparemment bouleversée. Ce n'est pas Karim. Les hommes sont tous les deux âgés, c'est évidemment ce qui les a menés à la mort. Je tiens le drap d'une main, plantée près du corps de l'un d'eux, débordant de soulagement de ne pas le reconnaître !

C'est à ce moment-là que Karim, Asad et leurs deux fils, suivant les gémissements des femmes, viennent voir ce qui s'est passé. Karim n'en croit pas ses yeux. Sa femme est en train de rire de bonheur devant un cadavre ! Il force la foule, m'attrape par les poignets et m'arrache à la scène.

– Sultana ! Tu es devenue folle ?

Sara lui explique rapidement ma peur, et la colère de Karim se calme un peu. Avec embarras il est bien obligé d'expliquer aux autres le rêve effrayant qu'il m'a raconté et qui justifie ma peur.

L'ambiance est électrique. La foule commence à murmurer et à regarder méchamment dans ma direction, alors que les veuves apprennent le drame et aussi que j'ai ri comme une hyène devant les corps de leurs maris. Nous quittons précipitamment le souterrain, et Asad avertit quelques gardes de notre identité princière. Assuré de leur protection, il offre un cadeau de trois mille riyals à chacune des familles, en leur expliquant très vite que j'ai eu très peur à propos d'un rêve prémonitoire, et calme enfin la colère de la foule. Hors de la scène du drame, toute la famille se met à rire nerveusement. Et plus tard, le temps ayant effacé la honte de ma conduite, nous avons trouvé la situation franchement comique et nous en sommes amusés plus d'une fois.

Nous avons accompli tous les rituels de ce premier jour du Hadj et nous voilà sur le chemin du retour vers le palais de Jeddah, au bord de la mer Rouge. Durant le trajet, et pour effacer de notre esprit la scène macabre que nous avons vécue, chacun exprime ce qu'il a ressenti profondément au cours de la journée. Seule Amani demeure étrangement calme et réservée. Je sens que quelque chose la tracasse. Le pressentiment d'un danger funeste ne me quitte pas et, à peine arrivée chez nous, je m'obstine à suivre Karim pas à pas, essayant de rassembler mes idées, sans parvenir à formuler ce que j'ai sur le cœur et dans la tête. Je le suis, du hall d'entrée à notre chambre, de notre chambre à la terrasse, puis de nouveau à la chambre, puis dans la bibliothèque. Un gouffre sépare nos deux réflexions.

Enfin, exaspéré, Karim demande :
– Sultana, qu'est-ce que je peux faire pour toi ?

Peu sûre de moi, j'ai du mal à exprimer ce que je ressens.
– Tu as remarqué Amani aujourd'hui ? Elle me donne du souci. J'ai le sentiment qu'elle a une idée bizarre dans la tête. Je n'aime pas ça.

Mon mari me rétorque d'un ton las :
– Sultana, je t'en prie, cesse de voir du danger là où il n'y en a pas. Elle est hadji. Tu ne penses pas que tous les pèlerins sont particulièrement absorbés dans leurs pensées à ce moment-là ?

Et il ajoute malicieusement :
– À part toi, Sultana ?

Puis Karim redevient silencieux et me jette un regard explicite, indiquant clairement qu'il a besoin d'être seul. Furieuse, je le laisse dans sa bibliothèque. Je cherche Maha, mais elle s'est retirée dans sa chambre pour dormir. Abdullah, lui, est parti avec sa tante Sara dans leur villa. Je me sens terriblement seule.

Je prends alors la décision d'aller à la source de mes inquiétudes et vais jusqu'à la chambre d'Amani. J'entends le murmure de sa voix et colle une oreille contre la porte pour essayer de comprendre ce qu'elle dit. Ma fille est en prière, et sa voix supplie Dieu avec une telle intensité qu'elle éveille brutalement un souvenir dans ma mémoire, celui d'une autre voix derrière une porte close. Et soudain, cette voix venue d'une autre époque me confirme dans mes inquiétudes. Voilà pourquoi je me tourmente tellement. Lawand ! Amani est en train de prier comme Lawand, dans le même isolement, de la même manière, de la même voix extatique.

L'atmosphère autour d'Amani depuis que nous avons participé au premier rituel du jour m'avait semblé familière. Et voilà qu'en ce jour précisément, la folie de Lawand a resurgi dans l'intensité glaciale du regard d'Amani.

Lorsqu'elle était adolescente, Lawand, la première cousine de Karim du côté paternel, faisait ses études dans une école de Genève. La décision de ses parents de l'envoyer étudier à l'étranger se révéla en fait une grave erreur. À Genève, Lawand a fait la honte de sa famille, en ayant des relations avec de nombreux jeunes gens. En plus, elle s'est droguée à la cocaïne. Un soir, elle s'est fait prendre par la surveillante générale alors qu'elle sortait de sa chambre en cachette. La directrice a appelé son père en Arabie Saoudite, en lui intimant de venir récupérer sa fille. Une fois la famille au courant des aventures de Lawand, son père et ses deux frères l'ont placée dans un centre de désintoxication en Suisse. Six mois plus tard, son traitement terminé, ils l'ont ramenée en Arabie Saoudite. La famille, exaspérée de honte et de colère, a décidé en guise de punition de la confiner dans un petit appartement, dans leur propre maison, jusqu'à ce que l'on soit sûr qu'elle ait compris le grave péché commis en tant que musulmane.

Quand j'ai appris le verdict, j'ai repensé à Sameera, la meilleure amie de ma sœur Tahani. Sameera était une brillante et ravissante jeune fille, à l'époque où on l'a privée de liberté pour longtemps et enfermée dans la sombre prison de la chambre des femmes. Lawand, elle, était sûre de retrouver un jour la liberté, mais Sameera ne pouvait compter que sur sa propre mort en guise de liberté.

J'avais pensé alors que Lawand avait de la chance que son père ne soit pas un monstre insensible, capable d'enfermer sa fille à vie, ou de la faire lapider à mort. Et au lieu de me révolter, j'en éprouvais un bien mince soulagement pour elle. Qu'ils sont heureux les êtres sans souvenirs, car les souvenirs rassemblent trop souvent l'image des victimes et celle de leurs bourreaux.

C'est avec une sainte terreur que j'écoutais jadis discourir les hommes de ma famille. Ils disaient que la règle d'obéissance était une loi pacifique de notre société conservatrice qui reposait d'abord sur la parfaite soumission des enfants à leurs parents, puis des épouses à leurs maris. Sans cette obéissance, l'anarchie régnerait. Les hommes de ma famille considéraient évidemment la punition de Lawand comme parfaitement juste.

J'ai rencontré sa famille à plusieurs occasions, et j'ai écouté avec une profonde sympathie le chagrin de sa mère et de ses sœurs. Souvent, elles allaient lui parler à travers la porte close. Au début, Lawand réclamait son pardon et suppliait sa mère de lui rendre la liberté. Avec Sara, nous lui faisions passer des petits mots d'encouragement, en lui recommandant d'observer sagement le silence, de lire des livres, de jouer aux jeux que les femmes lui glissaient subrepticement dans l'unique ouverture prévue pour la nourriture et la vidange des pots hygiéniques. Mais elle ne s'intéressait guère à ce genre de choses.

Après plusieurs semaines d'enfermement, Lawand s'est tournée vers Dieu et s'est mise à prier, disant qu'elle avait compris son erreur et jurant à ses parents qu'elle ne commettrait plus jamais la moindre faute.

Devant la très grande piété de sa fille, la mère de Lawand adjurait son époux de la relaxer. Elle était certaine que Lawand allait désormais vivre pieusement. Le père, lui, la soupçonnait de jouer la comédie, car il lui avait dit que son enfermement prendrait fin le jour où elle aurait compris sa faute et serait une bonne musulmane.

Pendant longtemps, Lawand a prié du réveil au coucher sans discontinuer, oubliant même de répondre à nos messages angoissés. Je voyais bien qu'elle était hallucinée, car elle parlait à Dieu dans ses prières, comme sur un pied d'égalité, jurant qu'elle était sa représentante sur terre, chargée d'apprendre à ses adeptes un nouveau code moral dont elle seule avait eu la révélation.

Après une visite en particulier, au cours de laquelle sa mère et moi avions dû supporter les manifestations de son mysticisme maladif dans le confinement de sa chambre, j'ai confié à Karim : « Je suis sûre qu'elle a perdu l'esprit. » Karim en a parlé à son père, car en tant que frère aîné du père de Lawand, le père de Karim a de l'influence sur toute la famille.

Après onze semaines de prison, la punition arriva à son terme. Elle allait pouvoir désormais vivre une existence normale en famille. Mais la tragédie tourna autrement. En subissant son châtiment, Lawand s'était contrainte à mener une vie austère et ascétique. Elle est sortie de ses murs, nimbée d'une ferveur islamique démesurée, clamant qu'une aube nouvelle allait naître pour l'islam. Le jour même de sa libération, elle a expliqué à sa famille que tous les musulmans devaient dénoncer le vice et le luxe. Elle s'est jetée sur ses deux sœurs, pour les obliger à retirer le khôl de leurs yeux, le rouge de leurs joues, le vernis de leurs ongles. Abandonnant ses sœurs, tremblantes d'effroi sur le sofa, elle s'est ensuite précipitée au cou de sa mère, lui a arraché son collier magnifique puis elle a couru jeter les pierres précieuses dans le trou de l'évier de la cuisine.

Les femmes de la maison avaient beaucoup de mal à la maîtriser durant ses crises de mysticisme, et il en résultait de petits désordres domestiques. Il fallut lui faire faire une piqûre par un des médecins du palais qui délivra une ordonnance pour des calmants. La violence s'est atténuée pendant un certain temps, mais elle n'était pas morte, et il arrivait que Lawand sombre brutalement dans son obsession, agressant directement quiconque se trouvait à portée de main.

Une fois, elle a arraché à ma sœur Sara des boucles d'oreilles en or en hurlant que la vue de telles futilités injuriait le regard de Dieu. Dans l'idée de me protéger, j'ai acheté une bombe antiagression lors d'un voyage aux États-Unis. J'ai caché l'objet dans ma valise, sans que Karim le voie, et j'ai pris l'habitude de le porter dans un petit sac chaque fois que j'allais chez Lawand.

Pour mon malheur, elle a choisi l'une de mes visites un après-midi, pour faire une démonstration de sa nouvelle ferveur religieuse. Je revois encore la scène. Nous bavardons agréablement, Lawand, sa mère et ses deux sœurs à propos de mon dernier voyage en Amérique, lorsque tout à coup Lawand a l'air de s'agiter. Ses yeux prennent un éclat bizarre, extatique, à la recherche de Dieu. Provisoirement victime de son désordre mental, la voilà qui se met à critiquer la manière de s'habiller de sa mère, qu'elle juge indécente pour une bonne musulmane. Complètement fascinée, je la vois retirer le napperon de la table devant elle et en couvrir précautionneusement la gorge de sa mère. Puis, sans avertissement aucun, elle se met à nous maudire. Elle bondit sauvagement, son corps pivote dans l'air, pour me faire face. Je vois son regard fixer mon collier de perles tout neuf, et je me souviens, mais trop tard, de l'avertissement de Karim ; il m'avait déconseillé de mettre des bijoux pour aller chez elle. Le visage décomposé, pâle, animé d'une conviction divine, m'effraie. Je sens le danger qu'il représente. Alors je sors très vite de mon sac la petite bombe paralysante, en avertissant que si Lawand ne quitte pas la pièce ou ne se rassied pas immédiatement, je serais obligée de me défendre. La mère se met à pleurer en s'agrippant aux manches de sa pauvre fille. Moi, je reste en position d'attaque. Soudain, Lawand repousse brutalement sa mère de côté et se précipite vers moi, m'obligeant à me réfugier dans un coin, entre une lampe et une chaise.

Le pire n'est pas encore arrivé. Sara, qui avait décidé de me rejoindre, fait son entrée juste à ce moment-là. Elle tient son plus jeune enfant dans les bras. Son sang ne fait qu'un tour en voyant sa petite sœur bloquée par cette furie et l'arme que je tiens à la main. Mais connaissant l'état psychique de Lawand, elle reprend rapidement son calme et entreprend avec douceur de la persuader d'arrêter cette folie. Un court instant, Lawand semble se soumettre, comme un fauve dompté, au désir de Sara. L'agressivité retombe, elle se met à frotter ses deux mains l'une contre l'autre avec nervosité. Mais je doute de sa sincérité, et je crie à Sara de sortir très vite de la pièce avec le bébé ! Au son de ma voix, forcément excitée, Lawand fait demi-tour et, avec la sauvagerie d'une folle, bondit sur moi, les mains tendues en direction de mon collier. J'appuie des deux mains sur la bombe paralysante et Lawand s'effondre à genoux. Je me rappelle vaguement avoir lu qu'il faut une double dose pour maîtriser un fou et je vide le chargeur, non seulement sur Lawand, mais sur sa mère et l'une de ses sœurs qui venaient de se précipiter à son secours.

Lawand a récupéré assez rapidement de l'effet des gaz, mais elle n'avait plus envie de se battre. Sa mère et ses sœurs ont eu besoin de soins médicaux. Le médecin pakistanais, appelé pour s'occuper des deux femmes, avait bien du mal à garder son sérieux en apprenant qu'une princesse royale venait de paralyser trois autres princesses, membres de sa propre famille, à l'aide d'une bombe d'autodéfense !

Dans la famille de Karim, tout le monde estimait que j'avais agi trop impulsivement, mais je refusais de me laisser agresser par une femme qui avait perdu l'esprit, et je m'en suis expliqué fermement. J'ai même ajouté, indignée, qu'au lieu de me critiquer on aurait dû me remercier de mon initiative car l'incident a permis à Lawand de retrouver ses esprits. Bien que certains aient tendance à penser que j'ai agi en femme trop émotive, je suis quelqu'un de parfaitement déterminé lorsqu'il s'agit de telles situations.

Un homme sage demandait un jour quelle était la vérité la plus difficile à connaître : « Se connaître soi-même. » Si les autres ont encore des doutes, moi je connais mon caractère. Indéniablement, je fais montre de beaucoup trop de spontanéité et d'exubérance, mais je tire ma force de cette exubérance même pour affronter ceux qui dominent les femmes dans mon pays. Et je peux m'enorgueillir de certains succès dans ce domaine.

Le souvenir de cette période de folie, de cet accès maniaque de ferveur religieuse, qui a provisoirement rendu Lawand malade fait que j'attache une importance particulière à l'engouement extrême de ma fille pour la religion.

Je suis croyante, j'honore Dieu et son prophète, mais je reste personnellement convaincue que la majorité de l'humanité qui aime, lutte, souffre et s'amuse, vit comme Dieu l'a voulu. Je refuse que mon enfant se détourne du riche foisonnement de la vie et consacre son avenir à une pratique ascétique de notre religion, en militante inconditionnelle.

Je me précipite dans la chambre de mon mari, les mots se bousculent dans ma gorge :

– Karim, Amani est encore en train de prier !

Il lisait tranquillement le Coran et me regarde comme si j'avais définitivement perdu la raison.

– Prier ?

Le ton de sa voix trahit un mécontentement certain devant ma réaction. Quelqu'un prie, qu'y a-t-il d'anormal ! J'en pleure.

– Oui ! Elle est obnubilée par la prière ! Viens ! Mais viens voir toi-même !

Karim abandonne à regret son Coran et me suit dans la chambre, incrédule et mécontent. Dans le couloir qui mène à la chambre d'Amani, on entend déjà le son de sa voix monter et descendre au rythme des incantations. Karim passe devant moi et entre sans prévenir dans la chambre d'Amani. Elle se retourne, nous offrant un visage marqué de souffrance et hagard de contrition. Karim dit doucement :

– Amani, il serait temps que tu prennes un peu de repos. Mets-toi au lit. Maintenant. Ta mère te réveillera dans une heure pour le dîner.

Amani se renfrogne, silencieuse, mais suit l'ordre paternel et se couche, encore tout habillée, puis ferme les yeux. Je peux distinguer ses lèvres muettes poursuivre sa prière dont les mots ne m'atteignent pas.

Avec Karim, nous sortons calmement et allons boire notre café au salon. Karim avoue se sentir peu touché par le comportement d'Amani mais ma peur, exagérée, de la voir sombrer dans une ferveur ancestrale, aveuglée par ses visions de péchés et d'enfer, le préoccupe. Il reste un moment silencieux, puis déclare que mon appréhension vient directement à son avis du souvenir que j'ai du comportement de Lawand, qui n'était qu'une malade mentale. Mais le sursaut religieux d'Amani n'est en rien comparable, il est essentiellement dû à la joie profonde que procure le Hadj.

— Tu verras... une fois que nous aurons retrouvé notre existence habituelle, Amani retournera à sa passion des animaux et son fanatisme religieux ne sera plus qu'un souvenir.

Karim sourit en me demandant une petite faveur :

— Sultana, je t'en prie, laisse Amani un peu en paix, qu'elle s'explique elle-même avec Dieu. C'est le devoir de tout musulman.

Je hoche la tête en signe d'acceptation, avec une petite grimace. Quelque chose ne va pas. Mais pourvu que Karim ait raison.

Alors, comme je ne fais pas forcément confiance à la chance, je prie longuement ce soir-là, en suppliant Dieu que ma petite fille redevienne l'enfant qu'elle était avant d'être hadji. J'ai fait des cauchemars toute la nuit. Des rêves où ma fille quittait la maison pour rejoindre une secte religieuse extrémiste à Aman, en Jordanie, là où on asperge d'essence les travailleuses musulmanes pour mettre le feu à leurs vêtements et les laisser brûler comme tous ceux que l'on juge infidèles. Jusqu'à ce que mort s'ensuive.

Tout est si excessivement compliqué pour les femmes dans mon pays. L'amour, l'amitié, la sexualité, les rapports humains, la religion. Tout est excès. Parce que tout est excessivement interdit.

6

HADJ

> *Les pays arabes vont prendre le chemin de l'Iran. L'Égypte sera la première à tomber, de toute façon elle tombera. Les femmes seront les premières à souffrir de la perte des droits de l'homme. Nasser, le premier, Saddam, ensuite, nous ont offert à nous les femmes le droit d'être des êtres humains. Les tribunaux ont d'ores et déjà renversé la loi humaine en donnant aux femmes le droit de divorcer des maris qui prennent une deuxième femme. Les femmes égyptiennes ne bronchent pas devant ce qui se prépare, elles plaisantent souvent en disant qu'elles subiront bientôt le même sort que leurs sœurs saoudiennes.*
>
> Commentaires d'une Égyptienne féministe en pèlerinage à Sara Al Sa'ud, durant le Hadj de 1990.

Dieu a dû entendre mon appel désespéré car le lendemain matin Amani a son air habituel. Comme si le sommeil avait éradiqué cette apothéose de souffrance humaine que l'on pouvait lire, la veille, sur le visage de ma fille. Elle rit et joue avec sa sœur Maha en prenant son petit déjeuner de yaourt, de melon et en grignotant des morceaux de *kibbeh*, restant du dîner du soir.

Le chauffeur doit nous déposer dans la vallée de Mina, à peu près à dix kilomètres au nord de La

Mecque, au pied d'une tente confortable à l'air conditionné que Karim a fait installer pour que nous soyons prêts à nous lever à l'aube. Nous n'avons jamais dormi dans la vallée et les enfants sont surexcités à cette idée.

Sur la route, nous croisons des centaines de cars emplis de pèlerins. Sur le bas-côté, des milliers de dévots font lentement à pied quelques kilomètres du trajet de La Mecque à la vallée de Mina. Des musulmans, de toutes nationalités et de toutes couleurs, accomplissent leur devoir de Hadj. Croyant qu'Amani est redevenue sereine, je me sens heureuse, une fois de plus, de prendre part à cet extraordinaire rassemblement de la foi. Et j'envisage gaiement les derniers jours du voyage.

Karim a retrouvé dans la vallée un vieil ami de jeunesse qu'il a connu en Angleterre. Mon mari se trouvait près de moi, et la seconde suivante je le vois serrer sur son cœur un homme que nous n'avons jamais vu ! Il s'appelle Yousif et vient d'Égypte. Je l'observe de loin, un long nez fin et recourbé, des pommettes saillantes, et une barbe frisée. Ce qui retient le plus mon attention, c'est le mépris indiscutable qui brille dans ses yeux lorsque son regard tombe sur les femmes de la famille de Karim. Mon mari me dit son nom à voix basse, et je me rappelle alors qu'il m'a déjà parlé de lui.

À chaque séjour dans notre villa du Caire, les souvenirs liés à son ancien camarade égyptien l'émouvaient toujours et il espérait le voir, mais notre vie de famille était si remplie qu'elle l'en empêchait. Maintenant, après un coup d'œil rapide sur cet homme, je suis heureuse que les projets de Karim ne se soient jamais réalisés, car je me sens instantanément agressée par cette attitude mal élevée qui, à mes yeux, vient de son dédain pour les femmes. Je me demande ce qui a pu produire un tel changement dans sa vie d'homme, car Karim le décrivait si courtois et aimable que les femmes ne lui résistaient guère, et qu'il ne dormait jamais seul. Karim et Yousif se sont connus durant leurs études, quand ils vivaient tous les deux à Londres. Yousif était un original, libre, heureux et sans contrainte, qui ne s'intéressait qu'aux soirées en compagnie de femmes européennes et aux casinos. Karim le disait brillant et il arborait chaque semaine une nouvelle fiancée. En dépit de ce penchant insatiable pour la compagnie des femmes, Karim prédisait à son compagnon un grand avenir en Égypte. Ou en droit ou en politique, car il avait à la fois l'esprit vif et un abord agréable. Yousif a terminé ses études de droit un an avant Karim et ils ne se sont pas revus depuis.

Pendant qu'ils prennent des nouvelles l'un de l'autre, mes filles et moi nous attendons en retrait, comme il se doit devant un homme qui n'est pas de la famille, mais nous entendons quand même tout ce qu'ils se disent. Apparemment, Yousif a bien changé depuis ses années d'études, car après une courte conversation avec mon mari, il est évident qu'ils n'ont guère de choses en commun. Yousif est étrangement réticent à propos de sa carrière, et lorsque Karim le questionne sur sa profession, il n'en dit pas grand-chose, sauf qu'il a changé depuis sa jeunesse et qu'il s'est beaucoup attaché aux traditions de l'islam. Il raconte orgueilleusement à mon mari qu'il s'est marié et a divorcé d'une femme qui lui avait donné deux fils, qu'il a épousé une seconde femme dont il a eu cinq fils. Il se fait une gloire d'avoir sept garçons. Il a la garde de ses deux premiers enfants qu'il a dû arracher à l'influence de leur mère, une femme qui voulait absolument travailler hors de chez elle. Yousif dit avec un dégoût mal dissimulé qu'elle était enseignante, avec des idées modernes sur le statut des femmes dans la société. Il crache par terre en prononçant le nom de sa première épouse :

– Grâce à Dieu, l'Égypte revient aux enseignements du Coran, les Égyptiens seront bientôt régis par la loi du Prophète, cela vaut mieux que ce système laïque inquiétant qui encourage nos femmes à refuser le *purdah*. C'est pourtant la vie retirée qui leur convient.

Mon sang ne fait qu'un tour en entendant cela, je suis sur le point d'intervenir dans la conversation pour dire à cet homme ce que j'en pense, lorsque ce Yousif va si loin que j'en reste sans voix. Il raconte à Karim, avec une prétention insupportable, que la plus grande bénédiction qu'il ait reçue de Dieu est qu'aucun de ses mariages n'ait donné naissance à des filles et que, réellement, les femmes sont la source de tous les péchés. Quand un homme est obligé de déployer toute son énergie à surveiller des femmes, dit-il, il ne lui reste plus de temps pour s'occuper d'autres choses beaucoup plus importantes pourtant !

Sans attendre la réponse de Karim à ces commentaires choquants, Yousif se lance dans une histoire à propos d'un homme qu'il a rencontré à La Mecque, un musulman indien qui projetait de s'installer en Arabie Saoudite, car il fait l'objet d'un mandat d'arrestation en Inde. Les autorités ont découvert en effet, deux jours après son départ pour l'Arabie Saoudite, que lui et sa femme avaient assassiné leur petite fille en lui faisant boire de l'eau bouillante.

Il demande son avis à Karim sur le sujet, mais n'attend même pas sa réponse et s'embarque dans un discours de fou. Selon lui, cet homme ne devrait pas être puni, car il est déjà père de quatre filles et désirait un fils plus que tout au monde. Non seulement Yousif prétend que le Prophète ne condamne pas de telles pratiques, mais que les autorités ne devraient même pas intervenir dans une affaire privée qui n'a fait de mal à personne, à part la suppression d'un bébé femelle. Et Yousif demande à Karim s'il pourrait aider cet homme en lui obtenant un visa et si possible un travail en Arabie Saoudite pour lui éviter de rentrer dans son pays et d'y subir un procès.

Yousif n'a même pas demandé à savoir si les enfants de Karim sont des filles ou non, et mon mari commence à étouffer de rage. Le connaissant, j'imagine qu'il va réagir violemment. Sa nuque est devenue rouge, je comprends que la colère vient d'atteindre son comble. Il doit avoir des yeux derrière la tête, car sans se retourner il me fait signe de ne pas bouger. Puis il informe courtoisement son vieux camarade que Dieu a béni son union par la naissance de deux filles et d'un fils, et qu'il

aime autant ses filles que son fils. Et l'autre, insensible, lui présente ses condoléances :
— Quel malheur d'avoir des filles.

Et sans reprendre sa respiration, Yousif se remet à argumenter sur le bonheur d'avoir des fils. Puis le voilà qui se demande pourquoi Karim n'a pas cherché une autre femme. Après tout, il aurait pu m'abandonner avec mes filles, et ainsi il aurait pu de son côté élever tranquillement son fils. Avec le calme redoutable d'un homme parvenu à l'extrême limite de la colère, Karim lui rappelle les enseignements du Prophète :
— Yousif ? Tu te dis pratiquant et bon musulman. Donc, tu te souviens forcément des recommandations de notre vénéré Prophète ?

Je connais tellement bien l'histoire que Karim s'apprête à lui raconter. Je m'en suis toujours servie à propos des femmes, chaque fois que je devais argumenter avec des extrémistes dans mon pays.

Yousif l'écoute, le visage dépourvu de toute expression, il est clair que cet homme méprise totalement les paroles du Prophète, dès l'instant où elles ne lui conviennent pas. Karim va plus loin, il essaye de faire comprendre son point de vue, en homme intelligent, en homme qui a compris les enseignements de Dieu, plutôt que d'utiliser la force brutale. J'aimerais voir ce Yousif couvert de sang et en menus morceaux, mais je ressens une certaine fierté d'entendre Karim parler avec la passion d'un muezzin appelant à la prière du soir et raconter patiemment la véritable histoire du prophète Mohammed qui rappelle à tous les pères l'égalité de leurs enfants, sans prédilection pour un sexe ou un autre.

« Un homme entre dans la mosquée et s'approche du Prophète. Il s'assied par terre et parle. Quelque temps plus tard, les enfants de cet homme, un garçon et une fille, rejoignent leur père dans la mosquée. Le garçon arrive le premier et reçoit les éloges de son père et un tendre baiser. Le garçon s'installe sur les genoux de son père tandis qu'il continue à parler au Prophète. Quelque temps plus tard, la fille de cet homme arrive à la mosquée. Elle rejoint son père qui ne l'embrasse pas et ne la prend pas sur ses genoux, ainsi qu'il l'a fait pour son fils. Au lieu de cela, il ordonne à la petite fille de s'asseoir devant lui, et continue sa conversation avec le Prophète. Le Prophète est très touché en voyant cela. " Pourquoi, demande-t-il, ne traites-tu pas tes enfants pareillement ? Pourquoi n'embrasses-tu pas ta fille comme tu embrasses ton fils, et pourquoi ne la laisses-tu pas aussi s'asseoir sur tes genoux ? " En entendant ces mots, l'homme se sent honteux. Il comprend qu'il n'a pas bien agi envers ses deux enfants. " Les fils et les filles sont tous des cadeaux de Dieu, lui rappelle le Prophète. Et puisqu'ils sont tous deux de merveilleux cadeaux, ils doivent être toujours traités à égalité. " »

Karim fixe Yousif, l'air de dire : Alors ? Qu'est-ce que tu trouves à répondre à ça ? Ce Yousif est décidément un rustre. Ignorant complètement la tirade de Karim, et les paroles du Prophète, il repart dans ses élucubrations monstrueuses à propos des femmes, tirant ses remarques du *Livre vert*, écrit par le président libyen Kadhafi, bien connu pour réduire à sa plus simple expression le rôle des femmes dans l'islam. Comprenant qu'il n'a pas gagné Karim à sa cause, il conclut ses divagations par un rappel de l'échec des pays européens pour conserver leurs structures familiales, en affirmant :

– Dieu a attribué un devoir spécifique aux hommes et aux femmes. Les femmes sont faites pour procréer, rien d'autre ! Allons Karim, tu ne vas pas nier que les femmes sont exhibitionnistes par nature ? On ne peut rien changer à ce penchant, mais c'est le devoir de l'homme de la tenir à l'écart de tous les autres hommes, sinon la femme irait vendre sa beauté et ses charmes à n'importe qui !

Furieux, Karim lui tourne le dos et s'en va. Le visage fermé, il nous emmène plus loin et me confie d'une voix grave :

— Ce Yousif est devenu un homme dangereux !

Je jette un coup d'œil en arrière. Je n'avais jamais lu une telle méchanceté sur le visage d'un homme. C'est le diable. Karim appelle son beau-frère, en se servant du téléphone portable, pour lui demander d'entreprendre une enquête précise sur les activités de ce Yousif. Il explique à Mohammed que cet homme est un extrémiste radical et qu'il pourrait être un instigateur de violence. Quelques heures plus tard, Mohammed rappelle Karim pour lui confirmer qu'il est dans le vrai. Cet homme est un avocat redoutable dont les clients sont membres du Gamma Al Islamiya, un groupe d'Égyptiens musulmans extrémistes, formé au début des années quatre-vingt et responsable d'actes de militantisme barbares en Égypte. Karim est stupéfait. Yousif représente des hommes qui commettent des attentats pour renverser le gouvernement égyptien ! Les services égyptiens de la Sécurité intérieure ont expliqué à Mohammed qu'ils n'ont jamais pu établir de charges contre cet homme, mais qu'en Égypte il est sous haute surveillance. Mohammed ajoute qu'il a informé la Sécurité saoudienne au cas où il créerait des problèmes en Arabie Saoudite.

À peine un an plus tard, Karim ne sera pas surpris d'apprendre, bien qu'en en étant désolé, que Yousif a été arrêté à Assiut dans le sud de l'Égypte en tant que leader principal d'un groupe de musulmans fondamentalistes. En regardant les nouvelles à la télévision, il a aperçu son visage au moment du procès ; il était dans une cage. Karim a suivi l'affaire de très près et m'a paru soulagé qu'il ne soit pas condamné à mort. Alors que, personnellement, je pense que le monde devient de plus en plus dangereux avec de tels hommes sur terre et que j'aurais été rassurée et contente d'apprendre son exécution.

Bien que nous soyons en pèlerinage du Hadj, et que nous ne devrions pas nous intéresser aux problèmes du monde, ce Yousif a fait une telle impression sur nos deux filles que Karim estime qu'il vaut mieux en parler. Il explique à Maha et Amani qu'un homme tel que lui n'est qu'un accident de parcours dans la longue histoire de l'islam. Après le dîner, nous discutons de Yousif et de ce qu'il représente dans le monde musulman. Abdullah parle en premier. Notre fils est extrêmement perturbé, il dit que l'islam bouge et que cela nous concerne tous car les groupes extrémistes veulent la chute de la monarchie saoudienne. Il imagine l'Arabie Saoudite suivant l'exemple de l'Iran, avec un homme comme Khomeyni à la tête du pays. Abdullah pense que la génération des jeunes princes Al Sa'ud ne pourrait plus vivre aussi libre qu'aujourd'hui et une telle idée le déprime.

Après avoir entendu ce que cet homme a dit des femmes, Maha se sent malade, elle voudrait que son père le fasse arrêter et accuser d'espionnage. Elle préférerait le voir décapité, même sur une fausse accusation !

Amani a réfléchi, elle pense que l'amour des Arabes pour tout ce qui est occidental permet à des hommes tels que ce Yousif de prendre le pouvoir dans les pays musulmans. Nous les regardons avec étonnement, l'un après l'autre, ni Karim ni moi ne connaissions les idées de nos jeunes enfants sur ce sujet.

Maha pince sa petite sœur en l'accusant de prendre le parti de cet homme. Amani réfute l'accusation mais rétorque qu'il faut tenir compte du fait que la vie était plus simple quand le rôle des femmes était mieux défini et ne souffrait ni changement ni discussion. Elle explique que l'existence des Bédouins, avant l'ère des cités et des buildings, était beaucoup moins compliquée qu'elle ne l'est aujourd'hui.

C'est bien ce que je craignais ! Les idées de ma fille font un bond en arrière. Elle semble avoir perdu confiance en sa féminité, et je me demande ce que je pourrais faire pour conforter son sens des valeurs et assurer son avenir de femme moderne dans une civilisation en évolution.

Abdullah ne comprend rien et demande à sa sœur, en

riant, si elle regrette à ce point le bon vieux temps où l'on enterrait les nouveau-nés filles dans le sable du désert !

— Tu sais, dit-il, il n'est pas trop tard pour profiter de cette coutume ! Yousif pourrait nous présenter un homme qui vient de tuer ses deux filles.

Connaissant la fragilité émotionnelle d'Amani, Karim jette à son fils un regard noir, en ajoutant que le sujet ne prête pas à la plaisanterie, que cet usage démoniaque est un terrible problème en Inde, au Pakistan et en Chine. Il a lu récemment un article dans un journal étranger qui rapportait des statistiques édifiantes. Dix millions de femmes ont disparu dans ces pays, et personne ne semble particulièrement préoccupé de leur sort. Mon mari se sent tellement concerné par le sujet qu'il insiste pour que nous discutions davantage de l'horrible pratique de l'infanticide. Et il veut raconter aux enfants une histoire dont j'ignorais qu'il la connaissait en détail. Les enfants boudent, ils se trouvent trop grands pour écouter les récits de leur père, mais mon mari insiste, en leur expliquant que si les statistiques n'émeuvent pas grand monde, l'horreur des histoires particulières fait toujours réfléchir et oblige les gens à entreprendre des actions sociales dans la communauté mondiale. Karim m'apparaît sous une lumière nouvelle et je l'écoute raconter le fameux conte musulman, dont la mémoire est passée d'un conteur à l'autre depuis l'époque du prophète Mohammed.

Avant la fondation de la foi islamique par le prophète Mohammed, vivait en Arabie une tribu aux mœurs sauvages qui enterrait les petites filles vivantes dans le même esprit qu'on les tue aujourd'hui dans certains pays. Qais bin Asim était le chef de cette tribu. Lorsque le chef Asim embrassa la foi de l'islam, il confessa au prophète Mohammed une histoire épouvantable.

Oh ! messager de Dieu ! Une fille est née à mon épouse, alors que j'étais en voyage. Mon épouse craignait qu'elle ne fût enterrée vivante et, après l'avoir nourrie quelques jours, l'envoya chez sa sœur afin qu'elle fût chérie par d'autres.

Ma femme priait pour que je fisse preuve de pitié envers l'enfant lorsqu'elle serait grande.

À mon retour de voyage, on m'apprit que ma femme avait donné naissance à un enfant mort-né. Puis on oublia l'affaire. Le temps passa, et l'enfant fut aimé par sa tante. Il arriva qu'une fois, alors que je devais m'absenter de la maison une journée entière, ma femme, pensant que je serais parti plus longtemps, crut bon de faire venir sa fille pour profiter de sa présence durant mon absence.

Or, inopinément, j'ai changé d'idée, et suis rentré chez moi beaucoup plus tôt. En arrivant, j'ai vu une merveilleuse petite fille jouer dans la maison. Au premier regard, j'ai ressenti un amour fort et spontané pour cette enfant. Ayant compris mes sentiments, ma femme se dit que le sang reconnaissait son propre sang et que l'affection paternelle venait de jaillir spontanément pour ma fille. Je lui ai demandé : « Oh! ma femme! qui est cette enfant? Et comme elle est charmante! » Alors, mon épouse me raconta la vérité sur sa fille. Je ne me tenais plus de joie et pris passionnément l'enfant dans mes bras. Sa mère lui apprit que j'étais son père et elle se mit à m'aimer tendrement en m'appelant : « Oh! mon père! C'est mon père! » Je ressentis alors un bonheur indescriptible lorsque la petite fille mit ses bras autour de mon cou pour montrer son affection.

Les jours passèrent ainsi, nous élevions l'enfant, sans aucun souci ni problème. Puis vint le temps où je dus me préoccuper de ma fille et où il me vint à l'esprit que je devrais la donner en mariage à un autre homme. Il me faudrait supporter la honte qu'un homme fasse de ma fille une femme. Comment regarder en face un autre homme, en sachant mon honneur détruit et mon enfant dans son lit. Ces pensées envahissaient mon esprit et me torturaient sans cesse. Finalement, elles me conduisirent à manquer de patience vis-à-vis d'elle. Après avoir réfléchi, j'ai pensé qu'il me fallait faire quelque chose pour me débarrasser de cette honte et de cette humiliation pour moi et mes ancêtres. Je décidai d'enterrer ma fille vivante.

Comme je ne pouvais parler de mes intentions à ma femme, je lui ai demandé de préparer ma fille car j'allais l'emmener à une fête avec moi. Ma femme lui donna un bain, la revêtit de ses beaux vêtements, elle était prête pour la fête. La petite fille était tout heureuse, elle pétillait de bonheur à l'idée d'accompagner son père pour un joyeux événement.

J'ai quitté la maison avec ma fille. Elle rayonnait de joie et de gaieté, me tirait par la main, gambadait devant moi, en babillant avec des éclats de rire innocents.

À ce moment-là, j'étais aveuglé et impatient de me débarrasser d'elle le plus vite possible. La pauvre enfant ignorait mes sinistres desseins et me suivait en toute confiance.

Pour finir, je me suis arrêté dans un endroit désert, et j'ai commencé à creuser le sol. L'innocente enfant, surprise de me voir faire, me demandait sans cesse : « Père, pourquoi creuses-tu dans la terre ? »

Je ne répondais pas à ses questions. Elle ne pouvait pas savoir que je creusais une tombe pour l'enterrer vivante, de mes propres mains.

En retirant la terre, le sable et la poussière retombaient sur mes pieds et mes vêtements. Mon enfant adoré a voulu ôter cette poussière, en me disant : « Père, tu es en train de salir tes vêtements ! » Je faisais la sourde oreille, je ne la regardais pas et faisais comme si je n'entendais rien de ce qu'elle disait. Je poursuivis ma tâche et, enfin, je suis arrivé à creuser un trou suffisamment grand pour ce que je voulais faire.

J'ai saisi ma fille, l'ai jetée dans le trou, que je me suis mis aussitôt à remplir avec hâte. La pauvre enfant me regardait faire avec effroi. Elle s'est mise à pleurer de terreur et à sangloter : « Père, mon cher père, que fais-tu ? Je n'ai rien fait de mal ! Père, je t'en prie, ne me cache pas dans la terre ! » Je continuais mon travail, sourd, muet, aveugle, sans faire attention à ses plaintes et à ses supplications.

– Oh ! toi, le grand prophète de Dieu ! Je manquais trop de cœur pour avoir pitié de ma propre enfant ! Bien au contraire, après l'avoir enterrée vivante, je ressentis un immense soulagement et la satisfaction d'avoir sauvé mon honneur et mon orgueil.

Lorsque le prophète Mohammed entendit cette histoire à fendre l'âme, le saint homme ne put se retenir de pleurer, et les larmes coulèrent sur ses joues. Il dit au chef de la tribu d'Asim : « C'est trop cruel ! Comment un homme qui n'a de pitié pour personne peut-il espérer la pitié de Dieu tout-puissant ? »

Pour finir, Karim regarde ses enfants dans les yeux :
– En entendant cette histoire, le prophète Mohammed devint sombre et mélancolique.
– En voici une autre tout aussi horrible :

> *Un homme vint à Mohammed et lui avoua qu'il s'était montré un jour très ignorant. Il dit qu'il n'avait aucune connaissance et aucun guide avant la venue du Prophète qui lui fit connaître les volontés de Dieu.*
>
> *« Oh ! messager de Dieu ! nous adorons des idoles et tuons nos enfants de nos propres mains. J'ai eu une fois une charmante petite fille. Lorsque je l'appelais, elle courait se jeter dans mes bras en riant de joie et de bonheur. Un jour, j'ai appelé cette enfant et elle est venue aussitôt. Je lui ai demandé de me suivre, et elle l'a fait. Je marchais trop vite et l'enfant courait derrière moi sur ses petites jambes. Il y avait un puits profond non loin de ma maison. Lorsque j'ai atteint ce puits, je me suis arrêté, et la petite fille m'a rejoint en trottinant. J'ai soulevé l'enfant et je l'ai jetée dans le puits. La malheureuse pleurait et m'appelait pour que je la sauve. " Père " fut le dernier mot qui sortit de sa bouche. » L'homme ayant fini son histoire, le Prophète réfléchit un long moment, et les larmes qui coulaient de ses yeux étaient si abondantes qu'elles mouillaient sa barbe.*

Karim achève son récit d'une voix grave :
— Notre ignorance à propos des femmes fut lavée par le flot de ses larmes, et aujourd'hui nous considérons qu'il est cruel et vil pour un homme d'enterrer vivants, de jeter dans les puits, ou d'assassiner ses enfants de sexe féminin.

Je serre mes deux filles dans mes bras. Au plus profond de nos cœurs, nous ressentons la présence du Prophète comme s'il était là, près de nous, comme si ces contes tragiques sur la mort de deux petites filles se déroulaient dans le présent, et non il y a des siècles. Qui peut douter que le Prophète a fait tout son possible pour abolir de telles coutumes injustes et cruelles ? Il naquit en des temps funestes alors que les incroyants étaient au pouvoir, que les hommes avaient des femmes par centaines et que l'infanticide était de coutume. Le prophète Mohammed eut grand mal à abolir ces mauvaises pratiques ou du moins à les atténuer.

À mon avis, ce sont ces traditions, et non celles du Coran, qui asservissent les femmes. Peu de gens savent que le Coran n'exige pas qu'elles soient voilées, pas plus qu'il n'a promulgué ces interdits dont elles souffrent dans certains pays musulmans. Ce sont les traditions archaïques qui nous empêchent d'avancer.

Il s'ensuit une discussion animée sur la question de l'infériorité des femmes, et Maha d'insulter son frère Abdullah, en lui faisant remarquer que ses résultats à l'école sont meilleurs que les siens dans toutes les matières. Abdullah ouvre la bouche pour répondre mais je recommande aux enfants de ne pas détourner la conversation sur des sujets personnels. Puis, je suggère l'éventualité que la faiblesse physique des femmes les conduit tout naturellement à l'accomplissement de la tâche humaine la plus importante, celle de concentrer toutes leurs forces à élever et à éduquer les enfants. J'ai toujours su que cela condamnait les femmes à un statut inférieur dans toutes les sociétés. Au lieu d'avoir l'honneur de donner la vie, nous en sommes pénalisées ! Selon moi, c'est là le scandale de notre civilisation ! Le maître favori d'Abdullah à l'école est un professeur de philosophie, un Libanais, et mon fils fait étalage de sa science, en nous faisant l'historique de la progression des femmes depuis l'origine à nos jours. Les femmes n'étaient que des bêtes de somme, au début des temps, elles s'occupaient des enfants, ramassaient le bois pour le feu, faisaient la cuisine, fabriquaient les vêtements et les bottes, portaient les charges quand les tribus prenaient la route.

– Les hommes, dit Abdullah, risquaient leur vie à la chasse en capturant le gibier, et pour récompense d'avoir fourni la tribu en viande, ils pouvaient se reposer le reste du temps.

Pour taquiner ses deux sœurs, Abdullah étire ses muscles, en disant que la force à l'état brut fait avancer l'homme. Puisqu'elles sont si avides d'égalité, elles n'ont plus qu'à s'exercer à la musculation en salle au lieu de lire des livres. Karim doit empêcher les deux filles de lui arracher les cheveux. Maha échappe à l'emprise de son père pour pincer son frère à un endroit sensible, et nous sommes stupéfaits de sa parfaite connaissance de ses parties les plus intimes.

Les débordements des enfants me font sourire, mais je n'oublie pas toute la souffrance des femmes. Depuis la nuit des temps, nous sommes des esclaves au travail, et cela continue dans de nombreux pays du monde. Dans mon propre pays, les femmes ne sont considérées que comme objets de beauté et jouets sexuels entre les mains des hommes. Je pense personnellement que les femmes sont les égales des hommes sur le plan de l'endurance, de l'ingéniosité, et du courage, mais je suis en avance sur mon temps dans ce pays arriéré d'Arabie.

Karim ne dit rien. Puis il rompt le silence en reparlant de son ami Yousif et de la manière aberrante dont il vit. Je suis heureuse qu'il le classe parmi les gens non civilisés, car c'est en reconnaissant les mauvais comportements que notre société avance et que de tels hommes seront écartés du pouvoir. Mon mari est devenu ce que je voulais qu'il soit. Karim marmonne tout haut ce qu'il pense tout bas :

– Tu vois, Sultana, les hommes aussi médiocres que Yousif propagent le mythe que la femme est à l'origine du péché du monde. Je sais pourquoi cette opinion stupide sur les femmes attire tant les hommes ; elle fait naître un dégoût paralysant qui ne fait qu'ériger en permanence une barrière de haine entre les deux sexes.

Karim regarde son fils :

– J'espère, Abdullah, que tu n'adopteras jamais une semblable attitude sur la valeur des femmes. C'est au tour de ta génération de supprimer la soumission des femmes. Je suis désolé de dire que les hommes de ma génération ont donné une nouvelle forme à l'oppression des femmes. Je ne peux qu'imaginer ce que pensent mes filles, mais Maha semble déroutée et furieuse d'être née dans une société si réfractaire à l'évolution sociale, alors qu'Amani, si récemment plongée dans la foi, apparaît pleinement concernée par les sanctions traditionnelles qui favorisent la sujétion des femmes.

Lassée des hommes tels que Yousif et de l'existence

qu'ils envisagent pour les femmes, qu'ils considèrent perverses et tentent de soumettre d'autant plus, je refuse de me résigner aux sombres années qui s'annoncent, où les femmes devront se protéger du mouvement grandissant des extrémistes qui réclament si haut et si fort leur exclusion de la vie normale.

Le soir, en allant me coucher, je sens que l'étincelle qui m'habitait durant la période du Hadj a disparu. En dépit de la nouvelle philosophie de Karim, qui a parlé avec un libéralisme éclairé, mais dans les limites de notre foyer.

Le lendemain matin, nos visages portent les marques de la longue veillée de discussion. Au cours d'un petit déjeuner silencieux, nous nous concentrons pour la journée la plus importante du pèlerinage. On nous conduit à huit kilomètres au nord, au mont Arafat. C'est l'endroit où, selon l'histoire, Adam et Ève se retrouvèrent après leurs pérégrinations. C'est sur ce même site que Dieu ordonna à Ibrahim de sacrifier son fils Ismaïl. Et, enfin, le lieu où le prophète Mohammed fit son ultime sermon. Quatre mois plus tard, il était mort.

Découragée, je peux à peine murmurer les paroles du Prophète. « Vous comparaîtrez devant votre Dieu, qui vous demandera compte de toutes vos actions. Sachez que tous les musulmans sont frères. Vous êtes une confrérie, nul homme ne pourra prendre à son frère sans son libre consentement. Gardez-vous de l'injustice. Que celui qui est présent le dise à celui qui est absent. Il se pourrait que celui à qui on l'a dit plus tard s'en souvienne mieux que celui qui l'entend maintenant. »

En grimpant à pied le flanc du mont Arafat, je pleure : « Je suis là mon Dieu, je suis là, oh ! mon Dieu ! »

C'est le jour où Dieu pardonne tous nos péchés et nous donne sa bénédiction. Durant six heures, au milieu des autres pèlerins, toute la famille supporte la chaleur du désert. Nous prions et lisons le Coran. Comme beaucoup d'autres pèlerins, mes filles se sont munies d'une ombrelle, mais je ressens personnellement le besoin de souffrir, en témoignage de ma foi, des ardeurs du soleil. Beaucoup d'hommes et de femmes s'évanouissent autour de moi, on les transporte sur des civières dans des fourgons climatisés, sous la garde d'une équipe soignante.

Au crépuscule, nous avançons dans la vaste plaine située entre le mont Arafat et Mina. Nous nous reposons un moment avant de recommencer à prier. Abdullah et Karim vont récolter de petites pierres pour les rituels du lendemain matin. Si chacun de nous montre des signes d'épuisement physique, nous dormons pourtant à peine cette dernière nuit, pour nous préparer à l'ultime jour du Hadj.

Le dernier matin nous chantons : « Je fais cela au nom de Dieu tout-puissant et dans la haine du démon et de sa vanité. Dieu est grand ! »

Nous allons tous déposer sept petits cailloux, ramassés par Karim et Abdullah, au pied des piliers de pierre symbolisant le démon dressés sur la route de Mina. Ce lieu où Ibrahim chassa Satan lorsqu'il essayait de le convaincre de ne pas sacrifier Ismaïl ainsi que Dieu le lui avait ordonné. Chacun de ces cailloux représente une mauvaise pensée, la tentation d'un péché ou le fardeau enduré par le pèlerin. Nous sommes maintenant lavés de nos péchés !

Puis, pour le dernier rituel du Hadj, nous allons vers la plaine de Mina. Là, moutons, chèvres et chameaux seront égorgés en sacrifice pour commémorer celui d'Ibrahim, qui fit don à Dieu de son fils bien-aimé. Les bouchers circulent à travers la foule des pèlerins en leur offrant d'égorger un animal pour une certaine somme. Une fois payés, ils immobilisent l'animal avec précaution, lui tourne la tête vers la Kaaba de la sainte Mecque, tout en priant : « Au nom de Dieu ! Dieu est grand ! » Après la prière, ils tranchent rapidement la gorge de l'animal, laissant couler le sang avant de le dépecer. À la vue du sang qui jaillit en abondance, et des cris des malheureuses bêtes, la pauvre Amani se met à crier comme une folle et s'évanouit. Karim et

Abdullah la transportent dans l'une des petites caravanes aménagées en infirmeries.

Ils reviennent très vite pour me dire qu'Amani se repose confortablement, mais pleure toujours, bouleversée de chagrin par ce qu'elle appelle un massacre barbare. Karim me jette un regard entendu. Au fond, je suis un peu soulagée et heureuse qu'elle ait conservé intacte sa personnalité profonde, et j'espère que Karim a raison quand il dit qu'à notre retour de La Mecque Amani sera comme avant.

La vue de cette intense et violente activité me rappelle que le sacrifice animal est un rituel important, destiné à faire réfléchir les pèlerins sur les leçons qu'ils ont apprises du Hadj. Sacrifice, obéissance à Dieu, pitié pour tous les hommes, et foi.

Pendant mon enfance, j'étais fascinée par l'opération de dépouillement de l'animal. Le boucher coupe une mince partie de peau sur une patte de l'animal, sous laquelle il insuffle de l'air pour la séparer de la chair. Les animaux devenaient de plus en plus gros sous mes yeux, tandis que l'homme répartissait l'air à l'aide d'un tuyau planté dans la bête.

La célébration du Hadj s'achève. Chaque musulman dans le monde est de cœur avec nous et languit, je le sais, de se rendre un jour dans la ville sainte de La Mecque. Ce jour-là, les boutiques fermeront, toute la famille recevra de nouveaux vêtements et l'on prendra des vacances. Nous coupons des mèches de nos cheveux, pour marquer le terme du pèlerinage, et les femmes retirent leurs lourdes robes pour revêtir des habits de couleurs. Les hommes enfilent des *thobes* de coton propre, les broderies brillant comme la soie.

Ce soir-là est un vrai festin. Amani est encore pâle mais a retrouvé suffisamment de force pour se joindre aux festivités, bien qu'elle refuse de manger le moindre morceau de viande. La famille se rassemble sous la tente, nous échangeons des petits cadeaux et des félicitations. Nous disons nos prières, puis nous asseyons autour de la grande table pour déguster un somptueux plat de riz et d'agneau. Ce qui reste de notre repas est donné aux pauvres. Beaucoup de pèlerins vont rester sur place et refaire les rites du Hadj, mais nous avons décidé de rentrer chez nous à Jeddah pour poursuivre la célébration.

Mes enfants ont maintenant le droit de faire précéder leurs noms du titre honorable de hadji. Je sais qu'ils ne le feront pas, mais ce terme de respect rappelle à chaque musulman qu'une personne a accompli le cinquième vœu de l'islam. Je sais que nous avons fait plaisir à Dieu en accomplissant le Hadj. C'est à mon tour de prier Dieu pour qu'il écarte ma fille Amani des doctrines fondamentalistes qui semblent envahir son âme. Son caractère faible et instable pourrait se prêter à la sainteté la plus extrême. Je ne voudrais pas qu'elle se consacre à un idéal militant, si courant dans les religions et contre lequel j'ai lutté de toutes mes forces depuis que j'en ai pris conscience.

Or, ce ne sera pas le cas. La décision de Dieu concernant ma petite fille n'allait pas me plaire. Ce voyage à La Mecque s'est révélé à la fois une bénédiction et un malheur pour notre famille.

Alors que Karim et moi sommes plus proches que nous ne l'avons jamais été depuis les premières années de notre mariage, que Maha et Abdullah désirent construire leurs vies en citoyens responsables, Amani, elle, s'est enfoncée brutalement dans une existence de sinistre recluse.

Mes plus noires frayeurs allaient se réaliser.

7
EXTRÉMISTE

> *Imaginons une contrée désertique et dans le noir absolu où tout ce qui vit grouille à l'aveuglette.*
>
> Bouddha.

Le Hadj est accompli et l'été s'abat sur nous. L'air brûlant du désert ne nous a pas beaucoup dérangés durant notre pèlerinage, nous étions trop absorbés par un sujet bien plus important, notre quête spirituelle de la rencontre de Dieu.

En rentrant de La Mecque dans notre palais de Jeddah, nous pensions retourner à Riyad le jour suivant. Mais, alors que je suis en train de donner des ordres à la domesticité du palais pour notre départ, Karim vient m'annoncer qu'il a annulé le vol. Le contrôle aérien l'a informé qu'une tempête de sable particulièrement violente en provenance du désert du Rub Al Khali approche en direction de Riyad. Même en l'absence d'une telle tempête, il tombe régulièrement chaque mois sur Riyad quatre mille tonnes de sable.

Je préfère ne pas avoir à subir la terrible tourmente qui va bientôt monter à l'assaut de la capitale. Le sable qui danse et vole, et brûle les yeux, bouche les pores de la peau, recouvre absolument tout sur son passage. Je suis bien mieux à Jeddah. Malgré l'humidité de la ville, le climat est moins oppressant que l'horrible chaleur sèche de Riyad.

Abdullah et Maha sont très heureux de ce retard et de profiter encore quelques jours du dépaysement. Ils viennent nous supplier de leur accorder un peu de vacances, puisque nous devons rester à Jeddah. Je souris à mon mari, puis mon sourire s'efface en voyant Amani recroquevillée dans un coin du salon, le nez dans les pages du Coran.

Elle est en train de devenir mélancolique et ne s'intéresse plus à rien. On dirait que ma cadette a dressé des barrières entre elle et son désir de s'amuser innocemment. Avant, rien ne lui aurait plu davantage que d'aller nager dans les vagues tièdes de la mer Rouge. Je refuse de me laisser déprimer par les activités d'Amani, je consens à la requête des enfants en réponse au regard interrogateur de Karim.

En dépit de la moiteur étouffante et des tourbillons de chaleur qui ondoient dans l'atmosphère de Jeddah, nous décidons de rester ici deux semaines de plus. Nos deux aînés sont visiblement fascinés par le miroir tentant et si bleu de la mer Rouge que l'on aperçoit depuis les fenêtres du palais. L'idée ne me déplaît pas. Comme beaucoup de membres de la famille royale, je préfère le port si vivant de Jeddah à l'atmosphère compassée de Riyad. Je me vois déjà faire du shopping avec mes filles dans les boutiques modernes de la ville, retrouver les amis de la famille qui résident ici en permanence. Finalement les vacances se présentent bien.

Si seulement Amani ne choisissait pas ce moment pour élargir le fossé qui la sépare de sa famille, nous aurions pu passer un moment parfait dans une vie par ailleurs si imparfaite.

Je suis à genoux dans l'immense corridor qui relie les nombreuses pièces du palais, lorsque Maha me prend en flagrant délit d'espionnage. J'étais en train d'écouter la voix de sa sœur à travers une fente de la porte qui sépare le bain turc du jardin d'hiver. Maha se met à crier d'une voix haute et forte, alors que j'essaie de l'éloigner en silence à grand renfort de gestes de la main :

– Maman, qu'est-ce que tu fais ?

La voix d'Amani se tait immédiatement de l'autre côté, et j'entends ses pas décidés venir dans ma direction. Je fais un effort désespéré pour me remettre sur mes pieds et m'éloigner vivement de la porte, mais la pointe de ma chaussure se prend dans l'ourlet de ma robe. Il est trop tard pour m'échapper. Au moment où Amani ouvre brusquement la porte, elle a tout loisir de contempler sa mère à ses pieds, coupable de toute évidence. Son visage accusateur me déconcerte, les yeux inquisiteurs, les lèvres serrées de reproches disent trop clairement qu'elle a compris la situation.

Incapable d'expliquer ma conduite méprisable, je me mets à gratter du bout des doigts une vague trace de rouge sur le tapis. Puis, avec ce que j'espère être du naturel dans la voix, je me mets à mentir avec la certitude que ma fille n'en croit pas un mot.

— Amani! Je te croyais dans ta chambre!

Mon regard se porte à nouveau sur le tapis, j'examine avec sérieux les traînées.

— Est-ce que l'une d'entre vous a déjà remarqué ce rouge dans le tapis, mes chéries?

Aucune de mes filles ne répond. En fronçant les sourcils, je donne encore quelques coups d'ongle sur les fameuses marques, et comme ma chaussure est toujours retenue dans ma robe, je me redresse de travers, en clopinant contre le mur du couloir. Je marmonne un bref commentaire :

— Les domestiques se relâchent. J'ai peur que la tache soit définitive.

Amani n'a pas l'intention de me faire le plaisir de croire à mon mensonge pitoyable. Elle dit derrière moi :

— Maman, ce tapis n'est pas taché. Ce sont des roses rouges brodées dans le motif.

Maha ne peut plus se retenir, et je l'entends qui commence à ricaner. Amani clôt la conversation :

— Maman, si tu désires entendre ce que je dis, tu seras la bienvenue. Mais je t'en prie, entre dans la pièce où je parle!

La porte claque dans un bruit de tonnerre. Les

larmes me viennent aux yeux et je me précipite dans ma chambre à coucher. Je ne supporte plus de ne pouvoir admirer la beauté de ma fille. Depuis notre retour de La Mecque, elle est couverte de noir de la tête aux pieds, au point de porter des bas et de longs gants.

Dans l'intimité de notre maison, il ne reste à découvert que son visage, car elle a masqué ses magnifiques cheveux sombres d'un foulard raide et noir qui me rappelle ceux des bergères yéménites. Lorsque ma fille s'aventure hors des murs du palais, elle rajoute à ce costume un voile qui lui bouche entièrement la vue. Et pourtant les règles religieuses officielles à Jeddah sont bien plus laxistes, pour le port du voile, qu'à Riyad. Mais, quoi que je dise ou que je fasse, rien ne peut convaincre Amani de s'habiller autrement que drapée dans ce lourd uniforme sinistre que beaucoup de croyants, dans d'autres pays islamiques, trouvent absolument ridicule.

Je n'arrête plus de pleurer. J'ai pris tous les risques en me battant constamment pour que mes filles aient le droit de porter les voiles les plus fins, et voilà que ma chère fille méprise ma fragile victoire, comme si elle n'avait aucune valeur.

Et ce n'est pas le pire ! Non contente de sa dévotion toute nouvelle, Amani cherche à convaincre ceux qui l'entourent de sa façon de penser. Aujourd'hui, elle a invité ses amies les plus proches, en même temps que quatre de ses jeunes cousins, pour leur lire le Coran et discuter de l'interprétation des paroles du Prophète, laquelle commence à rassembler étrangement, malheureusement, à ce que j'ai souvent entendu de la part du Comité gouvernemental pour le respect de la vertu et la prévention du vice.

Me jetant sur mon lit pour y réfléchir, j'entends encore résonner à mes oreilles la voix enfantine d'Amani. En faisant semblant d'examiner le tapis, je l'ai entendue lire des versets du Coran :

Allez-vous ériger une borne
à tous les sommets alentour
pour votre propre plaisir ?
Allez-vous construire pour vous seuls
de belles maisons, dans l'espoir
d'y vivre là pour toujours ?
Et lorsque vous étendrez
Votre main puissante
Le ferez-vous en hommes
de pouvoir absolu ?
À présent craignez Dieu et obéissez-moi
Ne suivez pas le commandement
De ceux qui sont extravagants
Et apportent le mal dans le pays
Ne suivez pas leur exemple.

J'ai les genoux qui tremblent, j'ai écouté avec horreur comment Amani insistait pour montrer des similitudes entre la famille royale saoudienne et ces pêcheurs par le faste, décrits par les versets du Coran.

– Regardez autour de vous ! Observez la richesse de la maison dont je parle ! Un palais construit pour un dieu ne serait pas plus luxueux ! Avons-nous oublié les paroles de Dieu, en nous vautrant dans l'opulence d'une richesse complaisante qu'aucun œil humain n'est fait pour contempler ?

Puis la voix d'Amani s'est adoucie, comme si elle parlait dans un souffle, mais j'ai fermé les yeux et je me suis rapprochée car j'entendais à peine ce qu'elle disait :

– Chacun de nous doit bannir l'extravagance de sa vie. Je vais vous donner le premier exemple. Les bijoux que j'ai reçus, grâce à la richesse de ma famille, je vais les donner aux pauvres. Si vous croyez en Dieu et en Son Prophète, vous devez suivre le même exemple.

Je n'ai pas su la réponse de son auditoire à cette requête incroyable ; c'est à ce moment-là que ma fille aînée, Maha, a révélé ma présence.

Soudain, au souvenir de cette histoire de bijoux, je

bondis de mon lit pour me hâter dans la chambre de ma fille. Là, j'ouvre le coffre qu'elle partage avec sa sœur, pour m'emparer de leur montagne de colliers, bracelets, boucles d'oreilles et bagues, et les mettre à l'abri dans le coffre du bureau de Karim. J'ai pris les bijoux de Maha en même temps que ceux d'Amani. Qui sait quelle bêtise pourrait faire la cadette dans cette agitation religieuse qui l'occupe alors ?

Je sais que les bijoux d'Amani représentent à eux seuls des millions de dollars, et qu'ils lui ont été offerts par ceux qui l'aiment pour lui donner une sécurité dans l'avenir. Je me promets, si Amani veut s'occuper des pauvres, de lui donner de l'argent pour cela. Je me sens déprimée et découragée. Je sais les millions de rials que Karim et moi nous distribuons aux pauvres dans le monde, depuis des années. En plus des obligations que requiert la *zakah*, le pourcentage de notre revenu annuel inutilisé dans les dépenses de la vie quotidienne, Karim et moi nous contribuons, pour quinze pour cent de plus sur nos revenus, aux projets de l'éducation et de la recherche médicale dans de nombreux pays musulmans moins fortunés que l'Arabie Saoudite. Nous n'avons jamais oublié les paroles du Prophète : « Si vous faites la charité ouvertement, c'est bien, mais si vous donnez à ceux qui ont besoin, en secret, c'est encore mieux pour vous afin d'expier quelques-uns de vos péchés. Allah sait tout ce que vous faites. »

Quand je pense aux fonds que nous avons versés pour la construction de cliniques, d'écoles et d'habitations individuelles dans les pays frères les plus défavorisés, j'ai bien envie de rafraîchir la mémoire d'Amani sur l'importance de la contribution financière de ses parents. Notre fille prend-elle nos œuvres de charité pour du vent ? Ou a-t-elle décidé de nous transformer nous-mêmes en mendiants, à l'image de ceux qui bénéficient de notre grande fortune ?

De retour dans mon lit, je reste plus de deux heures à retourner des idées dans ma tête, à imaginer tout ce que je pourrais faire, devrais faire, ou ne pas faire pour combattre une force bien plus grande que celle de n'importe quel homme.

L'obscurité a envahi ma chambre lorsque Karim rentre de son bureau de Jeddah.

— Sultana? Tu es malade?

Il allume toutes les lampes et vient vers mon lit examiner mon visage avec curiosité.

— Tu es écarlate. Tu as de la fièvre?

Je ne réponds pas à la question. Je soupire profondément avec amertume.

— Karim, ta chair et ton sang est en train de comploter contre la monarchie.

Il devient très pâle, puis vire au rouge vif en quelques secondes. Je m'évente faiblement d'une main lasse.

— Amani. Aujourd'hui, notre fille a organisé une réunion avec de jeunes princesses et ses cousins. J'ai entendu par hasard ce qu'elle disait. Elle se servait du Coran pour leur raconter qu'il fallait lutter contre le pouvoir de notre famille.

Karim claque la langue de mécontentement. Puis, il s'esclaffe :

— Tu es folle, Sultana. Amani est la dernière de nos enfants à prôner la violence.

— Plus maintenant. La religion a endurci notre fille. Elle ressemble à un lion affamé plutôt qu'à une gentille brebis.

Et je répète à Karim ce que j'ai entendu.

Il se renfrogne.

— Sultana, crois-moi quand je te dis que cette nouvelle passion n'est qu'une passade. Ne fais pas attention. Elle sortira bientôt de cette crise.

Il est clair que Karim en a assez de ce sujet et de la conversion de sa fille. Je n'ai guère parlé d'autre chose la semaine dernière. La ferveur d'Amani pour les extrêmes de la religion torture sa mère, alors que son père la prend pour un jeu et ne lui donne pas longtemps à perdurer. Je comprends que nous ne réglerons pas le problème ensemble comme nous l'avons fait pour Maha.

J'ai bien envie d'abandonner le combat. Pour la première fois, depuis que j'ai accouché d'Abdullah, il y a des années de cela, la maternité me pèse. Combien de générations de femmes vont-elles encore se ronger de soucis, dans la solitude, et récolter l'ingratitude de leur progéniture ? Combien de temps à nourrir, élever et guider la race humaine ? En soupirant d'irritation, je m'en prends à mon mari :

– Décidément, la vie d'une femme est une éternité de solitude !

Karim me console tendrement, il a peur de me voir réagir trop violemment à ce nouveau chagrin. Il me demande gentiment :

– Tu veux qu'on te serve dans tes appartements ? Je dînerai avec les enfants s'il le faut ?

D'un air de martyr, je refuse de dîner seule. Je suis déjà restée des heures entières dans l'isolement à me tourmenter. Il ne faut pas qu'Amani pense que sa mère est fâchée. Je m'extirpe de mon lit :

– Je vais me rafraîchir avant le repas et je te rejoins en bas.

Nous nous retrouvons dans le petit salon familial et, comme nous sommes en avance d'une heure pour le repas, je demande à Karim de venir avec moi se promener dans le jardin d'hiver jusqu'au bain turc.

Il doit penser à une bouffée de romantisme, au souvenir de ce que nous partagions il y a quelques années dans ce jardin, et son regard me caresse tendrement. Je lui rends son sourire, mais, en réalité, je veux vérifier qu'Amani a terminé sa réunion religieuse.

Nous pénétrons dans l'immense et magnifique cour intérieure, imaginée par un styliste italien célèbre. Un grand nombre de mes parents, depuis des années, se sont efforcés sans succès de copier cette petite merveille : la salle du « bain turc ». Tout au fond de celle-ci, une cascade déverse des flots d'eau limpide dans un bassin circulaire peuplé de poissons exotiques. Un chemin de pierre l'entoure, bordé de fleurs splendides, dont les jardiniers prennent grand soin. Deux aires de repos ont été aménagées de part et d'autre du bassin. Des plantes vertes luxuriantes, importées de Thaïlande, entourent les meubles de rotin recouverts de coussins pastel. Des tables vitrées sont installées dans les coins-salons. C'est l'endroit le plus agréable de la maison pour y prendre le café le matin ou le thé l'après-midi. Les murs sont en vitre teintée, mais la verdure est si épaisse et si abondante qu'elle nous protège des rayons du soleil. Une allée de pierres sculptées de têtes d'animaux sauvages permet d'accéder à la cascade. Je me sens triste et de mauvaise humeur en passant devant la tête de girafe. Nous avons fait tailler ces pierres avec Karim tout spécialement pour Amani, c'était une surprise pour notre fanatique des animaux.

Nous avions le même bain turc dans notre maison du Caire, et j'ai demandé au styliste italien d'en étudier l'architecture pour le reproduire ici, dans notre palais de Jeddah.

La salle turque dispose de quatre bains, de taille et de style différents. Des marches mènent à chacun d'eux, et les plus vastes sont surmontés d'une arche de pierre. L'eau s'échappe en vapeur que l'on peut voir disparaître dans l'air froid.

Nous y avons passé de bons moments en famille et, la veille encore, avec Karim, avant une nuit romantique, nous sommes venus ici nous détendre dans un long bain de vapeur relaxant. Je ne vois rien de significatif qui prouve qu'Amani a tenu son assemblée dans la maison. Pourtant, ma tête résonne encore des paroles que j'ai entendues. Je voulais que Karim se rende compte de la gravité de la nouvelle passion de sa fille, car elle parle maintenant de son vœu de devenir une femme imam. Une femme qui dirigerait d'autres femmes ayant fait vœu de religion. Je souhaite évidemment que ma fille vive en bonne musulmane, mais je ne désire pas qu'elle encourage cette forme d'esclavage des femmes, dans la stricte observance des traditions qui les entravent dans ce pays.

J'ai parfaitement senti que Karim ne se tourmentait

guère pour la passion religieuse d'Amani et pour tout ce que j'ai combattu depuis ma tendre enfance. Il me faut lui rappeler jusqu'où peut aller cette ferveur. Car je sais que mon mari est extrêmement sensible au sujet de la légitimité des Al Sa'ud, du trône, de la richesse et des privilèges qui vont avec notre position.

Je sais que le monde de Karim est entièrement polarisé sur une vie de confort et de luxe, que nous aurions du mal à obtenir sans l'existence de nos immenses champs de pétrole. Je tends la main vers la merveilleuse installation du bain turc en disant :

– Ceci, Karim, représente ce que notre fille appelle un immense péché, profiter de ce que Dieu a offert à notre famille.

Mon mari ne répond pas. Je vais plus loin :

– Karim, il faut faire quelque chose. Préfères-tu que ta propre chair, ton sang, mène une révolte qui peut aller jusqu'à renverser la lignée des Al Sa'ud ?

Karim ne croit toujours pas notre fille capable de faute grave, il refuse d'analyser davantage le désintérêt soudain d'Amani pour son statut de princesse royale. Il prétend qu'elle peut s'abandonner à la consolation de la foi, même si cela va à l'encontre de la résistance obstinée de sa mère.

Il me prend tendrement par les épaules et me défend de faire à nouveau allusion à ce sujet, avec un argument ridicule :

– Sultana, j'ai décidé depuis longtemps que chacun de nous devait respecter le désir des autres, sans quoi il ne peut y avoir de paix dans cette maison. Maintenant ne parlons plus de cette histoire désagréable !

Après des jours et des jours de réflexion, je suis parvenue finalement à comprendre que je n'étais pas coupable de la nouvelle vie de ma fille. Le zèle d'Amani pour cette cause est le résultat évident d'une affreuse pauvreté passée, qui s'est soudain transformée en immense richesse. Pour aller au cœur du sujet, il faut revenir en arrière.

Beaucoup de gens, qu'ils soient musulmans ou chrétiens, méprisent les Saoudiens pour leur fortune qu'ils pensent imméritée. Ils sont peu à savoir ce qu'était la misérable existence qu'ils ont menée jusque dans les années soixante-dix.

Cette analyse trop hâtive de notre situation actuelle m'offense énormément. Après la découverte du pétrole dans les sables du désert, des années se sont écoulées avant que notre peuple bénéficie des rentes que lui assure la production pétrolière, organisée par les compagnies américaines. Au début, le roi Abdul Aziz, mon grand-père et fondateur de l'Arabie Saoudite, avait affaire à une poignée d'individus hypocrites aux promesses trompeuses. Il n'avait pas compris que les marchés que ces gens envisageaient étaient destinés à remplir de millions les poches des Américains, en laissant de maigres dividendes aux Saoudiens. Ce n'est qu'au moment où les compagnies pétrolières américaines ont été contraintes de se montrer équitables qu'elles se sont conduites de manière correcte.

C'est donc à cause de ce partage disproportionné des bénéfices pétroliers qu'il a fallu des années avant que les Bédouins échangent leurs tentes du désert contre des villas luxueuses et des palais. Entre-temps, le peuple saoudien a beaucoup souffert. La mortalité infantile en Arabie Saoudite était la plus importante du monde, car il n'y avait ni argent, ni médecins, ni hôpitaux pour les malades. L'alimentation saoudienne était réduite à des dattes, du lait de chamelle ou de chèvre et de la viande de chameau.

Je me souviens encore du regard halluciné de l'un des hommes les plus fortunés du royaume, racontant les histoires horribles de ce temps-là. Un brillant homme d'affaires, homme hautement respecté, qui a passé les quinze premières années de sa vie à faire du porte-à-porte dans le village en huttes de terre sèche de Riyad dans l'espoir de vendre des petits sacs de lait de chèvre. C'était lui le chef de famille, et il avait sept ans. Son père était mort d'une infection pernicieuse, après s'être coupé avec son sabre en égorgeant un chameau pour la fête du Hadj. L'infection ayant tourné à la gangrène, son père a quitté cette terre dans de terribles souffrances.

Comme c'était alors la coutume, sa mère dut épouser le frère de son mari, un homme qui avait déjà beaucoup d'enfants. Le petit garçon était responsable de ses cinq frères et sœurs. Il a dû enterrer de sa main quatre des cinq enfants, morts de malnutrition et de manque de médicaments. Son accession brutale à la prospérité est un véritable roman à la Dickens.

Après une enfance plus que misérable, il était quasiment inévitable que la première génération saoudienne à connaître le pouvoir et l'argent dorlote sa progéniture, et lui prodigue tout ce que l'argent peut acheter. Karim et moi, nous avons grandi sans connaître le besoin, mais nous comprenons parfaitement cette lutte de nos parents pour la vie. Pourtant, les enfants nés de notre génération n'ont jamais connu de privations, même mineures, et ne savent pas du tout ce que c'est que d'être pauvres.

La civilisation a fait son chemin, tout naturellement, car la concentration de richesses est en équilibre instable, sur un patrimoine qui perd de sa valeur, et qui peut à tout moment disparaître. Ce n'est qu'une question de temps. Un jour, les fondations branlantes de notre fortune vont s'effondrer.

Les conventions sociales et les traditions acceptées par les générations précédentes ont été remises en cause par la mienne. Et celle qui suit réagit également, sans aucune retenue, avec un instinct animal. Ce rejet primitif de l'ordre social nous condamne à un retour au fanatisme religieux et au mépris des fortunes extravagantes. Parmi les plus fanatiques, on compte la progéniture de ma génération. Ils n'ont jamais vécu sans fortune et ignorent totalement les conséquences de l'affreuse pauvreté. Nos enfants et les enfants de nos amis méprisent notre aisance économique, ils cherchent d'autre but à l'existence que l'accumulation des richesses.

Ma fille Amani veut devenir le chef de file d'un

groupe de femmes qui vont vers un militantisme encore plus grand que celui des hommes prêts à renverser le clan qui occupe le trône saoudien. Croyant sauver les âmes de ceux qu'elle prétend ses amis et ses proches, Amani a ainsi reçu les aveux de sa cousine Faten, l'enfant de mon frère Ali, des aveux que personne d'entre nous n'aurait pu imaginer.

Aucun homme n'est plus arrogant avec les femmes que mon frère Ali. Enfant déjà, il traitait ses dix sœurs avec mépris. Jeune homme, il a vécu en Amérique et eu des aventures sexuelles avec des dizaines d'Occidentales. En tant que mari, il considère ses femmes comme des esclaves, ne se préoccupe guère de leur bonheur, trop affairé qu'il est à épouser des filles vierges ignorantes de la nature masculine et qui acceptent donc son comportement pervers comme une chose normale. En plus de ses quatre épouses, Ali installe une concubine après l'autre dans sa propre maison. En tant que père, il ignore pratiquement ses filles et ne montre d'affection que pour ses fils.

Je dirais que mon frère est la caricature même du mâle saoudien. Il est donc parfaitement naturel que son fils Majed, le frère de Faten, ait acquis lui aussi un comportement cruel et ne considère les femmes qu'en objets sexuels. En fait, Majed aurait dû être décapité ou exécuté par un peloton si son crime avait été connu. Rien n'aurait pu le sauver de cette punition, même pas le fait qu'il soit fils d'un prince de haut rang, car le péché qu'il a commis est sans précédent dans la famille Al Sa'ud.

Nous sommes rentrés à Riyad. Chaque après-midi, après l'école, Amani anime des réunions quotidiennes consacrées au Coran, elle y invite ceux de ses amis que le retour au Moyen Âge intéresse, ceux qui regrettent le temps où les femmes n'avaient le droit de parler que de sujets domestiques. C'est un mercredi, je regarde partir ces jeunes filles depuis le balcon de ma chambre. Les riches amies de ma fille montent les unes après les autres dans de somptueuses limousines, sous la protection de chauffeurs empressés. Faten, la fille de mon frère, est la dernière à se retirer. J'imagine qu'elles ont discuté longtemps, Amani et elle, discours entrecoupés d'élans passionnés et d'embrassades qu'elles échangent à la moindre occasion. Je suppose malheureusement que Faten, en fille humiliée par mon sadique de frère, a volontairement adopté la cause qu'Amani lui a présentée. Je désespère de retrouver des relations normales avec mon enfant. Je m'efforce de ne jamais aborder de front le sujet de la religion avec elle, mais de laisser Dieu la mener où elle veut aller. Je m'efforce encore de l'intéresser au jeu, aux cartes ou au backgammon, pour voir si elle est capable de se préoccuper d'autre chose que de la pratique de la foi.

Je frappe timidement à la porte de ma fille, sans obtenir de réponse. J'entends des sanglots et entre dans la chambre. Une vague d'irritation m'envahit à la vue d'Amani, tenant le Coran d'une main et essuyant ses larmes de l'autre. Je voudrais lui crier que la religion n'est pas là pour faire du mal aux gens, les rendre tristes et malades, mais je résiste à l'envie et m'agenouille devant elle.

En lui caressant les genoux, je la questionne calmement sur le motif de son chagrin. Je m'attends à apprendre qu'elle a encore reçu un message de Dieu qui n'intéresse pas mes oreilles, mais je suis pétrifiée par sa réponse :

– Maman, j'ai vraiment de la peine, pour ce que je dois faire.

Elle se jette dans mes bras en sanglotant, comme si elle venait d'apprendre une affreuse nouvelle.

– Amani, ma fille, qu'est-ce qu'il y a ?
– Maman...

Un hoquet secoue sa petite poitrine et, entre deux longs sanglots, elle chuchote :

– Un grave péché a été commis. J'ai appris un secret abominable. Dieu m'a demandé de le rendre public.
– Quel péché ?

J'ai presque crié, inquiète qu'Amani ait entendu parler de la relation amoureuse de Maha avec son amie Aisha. Si jamais cette affaire était rendue publique, ma fille, et toute sa famille avec elle, en souffrirait énormément.

Amani me regarde de ses grands yeux noirs effrayés.

– Faten m'a confié un secret qui la torture. C'est un péché trop affreux à dire, mais je le dois.

Soulagée qu'il ne s'agisse pas de sa sœur, je me demande de quel scandale familial elle veut parler. Dans une famille de la taille du clan Al Sa'ud, les ragots et les bavardages concernent la plupart du temps la conduite excentrique des jeunes princes, et plus rarement celle des jeunes princesses. Les membres masculins de la famille sont souvent la proie des journaux étrangers, qu'ils perdent des fortunes au jeu ou se fassent prendre en pleine mésaventure sexuelle avec des femmes étrangères. À la fin des vacances en Occident, plus d'une princesse est rentrée dans son royaume, attendant un enfant illégitime. La vérité est rarement connue, car les parents se démènent pour couvrir les méfaits de leurs enfants afin que leurs propres égarements ne viennent également aux oreilles du clan Al Sa'ud.

Amani révèle son secret :

– C'est Majed, maman. Majed a commis un péché sexuel.

J'ai du mal à garder mon sérieux.

– Majed ? Amani... Majed est le fils de son père !

J'oblige ma fille à me regarder en face, pour la mettre en garde :

– Si tu parles de ça, tu en seras pour tes frais. Tous les hommes de la famille vont hurler de rire. Ali est si fier des succès de son fils auprès des femmes occidentales !

Tout le monde sait dans la famille que Majed, le second fils d'Ali, vit à l'occidentale dans notre pays, qu'il assiste à des soirées où se mêlent beaucoup d'étrangers, qu'il a des rendez-vous avec des femmes travaillant dans les hôpitaux ou dans les compagnies aériennes. Ce genre d'activités est généralement interdit dans les familles musulmanes, mais Ali estime que son fils a le droit de profiter des occasions et de jouir ainsi d'une liberté sexuelle dans un pays où elle est strictement interdite entre personnes de religion musulmane. Mon cœur se brise devant la gravité de l'expression de ma fille, pendant qu'elle m'explique la suite :

– Non, maman. Tu ne comprends pas. Majed s'est rendu coupable d'un acte sexuel, sans le consentement de cette femme.

Je ne comprends absolument pas ce qu'elle veut dire :

– Amani, de quoi s'agit-il ?

Ma fille se remet à pleurer, à travers ses hoquets elle me demande d'aller chercher son père, car elle a besoin d'un conseil à propos de sa décision, elle veut savoir à qui s'adresser pour expliquer l'affreuse conduite de Majed.

Vexée qu'elle préfère l'opinion de son père à la mienne, je vais tout de même à la recherche de Karim dans toute la maison. Je finis par le trouver en compagnie d'Abdullah et de Maha dans la salle de jeux. Ils font une partie de billard, et je ressens un pincement de jalousie à l'idée que mes trois enfants préfèrent décidément leur père à leur mère. Je retiens ma langue pour ne pas le heurter de front en lui reparlant de la dévotion d'Amani car Karim a un caractère susceptible. Ils sursautent tous les trois en m'entendant crier très fort :

– Karim ! Amani a besoin de toi !

– Un instant. C'est mon tour de jouer.

– Karim ! Ta fille est en larmes. Viens !

Mon mari me jette un regard soupçonneux :

– Qu'est-ce que tu lui as dit, Sultana ?

Je suis déjà énervée, et voilà qu'on m'accuse faussement. J'envoie les boules de couleurs d'une main rageuse dans les trous de la table et m'en vais sans me préoccuper des grognements désappointés de Karim et d'Abdullah. Puis, je lance par-dessus mon épaule :

– La partie est terminée maintenant. Tu as gagné. Tu peux peut-être aller t'occuper de ta fille.

Karim est sur mes talons en entrant dans la chambre

d'Amani. Elle a séché ses larmes, son regard fixe est celui de quelqu'un qui vient de prendre une décision.

– Amani ? Ta mère dit que tu as quelque chose à me raconter ?

– Père, il faut que Majed soit puni pour ce qu'il a fait. J'ai lu tout ce qui est écrit sur ce genre de choses. Il n'y a pas d'autre solution. Mon cousin doit subir le châtiment qu'il mérite.

Karim prend une chaise, s'assied et croise les jambes. Il a un drôle de regard amusé, j'attends le moment où il va comprendre qu'Amani va trop loin dans sa quête religieuse.

La voix calme, il demande :

– Qu'a donc fait Majed de si terrible ?

Amani est encore une innocente petite fille et son visage prend une teinte vive.

– J'ai honte de le dire.

Son père l'encourage :

– Allez, dis-le !

Amani est gênée de parler de cela en présence d'un homme, même s'il s'agit de son propre père, qu'elle a pourtant réclamé pour lui faire cette confidence. Elle tombe à genoux. Le visage limpide et innocent, elle nous raconte une histoire d'une noirceur épouvantable.

– Un soir, Majed était à une réception chez des Occidentaux. Je crois qu'il s'agit des employés de la Lockeed. Il a rencontré là une Américaine qui s'est intéressée à lui, parce qu'il appartient à la famille royale. Majed a bu toute la soirée, il était saoul, et la femme est revenue sur sa promesse de l'accompagner dans l'appartement d'un ami. Quand Majed a compris qu'il avait perdu sa soirée et qu'il ne ferait pas l'amour cette nuit-là, il a quitté la réception de mauvaise humeur. En rentrant chez lui, il est allé voir un ami qui se trouvait à l'hôpital à la suite d'un accident de voiture où il avait été légèrement blessé. Là, Majed, toujours en colère et complètement ivre, s'est faufilé dans toutes les chambres à la recherche d'une blonde ou d'une étrangère qu'il pourrait convaincre ou payer pour faire

143

l'amour. Il était minuit passé et il y avait quelques employées qui ne dormaient pas.

La bouche rose d'Amani se met à trembler, et Karim doit l'encourager à continuer.

– Et alors ? Que s'est-il passé ensuite ? Amani ?

L'accusation tombe de la bouche de ma fille :

– Majed a violé une malade de l'hôpital. Une femme qui était gravement blessée et inconsciente.

Je ne peux plus faire un geste. Comme si l'on m'avait statufiée. Mon mari secoue la tête d'un air désapprobateur.

– Majed... C'est Faten qui t'a raconté ça ?

– Oui, papa. Et pire encore.

– Amani, non. Faten a imaginé tout ça. Ça ne peut pas être vrai ! C'est trop insensé pour être vrai !

– Je savais que tu ne voudrais pas le croire. Mais il y a une preuve.

– Une preuve ? Quelle preuve ? J'aimerais bien savoir.

– Il y avait un homme, un Pakistanais, qui travaillait dans cette partie de l'hôpital. Il a vu Majed sortir de la chambre et, quand il a examiné la malade, il a constaté que les draps de son lit étaient en désordre. Il a suivi Majed et l'a menacé d'appeler les autorités. Quand il a su que Majed était prince, il a demandé de l'argent. Pour le calmer, Majed lui a donné ce qu'il avait dans sa poche.

– Amani !

Karim doute sérieusement de l'histoire et met sa fille en garde :

– Amani... fais attention à ta langue. Viol ! Chantage ! C'est trop difficile à croire !

– Mais c'est vrai ! C'est vrai ! Tu verras ! La suite est encore plus terrible !

Les mots se bousculent dans la bouche de ma fille, tant elle veut convaincre son père.

– On sait maintenant que cette femme qui était dans le coma, une chrétienne d'un autre pays, est enceinte. Pourtant elle est restée inconsciente à l'hôpital pendant six mois ! Et elle est enceinte de trois mois ! On a fait une grande enquête dans l'hôpital, et Majed a peur que son nom ne soit rendu public à l'occasion de ce scandale !

Pour la première fois, je pense qu'il y a quelque chose de véridique dans cette histoire, Amani nous donne trop de détails, et je soupire tout haut en me demandant comment nous allons pouvoir éviter la honte.

Toujours en larmes, Amani complète son récit d'horreur :

— Faten l'a surprise en train d'essayer de forcer le coffre dans le bureau de son père pour se procurer de l'argent liquide. Comme elle l'accusait, il lui a expliqué que le Pakistanais voulait lui soutirer beaucoup d'argent : un million de rials pour garder le silence sur son identité. Majed ne peut pas demander une telle somme à son père sans fournir une explication, et l'homme va le dénoncer. Majed a une semaine pour lui fournir l'argent.

Nous nous regardons, Karim et moi, stupéfaits. Est-ce bien la vérité que nous venons d'entendre ? Je me souviens des mots terribles que Majed a employés une fois à propos d'Abdullah, en le ridiculisant parce qu'il avait refusé de coucher avec une énorme Américaine, une femme qui avait deux fois l'âge de mon fils et que l'on avait « engagée » pour faire l'amour avec un jeune prince. Majed accusait Abdullah de ne pas aimer les femmes en disant : « Un homme, un vrai, doit pouvoir " bander devant une chamelle ! " » Je me souviens vaguement que Majed a dit à Abdullah quelque chose à propos de cette femme, qu'elle était mieux que la dernière qu'il avait « sautée », une femme « inconsciente » du plaisir qu'elle avait perdu. On pouvait supposer que cette femme était ivre. Maintenant, à la lumière du récit d'Amani, il est possible que cette malheureuse ait été inconsciente du fait de sa blessure.

Le fils d'Ali serait-il capable de violer une femme incapable de s'exprimer ? Une malade dans le coma ? D'un point de vue chronologique l'incident avec Abdullah confirme malheureusement le récit d'Amani.

Il faut que je reparle à Karim de cette conversation, car il a entendu le récit d'Abdullah mais s'est bien gardé de me raconter l'histoire dans tous ses détails. D'ailleurs, depuis ce jour-là, il a interdit à son fils d'accompagner Majed dans des soirées chez des étrangers.

Karim sursaute lorsque je déclare :

— Majed doit être puni. Je vais appeler Widjan et prévenir son père du crime de Majed.

J'entends grincer les dents de mon mari. Il sait comme moi que le père de la meilleure amie d'Amani est un religieux qui travaille à la mosquée royale. Il n'a aucune animosité particulière envers la famille royale, mais c'est un homme de conscience. Difficile à soudoyer. Sans compter qu'il voudra discuter de l'affaire avec le conseil religieux et le roi. La dernière chose dont la famille ait besoin, c'est qu'il soit informé de la situation. D'ailleurs, j'espère encore de tout mon cœur que c'est une erreur et que Majed est innocent d'un crime aussi abject. Karim fait des recommandations sévères à sa fille :

— Amani, ce n'est pas un sujet de réflexion pour une jeune fille. Je vais faire une enquête et, si c'est vrai, je te donne ma parole que Majed sera puni. Maintenant, il me faut ta promesse que tu ne parleras à personne de ce que tu viens de nous raconter.

Je m'attendais au refus d'Amani, mais je suis agréablement surprise de voir qu'elle semble soulagée de se délivrer du problème sur son père.

Au bout de trois jours, Karim a découvert l'affreuse vérité. Il existait en effet une femme chrétienne à l'hôpital, gravement blessée dans un accident de voiture sept mois auparavant, et dans le coma depuis. À présent, il y avait conflit entre la direction de l'hôpital et la famille de cette femme. Les médecins avaient découvert qu'elle étaient enceinte de trois mois ! L'enquête se poursuivait pour découvrir le coupable.

L'horrible histoire d'Amani était donc vraie !

Karim pense qu'il faut mettre Ali au courant et me demande de l'accompagner chez mon frère. Pour une fois, je n'ai aucune envie de sourire des aventures d'Ali.

J'ai l'estomac noué en franchissant le portail de l'immense propriété qui abrite les quatre femmes d'Ali et ses sept concubines. J'aperçois au travers des frondaisons plusieurs femmes et beaucoup d'enfants rassemblés dans une partie privée de la propriété. Les enfants s'amusent tandis que les femmes bavardent, jouent aux cartes ou tricotent.

Comme c'est étrange ! Au fil des années, les femmes que mon frère a épousées, comme les concubines qu'il garde, sont devenues amies intimes. Il est rare que des femmes qui s'attachent à un homme entretiennent de telles relations amicales. J'imagine mal de partager Karim avec une femme, encore moins avec dix. C'est peut-être à cause du caractère de mon frère et de l'absence d'amour que ces femmes se sont rapprochées mutuellement. Ou alors il n'inspire de sentiment amoureux à aucune d'entre elles, et chacune est heureuse de l'arrivée de la suivante qui va s'occuper d'Ali à sa place et l'éloigner du lit conjugal.

Cette idée amène un sourire sur mes lèvres. Mais au rappel de la raison tragique de notre venue dans cette maison, il s'efface aussitôt.

Ali est d'humeur exquise et il nous accueille chaleureusement pour cette visite inattendue. Après un échange d'aménités, et au bout de la troisième tasse de thé, Karim doit annoncer la mauvaise nouvelle. La conversation n'est pas facile, et Ali est angoissé en apprenant ce que nous savons. L'expression de son visage a changé, de l'homme content de lui il est passé au désespoir. Pour la première fois de ma vie, j'éprouve de la sympathie pour mon frère. Comme dit le dicton : « Que ceux qui ont les mains dans l'eau n'attendent pas de bonheur de ceux qui ont les mains dans le feu. » Ali est un homme qui a les mains dans le feu.

Il fait appeler Majed, et l'apparence arrogante du fils se délabre devant le regard furieux du père. Je voudrais pouvoir haïr ce garçon, mais je me souviens d'un incident de mon enfance. Après avoir subi une remontrance pour une bêtise quelconque, Ali a traité sa mère de « Bédouine ignorante » et a voulu la frapper. Alors que nous suppliions notre mère, mes sœurs et moi, de le rouer de coups de bâton, elle a répondu tristement : « À quoi bon, on ne peut pas blâmer un fils de ressembler à son père. » Et voilà, Ali a le caractère et le comportement de son propre père et Majed est à l'image d'Ali. Quand Ali se met à battre son fils à mains nues, Karim et moi les laissons s'expliquer.

Une semaine plus tard, Ali confie à mon mari que le problème a été « maîtrisé ». Il raconte que le Pakistanais a été correct et qu'il en a fait un homme riche. Celui-ci a investi son argent au Canada et, avec l'appui d'Ali, il recevra bientôt un passeport pour ce pays. Ali affirme que notre famille n'entendra plus parler de ce trublion.

En hochant la tête d'un air déconcerté, il marmonne à Karim :

– Tout ce désordre pour une femme !

Ni l'hôpital ni la famille de la femme violée par Majed ne connaîtront jamais la vérité, car le coupable est un prince royal.

Majed a été expédié en Occident pour y faire ses études. Et Amani, persuadée qu'il n'existe pas de pire punition que d'être banni de la terre du Prophète, est en paix.

Encore une fois, l'argent a donné l'absolution à une famille responsable d'un crime.

Je suppose que je ne devrais pas être surprise ou en colère de ce qu'a dit mon frère. « Ce n'était qu'une femme. »

Rien, semble-t-il, ne peut troubler le pouvoir des hommes dans mon pays, même lorsque l'un d'eux se rend coupable du plus misérable des outrages.

8

HISTOIRE D'AMOUR

> *Suis l'amour quand il te fait signe, même si ses chemins sont difficiles et périlleux.*
> Khalil Gibran.

Amani et Maha m'arrachent à une agréable sieste, je les entends se disputer à travers les lourdes portes de mes appartements privés.

En m'habillant rapidement, je me demande ce qu'a encore fait Amani. Depuis sa conversion, ma fille passe son temps à dire aux autres ce qu'elle pense d'eux, sans hésiter le moins du monde à énumérer les vilaines actions de sa sœur ou de son frère. Elle cherche sans cesse un prétexte pour les juger.

Mon fils Abdullah refuse le combat. Redoutant la colère inépuisable et apparemment inaltérable de sa sœur, il a choisi de l'ignorer tout simplement. Il ne capitule que rarement, lorsque les revendications d'Amani sont simples à satisfaire. Mon extrémiste de fille n'a pas trouvé d'accord semblable avec Maha. Avec sa sœur aînée, dont le caractère est pour le moins aussi fort que le sien, Amani est bien obligée de négocier et nous connaissons le tempérament violent de Maha depuis son premier cri.

Je suis les hurlements de mes deux filles. Quelques domestiques attendent dans le couloir de la cuisine, sans aucune intention d'interrompre le spectacle dont ils jouissent et je dois me frayer un chemin jusque dans la

pièce. Il y a juste une semaine, le groupe religieux mené par Amani en est arrivé à la conclusion que les quotidiens du royaume sont sacrés car ils mentionnent dans leurs pages le mot Dieu, les paroles du Prophète et des versets du Coran. Le comité a donc décrété qu'il ne fallait pas piétiner les journaux, qu'il ne fallait ni manger dessus, ni les jeter à la poubelle. Évidemment, Amani a notifé cette décision religieuse à toute la famille et elle a dû surprendre Maha commettant un acte irrévérencieux, en dépit de sa noble recommandation. Le résultat était prévisible, elles se crêpent le chignon. Je hurle :
– Maha ! Lâche ta sœur !

Complètement enragée, Maha ne semble pas avoir entendu mon ordre. Je tente une manœuvre dérisoire pour l'écarter de sa sœur, mais ma fille est bien décidée à lui donner une leçon. Et Maha étant plus forte qu'Amani et sa mère réunies, elle sort victorieuse de l'empoignade.

Le visage empourpré, le souffle court, je quémande l'aide des domestiques. L'un des chauffeurs égyptiens se précipite. L'homme a le bras puissant, il réussit à séparer mes deux filles.

Une bataille en suivant une autre, les insultes verbales remplacent les démonstrations de force. Maha commence par maudire sa jeune sœur, qui fond aussitôt en larmes et l'accuse à son tour d'être une incroyante.

Je me propose comme médiatrice, mais ne parviens pas à me faire entendre dans la bagarre. Alors, je pince la peau de chaque bras qui me tombe sous la main, jusqu'à ce que le silence revienne des deux côtés. Maha réprime sa rage et prend un air renfrogné. Amani se met à quatre pattes pour ramasser les pages d'un journal en lambeaux. Ma fille accomplit ses dévotions jusqu'au bout !

Il me semble que certains individus se montrent sous leur plus mauvais aspect en cas de religiosité excessive. C'est incontestablement ce qui arrive à Amani car les objets de sa ferveur religieuse sont illimités. Avant, j'éprouvais un double sentiment, un mélange de doute et d'espoir, je me disais que la religion finirait à la longue par l'apaiser au lieu de l'exciter. Je me rends compte à présent que ce ne sera pas le cas.

La colère qui vient de me saisir est plus forte que ma patience, et je tire mes deux filles par les oreilles jusqu'au salon. D'une voix ferme, j'ordonne aux domestiques de nous laisser seules. J'examine mes enfants en me demandant comment j'ai pu mettre au monde deux caractères aussi pénibles. Furieuse, je leur déclare solennellement :

– Le vagissement d'un nouveau-né devrait être une sirène d'alarme pour une mère !

Je dois avoir l'air d'une harpie, avec mon visage en feu et mes yeux furibonds, car les deux filles sont pétrifiées. Elles font preuve d'un curieux respect devant ce moment d'égarement de leur mère. Mieux vaut éviter une nouvelle bataille à trois combattantes. Je ferme les yeux et prends une profonde inspiration. Une fois calmée, je leur accorde la permission de s'expliquer chacune à leur tour, mais je refuse d'avance toute violence supplémentaire. Maha explose :

– C'est trop ! C'est trop ! Amani va me rendre folle ! Qu'elle me fiche la paix ou alors...

Elle cherche dans sa tête la pire des insultes à lui adresser.

– Ou alors... j'irai dans sa chambre déchirer son Coran !

Amani s'étrangle d'horreur à cette idée.

Je sais à quel point Maha peut être impulsive et audacieuse quand elle est acculée, je lui interdis ce genre d'exploit irrévérencieux. Sa fureur déborde et elle continue :

– Quelle idée stupide ! Ne pas déchirer les vieux journaux ! Il faudra construire un immeuble entier pour les conserver alors ?

Elle fusille sa sœur du regard :

– Tu as perdu tout bons sens, Amani !

Maha se tourne vers moi et accuse sa sœur de se comporter comme un dictateur.

– Maman, depuis le jour où nous sommes partis pour le Hadj, elle n'est plus mon égale, elle se prend pour mon maître !

Je suis entièrement d'accord avec Maha. J'ai vu se transformer la ferveur religieuse de ma fille à une vitesse incroyable et passer de la confusion mentale à un état visionnaire inquiétant. Ses principes de rigueur divine aboutissent à des sanctions familiales parfaitement ridicules et qui n'épargnent personne.

Il y a quelques jours encore, elle a découvert que l'un de nos jardiniers philippins portait fièrement une paire de sandalettes en caoutchouc, portant le nom de Dieu imprimé sur la semelle. Sans se préoccuper du prix qu'il les avait payées, Amani s'est mise dant un état de rage folle, lui a pris ses chaussures en l'accusant de blasphème et en le menaçant d'une punition sévère. En larmes, le pauvre garçon a avoué avoir acheté ses chaussures à Bahtha, un souk populaire dans le centre de Riyad. Il avait cru bien faire et pensait que ses maîtres musulmans seraient contents de voir le nom de Dieu imprimé sur ses chaussures. Amani a nommé ces chaussures « l'œuvre du diable » et organisé une réunion spéciale de son petit groupe pour leur montrer, à leur grande stupéfaction, ces objets sacrilèges. Ils ont passé le mot aux autres religieux, distribué des tracts dans la ville, en recommandant aux gens de ne pas acheter ou porter de telles chaussures. Lesquelles étant choquantes, car l'on enseigne aux musulmans de ne jamais marcher sur un article portant le nom de Dieu. Et cela va si loin que le consommateur doit s'assurer que lesdites chaussures n'aient jamais été ressemelées, ce qui constituerait une insulte au créateur.

Cela dit, la réaction d'Amani me semble quelque peu dramatique, car le jeune Philippin n'est pas de notre religion et n'a pas à respecter nos règles. Ma fille est trop intransigeante dans ses dénonciations coléreuses. Depuis mon plus jeune âge, on m'a élevée dans l'idée que Dieu est bon et ne voit aucun péché dans le bonheur humain. Je suis certaine que ma fille ne connaît pas le Dieu de Mohammed que m'a enseigné ma mère chérie. Alors j'adresse à mon créateur une prière discutable mais sincère, en le suppliant d'accorder quelques vacances au dévouement atrabilaire de ma fille. Puis je reviens à la crise actuelle et observe mes deux enfants.

Devant l'air déterminé de Maha, qui laisse supposer la réelle possibilité qu'elle détruise son Coran, Amani promet de refréner le contrôle qu'elle exerce sur la manière de vivre de sa sœur. Maha déclare à son tour que si Amani la laisse vivre comme elle veut, même si cela la dérange, elle ne commettra pas d'autre violence à son encontre.

J'espère que la trêve fera long feu, mais j'en doute, car Amani est encline à juger les autres avant de se juger elle-même et n'est jamais contente qu'en déclarant la guerre religieuse. Quant à Maha, elle n'est pas d'un tempérament à supporter humblement les injures de sa sœur.

Mes deux filles prisonnières du module familial produisent un mélange trop explosif pour une paix durable. Mais je préfère ignorer ce pessimisme et céder à la tendresse maternelle, en serrant chacune sur mon cœur avec un profond amour. Maha, toujours prête à s'enflammer comme à oublier, m'accorde un franc sourire de paix. Amani, lente à pardonner ce qu'elle estime mauvais, est plus réticente à répondre à mon affection.

Lasse des responsabilités maternelles, je les regarde s'éloigner à regret, chacune de son côté.

Enfin, la pièce est vide de leur folle énergie, mais le résultat n'est guère réconfortant. Je me sens nerveuse et j'ai besoin d'un stimulant. Je sonne Cora, pour qu'elle m'apporte une tasse de café turc. Puis sans aucune raison, je change brusquement d'idée, et lui réclame un grand verre de bourbon au Coca-Cola. Cora en reste la bouche ouverte de surprise. C'est la première fois que je lui demande de l'alcool dans la journée.

Je m'assieds pour lire le journal, sans vraiment le lire. Je reconnais que j'attends ce verre avec un certain embarras, lorsque Abdullah rentre à la maison. Il franchit la porte rapidement et traverse le hall. J'entrevois son visage, mon fils a un drôle d'air et je n'aime pas ça. D'habitude, il est d'humeur charmante, je vois bien, à cet air sombre, qu'il est terriblement angoissé. J'appelle :

– Abdullah !

Il me rejoint au salon et, sans que j'aie besoin de poser une question, laisse parler son angoisse :

– Maman ! Jafer a quitté le royaume !

– Quoi ?

– Il s'est enfui ! Avec Fayza, la fille de Fouad !

Saisie d'étonnement et sceptique à la fois, je suis sans voix. La bouche ouverte, je reste là, bêtement assise, à regarder mon fils. Jafer se serait enfui ?

Jafer Dala a une vingtaine d'années. C'est un jeune homme que tout le monde admire. Il est à la fois beau et fort, d'un tempérament sérieux mais gentil, parlant avec sagesse et d'une force tranquille. C'est un charmant interlocuteur, un gentleman courtois et raffiné. Jafer est l'un des rares jeunes gens en qui Karim ait confiance vis-à-vis des femmes de sa famille, et il est l'ami le plus cher et le plus précieux d'Abdullah. J'ai souvent dit à Karim que j'aurais bien aimé connaître ses parents, car je n'ai jamais vu un garçon si bien élevé. Mais c'est impossible, la mère de Jafer est morte quand il avait douze ans, et son père a été tué pendant la guerre civile du Liban, quand il en avait dix-sept. Son unique frère, plus âgé de quatre ans, a été sérieusement blessé durant cette guerre et il est hospitalisé en permanence dans un établissement du Sud-Liban.

Orphelin, alors qu'il n'était encore qu'adolescent, sans aucun parent pour le soutenir, Jafer s'est réfugié dans l'unique foyer qu'il connaissait ; il est venu vivre chez un oncle, au Koweit, qui y dirige certaines affaires pour un riche Koweitien.

En tant que Palestinien, et musulman sunnite, né et élevé dans des camps de réfugiés du Sud-Liban, Jafer n'a pas eu la vie facile. Après l'invasion du Koweit par l'Irak, l'OLP s'est mise du côté de Saddam Hussein. Il n'est donc pas surprenant qu'après la guerre, le ressentiment des citoyens du Koweit se soit tourné contre la population palestinienne. L'oncle de Jafer et sa famille sont restés fidèles à leur commanditaire koweitien. Ils auraient pu rester au Koweit, mais il y a eu un tel amalgame, et une telle rivalité dans le recensement de la population palestinienne, que cet homme leur a conseillé de quitter le pays pour s'installer ailleurs. Le brave homme ne voulait pas qu'une famille si sympathique prenne des risques graves en restant dans son pays. Il leur a conseillé d'attendre quelques années que la crise finisse.

Ce Koweitien est associé en affaires à Karim, et il a suggéré à mon mari d'engager l'oncle de Jafer, excellent employé, qui pouvait parfaitement occuper un poste vacant dans les bureaux de sa compagnie à Riyad. Étant donné l'animosité régnant à cette époque entre notre roi et Yasser Arafat, en raison de la guerre du Golfe, il existait un courant politique en Arabie Saoudite refusant d'employer des gens de nationalité palestinienne. Toutefois, en sa qualité de prince de haut rang, Karim entendait faire ce qu'il voulait. Il a donc engagé l'oncle de Jafer sur la recommandation de son partenaire koweitien.

Après son arrivée à Riyad, l'homme est devenu l'un des collaborateurs les plus sûrs de Karim. Il a assumé des tâches difficiles et des postes à responsabilités. Jafer avait accompagné son oncle et il a si favorablement impressionné mon mari qu'il lui a également confié un poste de direction dans ses services juridiques. Et, du jour où ils ont été présentés l'un à l'autre, Abdullah et Jafer sont devenus d'excellents amis, Abdullah disant que Jafer représentait le frère qu'il n'a jamais eu. Entré dans notre existence, il y a à peine deux mois, Jafer fait déjà partie de la famille.

Remarquablement séduisant, il attire le regard des femmes partout sur son passage. Mon fils prétend qu'elles lui font parvenir de petits mots d'invitation, dans les hôtels ou les restaurants. Une fois, alors que Jafer accompagnait Abdullah à l'hôpital King Fayçal, où il rendait visite à un de ses cousins, trois infirmières étrangères ont donné spontanément leur numéro de téléphone à Jafer, après une conversation d'à peine quelques minutes.

Pour l'instant Jafer vit en célibataire, dans un pays qui interdit les relations extra-conjugales entre hommes et femmes. Abdullah a bien vu qu'il était très seul et en âge de s'établir, et il lui a reproché son célibat obstiné. Il s'est même donné beaucoup de mal pour lui faire rencontrer des Libanais ou des Palestiniens susceptibles de le présenter à des femmes musulmanes de ces pays-là. Mon fils estime qu'il est dramatique pour Jafer de manquer d'amour car, d'après lui, un homme sain se rend malade à trop pratiquer la vertu. Un jour, Karim a ajouté malicieusement à la suite d'une réflexion de son fils, et avec un coup d'œil entendu dans ma direction, que tout homme devrait faire l'expérience des plaisirs et des aventures féminines en célibataire. Je l'ai menacé pour rire. La vérité est que mon mari est un père heureux, incapable d'envisager la vie sans enfants. Et Karim a échoué lui aussi dans ses tentatives de dénicher de la compagnie féminine à Jafer, qu'il a appris à respecter et à aimer, car Jafer n'a jamais accepté les généreuses propositions de mon mari. Abdullah a ajouté à ce mystère en disant que son ami se montrait courtois mais ferme chaque fois qu'il refusait l'une de ces invitations.

De mon côté, j'étais si embrouillée et plongée dans les problèmes de mes filles, que j'ai accordé peu d'importance à la vie privée de Jafer. En y repensant, tout de même, je me demande comment nous avons pu croire qu'un garçon aussi sensuel et plein de vie que lui pouvait refuser l'amour qu'on lui offrait. La vérité sur l'obstination de Jafer à refuser le mariage est maintenant connue, et de manière si désastreuse, que tout cela ne peut que s'achever en tragédie.

Le chagrin d'Abdullah, qui aime très sincèrement Jafer, prend des proportions démesurées. Il y a quelque chose d'enfantin et de désarmant dans ses reproches :

– Jafer ne m'a jamais parlé de Fayza !

C'est le plus sombre moment de sa jeune vie. La naïveté totale de mon fils me fend le cœur, j'ai du mal à croire qu'il va bientôt fêter ses vingt ans.

Karim arrive juste à ce moment-là, aussi furieux qu'Abdullah est triste. Il crie :

– Abdullah ! Tu as risqué ta vie, et celle de gens innocents !

Et il me raconte que lorsque Abdullah a appris la disparition de Jafer, il s'est affolé et s'est précipité hors du bureau de Karim dans un état inquiétant. Ayant peur pour lui, Karim l'a poursuivi dans sa course folle en voiture. Mon mari hurle :

– Tu conduisais à toute vitesse ! À un moment, en traversant le centre-ville, je t'ai vu couper la route à toute une file de voitures ! Tu aurais pu te tuer !

Karim est dans un tel état d'agitation, à cette idée, qu'il ne se domine plus et gifle son fils. Le bruit de la claque le calme subitement et le laisse abasourdi.

Tout au long de ces années durant lesquelles mes enfants turbulents ont grandi en sagesse comme en bêtise, je les ai moi-même giflés ou pincés tous les trois avec un irrésistible soulagement. Mais Karim n'a jamais levé la main sur aucun d'eux. Il est tellement pétrifié par son geste, et moi aussi, qu'il contemple sa main comme si elle ne lui appartenait pas. Puis il serre Abdullah contre lui et s'excuse. Il a perdu la tête à force d'angoisse.

L'émotion est à son comble, et il leur faut un certain temps avant de m'expliquer en détail le mystère de la romance secrète entre Jafer et Fayza.

Fayza est la fille de Fouad, l'associé de Karim dans trois de ses compagnies étrangères. Fouad n'appartient pas à la famille Al Sa'ud, mais il est relié d'assez loin à notre clan par son mariage. Il y a des années, en effet, Fouad a été autorisé à se marier au sein de la famille royale, bien qu'il n'appartienne pas à la tribu du Najid (au centre de l'Arabie Saoudite) ni que la sienne ne soit particulièrement proche des Al Sa'ud. En général, les femmes Al Sa'ud sont mariées en dehors de leurs familles, pour des raisons politiques ou économiques. Fouad est originaire d'une famille prospère de Jeddah, qui s'est battue âprement contre les Al Sa'ud dans les premiers temps de l'unification du royaume. Désireux de créer un lien entre sa famille et les dirigeants du pays, Fouad a offert une énorme dot pour Samia, une princesse dont nous disons souvent aimablement qu'elle n'a pas pour handicap d'être une grande beauté.

Plus personne dans notre famille ne croyait à la chance de Samia, qui s'était résignée depuis longtemps à demeurer célibataire. De cruels ragots couraient sur sa vilaine beauté, ses petits yeux et son dos courbé, écartant toute possibilité de mariage. Mais Fouad, bien décidé à se rapprocher du clan respecté des Al Sa'ud, entendit parler de l'absence de beauté de Samia par des femmes qui la connaissaient. Son seul souhait était d'épouser une femme vertueuse. Il entendait trop raconter d'histoires édifiantes sur des femmes séduisantes et qui feraient les pires épouses à son goût. Toujours bien coiffées, et richement habillées, elles ne recherchaient que villas de luxe, armées de domestiques et bijoux à profusion. Fouad ne craignait pas d'exprimer son sentiment lorsqu'il entendait de pareilles choses. Pour lui la beauté était un leurre et il ne désirait pour épouse qu'une femme ayant de l'humour et de la gentillesse. Il prétendait que la princesse qu'il visait en particulier, bien que n'ayant rien à voir avec un rêve de poète, était l'une des plus populaires et des plus aimées pour son charme et sa grâce. La famille de Samia le prit pour un fou mais accepta son offre, et le mariage fut arrangé.

Fouad était très content de sa femme, car elle avait effectivement le sens de l'humour, ce qui d'après lui les aiderait à supporter les tribulations du mariage. La jeune mariée lui facilita les choses en tombant éperdument amoureuse de lui. Leur union est des plus heureuses. Fouad est donc un Saoudien qui adore une seule et unique femme, il est l'heureux père de trois fils et d'une fille. Par l'un de ces étranges détours de la nature, Fouad, homme ordinaire, et Samia, dont le physique inspire la pitié, ont engendré une progéniture éblouissante. Leurs trois fils sont d'une beauté remarquable, quant à leur fille unique elle est absolument ravissante.

Fayza est la seule fille que je connaisse capable de rivaliser de beauté avec ma sœur Sara dans la splendeur de sa jeunesse. On ne parle que de son teint de nacre, de ses yeux noirs mélancoliques, de sa longue chevelure sombre comme la nuit. Elle émoustille le sang de tous les mâles du clan Al Sa'ud qui n'ont pourtant connaissance de sa beauté que par ouï-dire. Fayza a d'autres qualités irrésistibles. Elle a hérité de sa mère une intelligence rare, vive, qui fait souvent le plaisir de nos réunions entre femmes. Belle, intelligente et élégante, Fayza est aussi étudiante à l'université féminine de Riyad. Elle est en première année de dentisterie et espère ouvrir un jour un dispensaire pour enfants.

Fouad nous a confié qu'il est d'accord pour que sa fille passe des examens, mais qu'en fait elle n'aura guère l'occasion d'exercer son talent. Il a dit fièrement à Karim qu'à la fin de ses études Fayza sera mariée à une famille riche. Les tractations sont déjà entreprises et Fouad a le choix entre trois familles influentes. Quand sa fille aura obtenu ses diplômes, il lui donnera l'autorisation de rencontrer chacun des trois jeunes garçons en question, car il veut qu'elle ait son mot à dire en ce qui concerne son avenir.

Lorsque Karim m'a rapporté les objectifs de Fouad pour Fayza, j'étais très heureuse. Quels progrès depuis l'époque de ma jeunesse ! Aucune de mes sœurs n'a eu cette liberté dans le choix de son mari. Et Sara ! Qui pourrait oublier le cauchemar que Sara a enduré lors de son premier mariage avec cet homme malade ! Elle n'avait que seize ans lorsque notre père l'a forcée à épouser un homme de quarante-huit ans son aîné. Il était très riche et traitait des affaires avec ma famille. Sara est devenue hystérique quand elle a appris la nouvelle, elle a supplié mon père de l'épargner, de rompre le mariage. Malheureusement, même notre mère ne pouvait le faire revenir sur sa décision. Finalement, Sara a obtenu l'autorisation de divorcer après avoir tenté de se suicider. Ma sœur était alors une enfant innocente qui ignorait tout des hommes et de leurs appétits, pourtant son mari l'a contrainte à des rapports sexuels épouvantables et sadiques. Ce fut une union tragique qui l'a détruite physiquement et psychologiquement, et pèse encore sur sa vie.

Dans ma famille, je suis la seule fille à avoir eu le privilège de rencontrer mon mari avant qu'il ne devienne le partenaire de ma vie intime. Et cette décision est le résultat de mon caractère belliqueux et de la détermination de mon curieux soupirant.

Quand j'ai appris que j'allais épouser un de mes royaux cousins, j'ai téléphoné à ma sœur, en prétendant que j'étais gravement brûlée à la suite d'une explosion chimique. Rien ne compte davantage dans mon pays que la beauté féminine. La rumeur que je venais de lancer (dans le but de faire annuler mon mariage) s'est propagée grâce à des parents de ce cousin. Ces femmes sont venues pour m'inspecter comme si j'étais un chameau vendu sur le marché, et j'ai réagi de manière particulièrement odieuse, en les pinçant, les griffant, les battant, jusqu'à ce qu'elles quittent la maison, sans avoir pu regarder sous mon voile. Lorsque Karim a entendu parler de mon attitude, il a insisté pour me rencontrer. Heureusement, nous nous sommes immédiatement sentis attirés l'un vers l'autre. Qui sait ce qui serait arrivé sans cela...

Et voilà que, de nos jours, un homme issu d'une génération aussi stricte prend tranquillement la décision de donner cette liberté à sa fille : participer au choix de son époux. J'étais réellement heureuse d'apprendre cela ! Pourtant, il n'y avait pas tellement de quoi se réjouir. Dans mon pays, la plupart des femmes représentent une valeur essentiellement politique ou économique. Tout dépend du prix. Mais je me persuade que chaque victoire individuelle nous mènera un jour, peut-être, à l'immense et grande victoire collective.

Les rêves de Fouad pour l'avenir de sa fille s'envolent donc en fumée. Sa fille unique, la superbe jeune fille déjà choisie par l'une des plus grandes fortunes du pays, se laisse enlever par un réfugié palestinien, et qui plus est sans le sou !

Je demande à mon mari :
– Comment est-ce arrivé ?

Grâce aux informations rassemblées par Samia, Karim et Fouad ont reconstitué le puzzle du drame des deux amants. Quelques semaines après que Jafer a commencé à travailler dans la société, la famille de Fouad est venue au bureau signer quelques documents. Il avait acquis certains intérêts dans des sociétés à l'étranger et voulait les mettre au nom de ses enfants. Jafer était responsable de l'aspect juridique de l'opération. Lorsque Fouad est arrivé avec sa famille, on les a aussitôt fait entrer dans le bureau de Jafer, qui devait recueillir leurs signatures. Ainsi que le veut la coutume religieuse, Samia et sa fille Fayza restèrent voilées. Se sentant à l'abri dans un bureau fermé, et en présence d'un employé de confiance, les deux femmes ont retiré leurs voiles pour pouvoir lire plus aisément les pièces à signer. Et c'est là où se situe la controverse. Samia a le souvenir confus que sa fille et Jafer se sont peut-être regardés un peu trop longtemps. Mais avec sa bonté naturelle, elle n'a pas fait le rapport entre la fébrilité de sa fille, sa signature bâclée et la confusion incroyable dont elle était la proie. À ce moment-là, Samia entendait sans écouter et regardait sans voir.

Le beau jeune homme a offert le thé, Samia a vu que sa fille acceptait avec empressement, leurs mains se sont innocemment effleurées entre les stylos et deux tasses de thé. Elle a dit à son mari que, à cet instant, elle avait cru le frôlement accidentel. Fouad a insulté et blâmé sa femme, en lui disant que tous les hommes sont vicieux par nature et qu'elle, la mère d'une innocente jeune fille, aurait dû faire plus attention à la nature vicieuse de Jafer !

Fouad se lamente à n'en plus finir et affirme que ce Jafer avait un poème sur les lèvres et un poignard dans sa poche ! Mais Samia ne se rappelle de rien d'autre. Sauf que sa fille lui a paru fiévreuse et un peu nerveuse en présence de Jafer.

Connie, la femme de chambre personnelle de Fayza, une Philippine, en savait plus. Karim et Fouad l'ont sérieusement interrogée et ils ont découvert que l'intrigue ne s'était pas arrêtée là entre les deux amants. Selon Connie, c'est la fille de Fouad, plus que Jafer, qui l'a poursuivi.

Connie a raconté que dès le premier jour Fayza était tombée éperdument amoureuse, d'un amour maladif qui l'empêchait de manger et de dormir. Elle se sentait torturée, prise entre sa loyauté envers sa famille et un irrépressible désir physique pour Jafer. Fayza l'a même confié à sa femme de chambre ; l'amour serait le vainqueur. Il lui fallait Jafer, elle le voulait, lui, et pas un autre. Connie n'avait jamais vu une fille aussi envoûtée par un homme. Et, connaissant les projets des parents de Fayza pour leur fille, la femme de chambre se trouvait dans une situation peu enviable. Elle ne pouvait pas dire la vérité à propos de sa jeune maîtresse, et pourtant elle aurait dû le faire. Connie a juré à Fouad qu'elle s'est efforcée de raisonner Fayza, en lui rappelant qu'elle était la fille d'une riche famille saoudienne, très proche des Al Sa'ud, et qu'elle ne pouvait pas faire sa vie avec un clerc de notaire palestinien ! Une telle situation ne pouvait que l'amener au désastre.

Avec ma tendance habituelle à critiquer largement notre société dominée par les hommes, je crois savoir évidemment ce qui est à blâmer. Ce sont les coutumes sociales en Arabie Saoudite qui sont trop restrictives.

J'interromps le récit de Karim pour lui faire part de la conclusion à laquelle je suis parvenue. À mon avis, l'emportement de Fayza pour ce séduisant célibataire est une caricature de notre système. Le ton lourd de frustration, j'affirme que si les hommes et les femmes pouvaient se rencontrer tout simplement, et dans des circonstances normales, leurs émotions pourraient s'exprimer au grand jour, au lieu de tourner à la tragédie personnelle.

Karim me jette un regard mécontent, en disant qu'il préfère quitter la pièce si je persiste à envenimer la conversation par mes éternelles théories sur la soumission des femmes dans la culture saoudienne !

Abdullah me supplie silencieusement des yeux de ne pas provoquer de scène. Je me tais donc, dans l'intérêt de mon fils. À peine calmé, Karim poursuit le récit du drame. D'après les confidences faites à Connie, Fayza se sentait éperdue d'amour, sûre que Jafer était amoureux d'elle et que sa faiblesse venait d'une position sociale inférieure à la sienne. Elle craignait qu'il ne prenne jamais l'initiative. Alors elle a eu l'audace de l'appeler à son bureau pour lui demander de venir la voir en lui promettant que ses parents ne seraient pas au courant. Jafer lui a répondu qu'aucune femme ne l'avait troublé à ce point, mais qu'il devait refuser cette offre tentante, car il ne sortirait rien de bon de ce bonheur furtif, leur liaison ne pourrait jamais aboutir, et il souffrirait trop de cet amour perdu.

Mais Fayza était sûre de l'avoir pris au piège, certaine qu'il allait venir la voir bientôt. Elle a raconté à Connie que leur conversation au téléphone était follement passionnée et que Jafer lui avait affirmé que si elle lui appartenait un jour, il ne l'a quitterait jamais. Un serment merveilleux à entendre !

Et Fayza s'est obstinée. Deux semaines après cette bouleversante conversation téléphonique, qui n'avait fait qu'aiguillonner leur désir, la résistance de Jafer s'est effondrée. Ils ont décidé de se retrouver dans un grand centre commercial de Riyad, le Al Akariya.

Finalement, c'est une Fayza voilée qui s'est promenée aux côtés de l'homme qu'elle avait choisi, en faisant mine qu'il était un parent. Ils ont flâné de boutique en boutique et personne ne les a soupçonnés, car un homme arabe en compagnie d'une femme voilée est un spectacle courant en ville.

Faire ainsi connaissance en marchant n'était pas très confortable, mais ils avaient trop peur de s'asseoir à la table d'un restaurant et d'y commander un repas. Les restaurants sont la cible préférée des comités de morale religieuse. De plus en plus actifs, ils harcèlent même les gens qui résident en Arabie Saoudite quelle que soit leur nationalité. Ces hommes redoutables pénètrent à l'improviste dans les salles pour vérifier les identités des clients auprès des restaurateurs. S'ils n'obtiennent pas la preuve qu'un couple, attablé tranquillement dans un établissement, est effectivement marié, ou qu'il s'agit d'un père et de sa fille, ces affreux justiciers les arrêtent et les emmènent en prison, avec châtiment à la clé. Les peines varient selon la nationalité des « criminels ». Les musulmans coupables peuvent avoir droit à la flagellation, pour inconduite sociale. Les non-musulmans sont emprisonnés ou expulsés.

Au début de leur relation, Jafer et Fayza ont réussi à adapter leur situation à la morale apparente. Plus tard, Jafer a trouvé un appartement, prêté par un sympathique ami libanais, où ils pouvaient se retrouver seuls. Comme Fayza n'a pas le droit de conduire, puisqu'elle est une femme, elle a bien été obligée de faire confiance au chauffeur de la famille. Mais sa complicité pouvait lui rapporter de sérieux ennuis, l'expulsion, ou pire encore, et Fayza lui a donc offert une forte somme d'argent pour qu'il oublie ses scrupules.

Leur amour a grandi, bien au-delà de la simple attirance instinctive. Les amants savaient qu'ils ne pourraient jamais aimer quelqu'un d'autre. Jafer a demandé à Fayza de l'épouser. Mais alors qu'ils rassemblaient leur courage pour mettre les familles au courant de leur amour, le drame est arrivé. L'un des Saoudiens fortunés est venu demander à Fouad la main de sa fille pour son fils aîné. On pressait la jeune fille d'accepter. Fouad affirmait que la perspective de ce mariage allait au-delà de ses espérances.

Fayza pleurait dans les bras de Connie :

– J'ai tant peiné pour vivre une union parfaite, et mon père peut la détruire si facilement !

Alors, désespérés, les amants prirent la décision de fuir en avion.

Fouad a été trompé, son honneur est terni, et rien ne l'arrêtera pour retrouver sa fille unique ! Sachant qu'il est extrêmement difficile pour les femmes de quitter librement l'Arabie Saoudite, je demande à Karim :
— Comment a-t-elle fait pour quitter le royaume toute seule ?
— Elle ne l'a pas fait toute seule.
Je suis contente d'entendre que Fayza n'a pas commis le péché de voyager seule. Il est défendu aux femmes saoudiennes, par la religion, de se déplacer sans être escortées d'un membre masculin de la famille. Cet interdit particulier est directement tiré des paroles du Prophète : « Que celles qui croient en Dieu et au Jour dernier, n'accomplissent pas de voyage distant d'une journée ou d'une nuit sans être accompagnées d'un *mahram*. »
Le mahram d'une femme est un parent, auquel elle n'est pas mariée, cela peut être son père, son frère, son oncle, son neveu, le deuxième époux de sa mère, son beau-père, son beau-fils. Et, bien entendu, elle peut voyager avec son mari. Le mahram est une duègne en quelque sorte, mais toujours au masculin.
Je découvre les talents de Fayza dans l'art de la dissimulation. Elle a confié à ses parents son besoin de partir quelque temps, pour réfléchir et échapper à la pression constante de sa famille. Elle a même promis à sa mère de donner une réponse positive à cette proposition de mariage si on lui permettait de prendre quelques vacances auparavant et a prétendu se rendre chez une cousine, une jeune femme qui a épousé un homme de Dubaï. Pouvait-on lui accorder juste un week-end à Dubaï avant de la marier ? Samia étant alitée avec une entorse, le jeune frère de Fayza lui servirait donc d'unique escorte.
Comment se fait-il que l'on n'ait pas trouvé bizarre que Jafer prenne lui aussi justement des congés à ce

moment-là ? Mais personne, dans la famille, n'aurait pu imaginer, même en cauchemar, que Fayza était liée à Jafer.

Une fois en sécurité à Dubaï, loin des dangers de l'Arabie Saoudite, Fayza a trompé la surveillance de son jeune frère et a subtilisé son passeport dans son sac de voyage pendant qu'il était sous la douche. Ensuite, elle a déclaré qu'elle allait faire du shopping avec d'autres femmes. Son frère a proposé de les conduire en voiture, il les a déposées devant le Al Ghurair Center, avant d'aller retrouver un ami, un Saoudien descendu au Chicago Beach Hotel situé sur l'une des plus belles plages des Émirats.

Une fois dans le grand centre commercial, Fayza a chuchoté à sa cousine qu'elle avait besoin de se rendre aux toilettes et qu'elle reviendrait tout de suite. La cousine, qui voulait acheter des parfums, ne s'est pas doutée de la supercherie. On n'a plus revu Fayza. Au désespoir de sa cousine, elle avait disparu.

Il s'ensuivit une enquête affolée, Fouad et sa femme craignant le pire pour leur fille. L'avait-on kidnappée ? violée ? assassinée ? De tels crimes sont pourtant rares dans les Émirats, mais il peut se produire parfois certaines agressions. Quand Connie a appris l'étrange disparition de sa maîtresse adorée, elle a fondu en larmes et tout avoué sur les relations de Fayza et Jafer.

L'amour d'un père ne connaît pas la raison. Incapable de croire sa fille coupable de tant de machiavélisme, Fouad a reporté tout le blâme sur la tête de Jafer. À notre connaissance, jamais Fouad n'a eu recours à la violence ou aux mauvais traitements. C'est un homme que tout le monde apprécie pour sa gentillesse et sa courtoisie. Mais durant cette période psychologiquement éprouvante, ce ne fut pas le cas. Il s'en est pris d'abord à l'infortunée Connie et l'a jetée sans ménagement dans un avion pour Manille. Puis, dans un état de rage épouvantable, il a surgi dans le bureau de Karim pour sauter à la gorge de l'oncle de Jafer. Il y a eu une scène terrible, Fouad menaçant de tuer cet homme si

Fayza ne rentrait pas chez elle, intacte et toujours vierge. Un secrétaire indien, témoin effrayé de la scène dans un bureau voisin, a appelé la police.

En Arabie Saoudite, la responsabilité d'un désordre public retombe toujours sur l'étranger, jamais sur un Saoudien. Dans ce cas, Fouad a été interrogé par la police et a dû présenter des excuses. Et si Karim n'avait pas usé de son influence et de son haut rang de prince, il se serait retrouvé en prison. Tout le monde est attristé dans la famille face à ce problème insoluble, et personne ne sait quoi faire.

Je suis allée voir Samia avec ma sœur Sara. En rabâchant que « vivre sans amour est une erreur », j'ai passé mon temps à dire ce qu'il ne fallait pas et à la rendre encore plus malheureuse qu'avant, alors que Sara a su trouver les mots pour exprimer sa compassion, comme elle sait si bien le faire. Hébétée par la disparition soudaine de sa fille, Samia n'arrivait plus à s'exprimer, elle bégayait une multitude de questions angoissées, sans obtenir d'autre réponse que la sympathie de Sara.

Quand nous sommes parties de chez elle, j'ai demandé à Sara :

– Comment faire pour changer les traditions sans anéantir les espoirs de tous ceux de l'ancienne génération et leur donner du chagrin ?

Mon opinion est que le mariage d'amour est le plus naturel, qu'il est une récompense dans la vie, alors que la majorité des gens de mon pays ne recherchent dans le mariage que les convenances, le respect, et méprisent complètement l'amour. Pourrons-nous jamais, nous les Saoudiens, accorder nos différences ?

Incapable de localiser sa fille sans l'aide de professionnels, Fouad a pris contact avec des agences de détectives privés, en France et aux États-Unis. Une semaine après la disparition de Fayza, il a appris qu'elle se trouvait au Nevada, dans un hôtel, enregistrée comme étant l'épouse de Jafer !

Dès qu'il a obtenu cette information, Fouad s'est précipité aux États-Unis avec ses trois fils, dans le but de ramener Fayza à la maison. Il a juré à sa femme que leur fille ne resterait pas avec un Palestinien. Possédé par cette affection tyrannique pour sa fille, il a même dit que la mort de Fayza était préférable à la perte de son honneur personnel.

Cette nouvelle a bouleversé la maison. Je m'en suis rongé les ongles jusqu'au sang. Abdullah est tombé dans une mélancolie maladive. « Plus rien ne sera jamais pareil », a-t-il dit. Amani prie pour l'âme des deux amants, mais fait de lugubres prédictions ; ses prières ne seront pas récompensées car ils ont eu la folie de choisir leur paradis sur terre, et les feux de l'enfer en fusion les attendent lorsqu'ils quitteront cette terre... Abdullah fusille sa sœur du regard en lui faisant remarquer finement que Jafer a peut-être trouvé en la personne de Fayza la perfection féminine qui vaut bien de perdre le paradis. Maha a peur pour Jafer autant que pour Fayza et ne supporte aucune critique au sujet des deux amoureux. Pour elle, aucun homme du gouvernement n'a d'autorité sur un véritable amour.

Comme Abdullah, je supplie Karim d'entrer en contact avec Jafer et de le prévenir afin qu'il s'échappe. Les parents de Fayza ne supporteront pas plus longtemps la cruelle certitude qu'elle appartient désormais à un autre homme. Leur immense colère ne s'éteindra pas. Le temps ne fera que l'amplifier. Mais Karim ne veut pas. Au contraire, il se met en fureur après moi. La vérité est que la règle saoudienne ne supporte aucune dérogation.

Croyant le pousser à agir, je me mets à l'injurier :
– Si tu savais à quel point je suis déçue de découvrir que j'ai épousé un homme incapable de comprendre les complexités de l'existence ! Qui a l'esprit si pesant ! Un insensible qui ne comprend que le superficiel des choses !

Et je le laisse là-dessus, bouche ouverte de stupéfaction devant cette attaque furibonde, sans pouvoir m'empêcher de lui décocher un dernier trait :
– Comment fais-tu pour n'avoir aucun problème

entre la logique et les sentiments, Karim ? Es-tu surhumain ?

Je me retire en silence, mais j'ai fait agir Abdullah en secret. À ma demande, il est allé fouiller dans les bureaux de Karim, à la recherche des informations fournies par l'agence de détectives. Avec mille précautions pour nous cacher de Karim et d'Amani, nous passons notre coup de téléphone au moment de la longue prière du soir. Karim est à la mosquée et Amani enfermée dans sa chambre, agenouillée en direction de La Mecque.

D'un doigt tremblant, Abdullah compose le numéro du Mirage Hotel de Las Vegas, Nevada, où nous savons maintenant que Fayza et Jafer sont descendus. J'observe mon fils pendant qu'il attend impatiemment, le visage pâle, que la standardiste lui passe la chambre. Il souffre, il a du chagrin ; je donnerais n'importe quoi pour prendre sa peine.

Enfin Jafer répond ! Abdullah fait tout son possible pour essayer de lui expliquer, avec les mots qu'il faut, le grand danger qu'il court. Son ami est étonné qu'on les ait découverts aussi rapidement, mais il se croit à l'abri puisqu'ils se sont mariés. Il demande à Abdullah :

— Que pourraient-ils faire maintenant ?

Quand mon fils me répète la question, j'arrache le téléphone de ses mains :

— Ils peuvent beaucoup, Jafer. L'honneur de Fouad est en jeu, sa fille unique s'est dévergondée avec un homme qui n'est pas pour elle ! Ne sois pas bête ! Tu es un Arabe, tu connais les réactions d'un père arabe !

Jafer préfère sous-estimer mes craintes, il prétend que leur amour triomphera de toutes les persécutions du monde ! Puis, Fayza vient au téléphone et parle calmement dans le récepteur que tient toujours Jafer. Sa voix douce raconte un amour merveilleux, qui ne s'éteindra jamais en dépit des obstacles que les lois de son pays ont mis sur son chemin. Elle me glace de peur.

— Fayza, je t'en prie, écoute-moi, tu n'as que vingt ans, si tu as oublié les anciennes traditions, ton père non.

Il ne le peut pas. Écoute-moi, je t'en supplie. Fouad a la mentalité des hommes du désert. Dans son esprit, tu lui as fait une offense grave. Quitte cet endroit ! Tu affronteras les hommes de ta famille plus tard !

J'ai beau supplier les deux amants de fuir, ils ne m'écoutent pas. Les mots sont faibles devant la force de leur amour et leur bravoure. Courageusement, Jafer jure qu'il fera face à la famille de Fayza.

Je rends le combiné à mon fils, j'ai fait ce que j'ai pu. Est-ce un bien ou un mal qu'ils n'aient aucune idée de l'étendue du drame qui se prépare ? Ils voient les choses en amants, et c'est malheureusement un point de vue très limité. Jafer et Fayza sont aveugles, ils croient que la puissance de leur grand amour va remporter la victoire contre la famille en colère. Je me ronge en silence, en espérant seulement que Jafer et Fayza pourront retarder le destin quelque temps.

Quatre jours plus tard, Fouad est de retour dans le royaume. D'une voix sourde et embarrassée, Karim m'appelle de son bureau pour me dire qu'ils sont rentrés des États-Unis, lui et ses fils. La poitrine serrée, incapable de dire un mot, j'attends. Après un lourd moment de silence, Karim ajoute :

– Fouad est revenu avec sa fille, mais sans Jafer.

Angoissée à l'idée de devoir annoncer la nouvelle à mon fils, je demande d'une voix rauque :

– Est-ce que... Jafer est mort ?

– Non. Jafer n'est pas mort.

La voix de Karim est bizarre. J'attends le reste des nouvelles, peu sûre d'avoir envie de les entendre.

– Sultana, je rentre à la maison. Nous expliquerons tous les deux à Abdullah ce qui s'est passé.

Comment attendre une demi-heure qu'il fasse le trajet du bureau à la maison ? Je hurle :

– Mais qu'est-ce qui s'est passé ?

J'entends le déclic, il a raccroché. Ce qu'il va me dire doit être terrible. Comme tous les Arabes, Karim a la manie de retarder les mauvaises nouvelles jusqu'au dernier moment.

Fouad a raconté peu de chose à mon mari, sauf qu'il y a eu d'après lui une petite bagarre dans la chambre d'hôtel et qu'ils ont laissé Jafer inconscient, mais sans blessures graves. Fayza ? Naturellement, l'incident l'a traumatisée, elle est sous calmants dans une chambre du palais. Débarrassée de l'influence de Jafer, Fouad espère que sa fille redeviendra vite raisonnable. Je regarde Karim dans les yeux, et j'affirme avec certitude :

– Alors, c'est que Jafer est mort !

– C'est absurde. Ils étaient en Amérique !

Deux semaines plus tard, nous recevons un coup de téléphone de Jafer. Il est retourné au Liban, et nous apprenons enfin la vérité sur ce qui s'est passé. Jafer me dit d'emblée :

– Tout est fichu.

Il prend un temps, puis :

– À part ma peau, évidemment, elle est saine et sauve.

J'appelle aussitôt Abdullah :

– C'est Jafer ! Viens vite !

Karim, Maha et moi nous faisons cercle autour d'Abdullah, pendant qu'il écoute longuement le récit de son meilleur ami et le réconforte comme il peut.

– Qu'est-ce que tu pouvais faire ? Tu n'avais pas le choix...

Puis je sursaute en entendant mon fils dire :

– D'accord, j'arrive !

Je me doute qu'il va partir très vite au Liban, et que rien ne pourra l'empêcher d'accourir auprès de son ami. Je me pends à son bras en secouant vigoureusement la tête.

– Abdullah... non...

Karim m'arrache à mon fils avec tellement d'autorité que mes pieds quittent le sol. Abdullah repose l'appareil. Les larmes coulent de ses yeux malgré lui, il frotte rageusement son visage à deux mains pour les sécher. Il a du mal à parler, les mots s'étouffent dans sa gorge et je ne parviens pas à le comprendre.

– Jafer est ruiné ! Il est ruiné !

Je suis trop bouleversée par cette histoire de voyage pour prêter attention à la condition de Jafer.
– Qu'est-ce que ça veut dire : j'arrive. Au Liban ? Karim m'ordonne :
– Du calme ! Sultana !

Abdullah finit par se maîtriser lui-même et à nous expliquer comment Fouad et ses fils ont enlevé Fayza. Dans la nuit, le couple a été réveillé par le téléphone. Le père et les frères étaient dans le hall d'entrée. « Peut-on monter, s'il te plaît ? » Le ton de Fouad était poli et Jafer s'est senti rassuré, il n'avait plus peur d'être agressé physiquement. Quand il a ouvert la porte, calme et souriant, Fouad et ses fils n'ont même pas pris la peine de parler. Prenant probablement le sourire de Jafer pour un rictus de provocation, ils se sont jetés sur lui. Pris par surprise, Jafer ne pouvait pas lutter contre quatre hommes. On l'a frappé sur la tête avec un objet lourd, et il n'a plus vu que du noir.

Des heures plus tard, quand il a émergé, sa jeune épouse avait disparu. Il sait maintenant que tout est perdu, depuis qu'ils ont emmené Fayza loin de lui. Il n'ignore pas qu'il est illégal en Arabie Saoudite, pour une femme saoudienne, d'épouser un homme qui n'est pas citoyen du pays. Il ne peut espérer aucune aide légale en réclamant sa femme, malgré leur mariage. Car ce mariage n'est pas valable en Arabie Saoudite. Si Jafer était saoudien et Fayza palestinienne, ils n'auraient rencontré aucune difficulté, car les hommes saoudiens, eux, peuvent épouser qui ils veulent.

Malgré tout cela, Jafer a pris l'avion pour Londres et essayé désespérément de revenir dans le royaume, mais on lui a répondu que son visa n'était plus valide. Alors, il a surmonté sa peur du mépris de Karim et a demandé si mon mari, en sa qualité de prince, pourrait l'aider. Karim a répondu qu'il le pourrait, mais ne le ferait pas. Maintenant qu'il sait Jafer en vie, il refuse de le mettre dans une situation qui provoquerait sûrement son assassinat. Il prévient Jafer : Fouad et ses fils le tueront certainement s'il remet les pieds en Arabie Saoudite.

Karim ne lui avait jamais dit cela auparavant, et je sais qu'il n'est pas près d'oublier la déception qu'il a ressentie vis-à-vis de Jafer. Mon mari s'est trouvé extrêmement ennuyé qu'un fidèle employé, un garçon de confiance, ait enlevé la fille bien-aimée de son vieil ami et partenaire en affaires. Seul l'amour qu'il a pour Abdullah lui avait fait garder le silence jusque-là. Karim n'est pas quelqu'un à promettre plus qu'il ne peut donner. Il conseille à Jafer de refaire sa vie au Liban, puisque le pays semble avoir retrouvé la paix. Je me sens déprimée :

– C'est triste... Voilà la fin d'une magnifique histoire d'amour. Et Jafer reste seul contre un pouvoir tout-puissant.

Mon fils est debout dans un coin de la pièce, silhouette immobile dans sa longue robe blanche. Droit, grand, gravement pensif. Soudain, il a l'air d'un homme. Son visage est triste et, d'un ton solennel, profond, il dit, non, Jafer n'est pas seul. Il ne le sera jamais, car lui ne laissera pas tomber son ami. Il part au Liban pour le voir.

Nous avons beau lui refuser la permission de se rendre dans ce pays, Abdullah ne s'en soucie guère, il répond qu'il ira de toute façon. J'étais sûre qu'un tel voyage allait nous apporter une montagne de calamités ! Et j'étais attristée en allant me coucher ce soir-là, je cherchais comment empêcher mon fils d'entreprendre ce voyage.

J'aurais dû savoir que je céderais inévitablement. On ne peut pas interdire à son fils de se conduire en homme. Et la jeunesse n'accepte pas facilement la défaite.

9

ABDULLAH

> *Nous survivrons par nos enfants, et nos enfants par leurs enfants, ainsi rien ne périra.*
> Khalil Gibran.

J'ai changé depuis ce pénible incident. Je vis une forme de dépression, je me replie sur moi-même. Mon fils Abdullah prépare son départ pour le Liban, animé d'une telle obstination que je commence à le croire lorsqu'il jure que rien ne viendra entraver son voyage. Karim se montre plus circonspect, il pense que l'ardeur de son fils s'éteindra forcément devant les difficultés qu'il va rencontrer.

Je ne suis pas d'accord avec mon mari. Comment fait-il pour rester si calme alors que nos trois enfants nous donnent tant de soucis et de chagrins ? Il me rappelle, avec un mystérieux petit sourire, que le passeport d'Abdullah est enfermé dans notre coffre. Il lui est donc impossible de quitter le royaume. Alors, je ne m'oppose plus au projet d'Abdullah que de temps à autre, d'une manière désordonnée et complètement inefficace. En quelques jours, mes rapports avec mon fils se sont transformés en silences lourds de sous-entendus.

D'ailleurs, tout le monde semble exaspéré et énervé au palais. Pendant qu'Abdullah prépare ses valises, sa sœur Amani se lamente de ne pas trouver comment améliorer la moralité de son frère et de sa sœur aînée. De plus en plus animée par sa foi, elle espionne maintenant nos employés. Et la voilà tout à coup horrifiée par ce qu'elle appelle la « vie de perdition » que mèneraient nos soixante domestiques ! Il existe, c'est vrai, beaucoup de flirts ou de liaisons secrètes entre eux, et Amani est fermement déterminée à convertir nos domestiques chrétiens ou hindous à la grande foi musulmane.

Après d'innombrables querelles au sujet de l'inconcevable pression qu'elle exerce sur les domestiques pratiquant une religion différente de la nôtre, je suis bien obligée d'admettre que j'ai perdu la bataille. Amani continue d'ignorer superbement sa mère et ses recommandations. Je passe des heures dans la solitude de ma chambre à ruminer sur mes enfants et sur mon incapacité actuelle à leur faire entendre un peu de raison.

Quand ils étaient enfants, ils ne me donnaient que joie et satisfaction. Et durant la petite enfance, seule Maha a été difficile, mais je n'avais aucune raison de m'inquiéter d'avance et de voir le danger partout. Pendant cette période agréable, nous avons vécu de bons moments en tant que parents, qui compensaient largement les soucis et les préoccupations habituelles pour leur avenir.

Maintenant qu'ils sont adultes, j'en arrive à l'effrayante conclusion que la seule condition nécessaire à une maternité heureuse consiste à faire confiance à ce qu'il y a de plus précaire au monde : la chance. Car rien de ce que je peux dire ou faire ne peut changer en quoi que ce soit l'imprévisible comportement de mes enfants.

J'ai toujours eu d'immenses difficultés à admettre la défaite. Chaque soir, en me mettant au lit, je me plains comme une enfant devant mon mari de tout ce qui va mal et me désespère dans cette maison. Cette régression psychologique arrive à un moment où les affaires de Karim prennent une expansion rapide, et où il travaille énormément. À ses rares moments de liberté il est donc peu disposé à me consoler et à me soulager de cette forme de mélancolie qui m'a envahie comme un mal pernicieux et ronge et détruit mon bonheur de vivre.

Je me sens affreusement seule. Je passe mon temps à m'apitoyer sur moi-même, je dors à peine et mal, je deviens boulimique, ce qui me vaut des kilos superflus. Tout le monde m'ignore, je suis de plus en plus de mauvaise humeur et agressive avec ma famille et le personnel. J'ai pris la mauvaise habitude de tortiller mes cheveux, de tirer dessus au point de les arracher. Ils ont raccourci, n'ont plus d'épaisseur, à tel point que Karim, ayant remarqué ce vilain tic, m'abreuve un jour de sarcasmes :

– Tu as trouvé un nouveau coiffeur ? Il est particulièrement réussi ce brushing !

En réalité, je ne fais que m'arracher les cheveux, comme une petite fille dépressive. J'ai aussitôt la repartie mauvaise, je l'accuse de ne penser qu'à lui, de n'aimer que lui, moyennant quoi je suis seule à me soucier des enfants... Karim alors prend un regard distant, il m'ignore comme s'il était seul dans la pièce. Puis il change d'attitude. Il va essayer de se souvenir pour moi d'un poème réconfortant qu'il a lu une fois au sujet de l'éducation spirituelle des enfants. Il se met à réciter : « On peut donner son amour à ses enfants, mais pas ses idées, car ils ont leurs propres idées. »

Je conclus :

– Khalil Gibran.

– Comment ?

– Ce vers est tiré du *Prophète*. C'est moi qui te l'ai lu quand nous attendions la naissance de notre premier enfant.

Le visage renfrogné de Karim s'éclaire d'un sourire. Se rappelle-t-il ces moments heureux de jadis ? Apparemment pas, car il me félicite en disant :

– Sultana, tu es vraiment quelqu'un d'étonnant, comment fais-tu pour te souvenir de telles paroles ?

Il a toujours été émerveillé par ma mémoire. Une fois que j'ai lu ou entendu quelque chose, je ne l'oublie jamais.

Son compliment me fait plaisir, mais les motifs de mécontentement, trop complexes pour être résolus aussi facilement, ne manquent pas. Cet affrontement permanent avec mes enfants s'est transformé en obsession maladive qui n'a rien à voir avec l'esprit logique et clair de mon époux. Mais comme je n'ai personne d'autre avec qui batailler, je m'obstine à récriminer contre lui. Je le compare avec mépris à Néron, empereur fou de Rome, aveugle devant le désastre alors même que sa ville était en feu.

Furieux de mes continuelles insultes, Karim renonce à sa sollicitude et me laisse réfléchir, seule, sur cette dernière observation qui n'a rien de réconfortant.

– Sultana, tu dépasses les bornes ! Maintenant, tu as peur de tout, et tu ne comprends plus rien à rien. Je parie qu'un jour tu finiras dans une institution psychiatrique.

Je siffle comme un serpent, il me tourne le dos et disparaît. Je ne le verrai pas pendant deux jours.

Après ces remarques acerbes, alors que je ne cesse de tirer nerveusement sur mes cheveux d'une main et que je feuillette nerveusement des magazines de l'autre, je tombe sur un article américain parlant d'une maladie rare ne touchant que les femmes et qui provoque chez elles, justement, la manie de s'arracher les cheveux au point de devenir entièrement chauves. Pire encore, ces malheureuses femmes vont, paraît-il, jusqu'à s'arracher les sourcils, les cils, et tout le système pileux, pour le manger.

Ma main lâche mes cheveux. Est-ce que je suis malade ? Je cours examiner mon crâne dans la glace, à la recherche de plaques dégarnies. Ma chevelure était épaisse, elle ne l'est plus. À présent, je me fais vraiment du souci, car je n'ai pas perdu ma vanité et je n'ai aucune envie de devenir chauve ! D'ailleurs, il est défendu par la religion musulmane de se raser les cheveux quand on est une femme.

En définitive, je ne devais pas être malade car, contrairement aux femmes décrites dans cet article, l'envie de rester belle m'a aidée à me débarrasser rapidement de ce tic désastreux. Mes cheveux repoussent mais j'ai bien peur d'avoir perdu le goût de vivre. Si je ne parviens pas à surmonter cette dépression, je vais vieillir prématurément. Je me vois déjà souffrant d'une mort lente et perdant lentement l'esprit.

C'est ma sœur qui va me sauver de ce comportement autodestructeur. Sara, la contemplative, est sensible à mon état d'hébétude, à cette neurasthénie, et passe de nombreuses heures à mes côtés, me berce d'attentions affectueuses. Elle comprend parfaitement mes sentiments et le souci qui me ronge au sujet d'Amani et d'Abdullah. Ma sœur me considère avec tendresse et pitié quand je lui confie :

– Tu sais, Sara, si je devais recommencer ma vie, je ne crois pas que je survivrais.

Les lèvres de Sara s'arrondissent en un demi-sourire, elle observe avec une grimace :

– Sultana, peu d'entre nous survivraient, si toi tu devais recommencer ta vie...

Nous éclatons de rire. Ma sœur est tellement tendre. Elle aussi se fait du souci pour l'une de ses enfants trop indisciplinée. Et pourtant, elle me vient en aide au moment où j'en ai grand besoin. Quatre de ses cinq enfants ne lui procurent que des satisfactions. Seule Nashwa, la dernière de ses filles, née le même jour qu'Amani, lui donne des inquiétudes. Confidentiellement, Sara m'explique que je devrais être contente qu'Amani se soit réfugiée dans la religion, même à l'extrême, car c'est exactement l'inverse pour Nashwa. Sa fille est follement attirée par les individus du sexe opposé. Par deux fois, Asad, son père, l'a surprise avec des adolescents saoudiens dans un magasin de disques du centre commercial. Sara pleure en me confiant que Nashwa flirte outrageusement avec n'importe quel homme qui se présente au palais.

Le ton amer, elle me raconte aussi que la semaine dernière, Nashwa a eu le culot d'entamer une discussion sexuelle avec deux de leurs chauffeurs philippins. L'un des frères de Nashwa a surpris cette conversation scabreuse, il en a discuté franchement avec sa sœur, et elle a eu la hardiesse de lui répondre, sans nier quoi que ce soit, qu'il fallait bien faire *quelque chose* pour rompre la monotonie de l'existence en Arabie Saoudite. Asad a été obligé de renvoyer les deux chauffeurs et d'engager de vieux musulmans, des Égyptiens suffisamment respectueux de la morale musulmane pour ignorer cette gamine provocante.

Ce matin même, Sara a entendu sa fille parler avec une amie au téléphone. Les deux filles discutaient, en détail, du physique séduisant du frère aîné de sa camarade. Sara suppose que Nashwa a un faible pour ce garçon et elle doit maintenant surveiller et espacer les visites de sa fille dans cette maison.

Ma sœur est extrêmement soucieuse de l'amoralité totale de sa fille et de sa conduite inconvenante. On dit souvent que l'un des hasards de la nature fait que la beauté et la vertu sont souvent attribuées séparément, et Sara dit que Nashwa est une beauté stupide qui manque totalement de vertu.

Je dois reconnaître que mes difficultés avec Amani sont moins graves en comparaison des problèmes de Sara avec sa fille. Je peux toujours me consoler en me disant que la pitié d'Amani a au moins l'approbation des autorités religieuses, alors que les activités de Nashwa ne peuvent, avec l'incessante répression des religieux saoudiens, qu'apporter des ennuis à Sara et à Asad.

Et il me vient à nouveau la terrible certitude que Nashwa est ma vraie fille et qu'Amani est du sang de Sara. J'ai souvent eu envie d'en parler avec ma sœur, mais en pleine période d'angoisse à leur sujet, quel serait le résultat de mes spéculations sans preuve ? Un échange de nos filles ?

Dans mon pays, il vaut mieux supporter une religieuse fanatique qu'une fille aux pulsions sexuelles effrénées. Pour essayer de remonter le moral de Sara, je dis que souvent, nous, les parents, à force d'en discuter, nous ne voyons plus que les imperfections de nos enfants. Je voudrais bien trouver un caractère positif à Nashwa, hélas ! je ne trouve rien à dire. Nous nous regardons un long moment toutes les deux, silencieuses. Nous nous comprenons parfaitement. À propos de sa fille, ma sœur accuse les progrès de notre civilisation. Nos enfants ont été élevés sans aucun souci du monde extérieur, dans un confort somptueux. On leur a fait poursuivre des études intelligentes, on les a guidés moralement, mais tout cela ne semble guère avoir de réussite sur leur éducation. Sara conclut en riant que le caractère humain tient essentiellement à la génétique. Aussi bien élevés que l'aient été ses enfants, soignés et cultivés comme des graines de plantes rares, ils sont ce qu'ils devaient devenir. En réalité, les principes d'une génération se transforment en révoltes pour la suivante, alors qui peut dire l'avenir de nos enfants ?

Finalement, comme un souci en remplace toujours un autre, que les ennuis se banalisent à force de s'accumuler, même s'ils concernent une personne qui m'est chère, je me sens plus détendue que je ne l'ai été depuis des jours. Je ris moi aussi, d'accord avec ma sœur sur les graines que nous avons plantées et qui n'ont pas toutes fleuri, c'est vrai. De toute façon, chaque existence demeure entre les mains de Dieu et je me promets de ne plus me faire de souci.

Sara me quitte pour aller s'occuper de ses jeunes enfants qui s'amusent sur le terrain de jeux, près du zoo d'Amani. Pendant ce temps, je vais prendre un bain et m'habiller pour aller visiter Fayza. Ni Sara ni moi n'avons vu la pauvre jeune fille depuis qu'on l'a ramenée de force dans le royaume. Pourtant, nous avons entendu dire avec un certain étonnement qu'elle allait mieux et voyait à nouveau ses amis et sa famille.

Je n'ai guère le temps de jouir de ce rare moment de calme, un coup de téléphone imprévu de Karim m'en empêche.

– Sultana, va au coffre chercher le passeport d'Abdullah !

– Pourquoi ?

– Tais-toi et fais ce que je dis !

Pensant au pire, je laisse tomber le récepteur par terre

et cours rapidement dans le bureau de Karim, au premier étage de la maison. Je n'arrive plus à faire fonctionner ma mémoire et mes mains en même temps. Le numéro m'échappe. Je ne parviens à ouvrir ce maudit coffre qu'au bout de trois tentatives !

Karim conserve son passeport dans le coffre de son bureau en ville, le mien et ceux des enfants restent dans celui de la maison. Mes doigts fouillent dans la pile de documents et de papiers, le passeport d'Abdullah manque ! Puis je découvre avec horreur qu'il n'est pas le seul. Je ne retrouve plus que deux passeports sur quatre. Celui de Maha a disparu également.

Que se passe-t-il ? Qu'est-il arrivé ? Personne, à part Karim et moi, ne connaît la combinaison de ce coffre !

Je cherche encore et ne retrouve pas non plus le document spécial établi par Karim qui donne la permission aux femmes de voyager sans lui, ou un autre membre masculin de la famille.

« Oh ! non. » J'ai gémi tout haut. Je ne sais plus que penser. Maha serait partie seule en voyage ? Elle aurait quitté le pays avec son frère ?

La ligne privée de Karim sonne dans le bureau. Il en a eu assez d'attendre sur l'autre téléphone. Je décroche pour l'entendre crier :

– Sultana, alors ? Que se passe-t-il ?

Je lui fais part de mon incroyable découverte.

– Et les dollars ?

Je n'ai pas pensé à vérifier le paquet de dollars que nous conservons dans ce coffre pour notre sécurité, au cas où nous devrions quitter le pays, lors d'une révolution religieuse par exemple. Il s'agit d'une somme d'argent considérable, dont nous espérons ne jamais nous servir.

J'ouvre en tremblant le tiroir en haut du coffre. C'est bien ce que craignait Karim ! L'argent n'est plus là. Et comme nous avions très peur ces derniers temps que la paix ne revienne pas dans les pays arabes, la réserve d'argent avait augmenté.

Karim gardait dans ce coffre à peu près un million de

dollars en espèces. Mon fils a-t-il perdu la tête ? Je suis bien obligée de dire au téléphone, d'une voix sans timbre :
– Les dollars ont disparu.
– Va voir à l'école si Maha est en cours. Je pars à l'aéroport.
Je lui crie en pleurant :
– Vite, fais vite !
Mon fils est en route pour le Liban, j'en suis sûre. Mais que vient faire Maha dans cette histoire ? Abdullah ne l'a tout de même pas entraînée avec lui dans un voyage aussi dangereux ! Je suis malade de peur et d'inquiétude.

J'attrape mon *abaaya*, mon voile, et ma *shayla* que j'enfile à la va-vite sur mes vêtements d'intérieur, tout en courant dans la maison et en appelant ma sœur pour qu'elle m'accompagne jusqu'à l'école de Maha. Je hurle à Connie de dénicher Mousa, le plus jeune de nos chauffeurs égyptiens, un garçon dont je sais par expérience qu'il est capable de traverser la ville le pied au plancher.

L'école de Maha est à une quinzaine de minutes en voiture de la maison, mais nous y arrivons en dix minutes. Dix minutes durant lesquelles je raconte à Sara le peu que je sais de la situation.

À l'école, les dix-sept jeunes filles sont en cours d'histoire, tranquillement assises et prenant des notes devant un écran de télévision sur lequel apparaît leur professeur. Un homme. La leçon est faite en vidéo puisqu'il est défendu en Arabie Saoudite à un homme d'avoir des contacts avec le personnel féminin et les étudiantes. Le visage de Maha s'empourpre en me voyant faire irruption dans la classe, hurlant son nom.
– Tu es là, Maha ?
Je me suis effondrée sur son bureau, haletante, et Maha repousse les bras que j'ai jetés autour de son cou, gênée.
– Où veux-tu que je sois ?
Je dis à la surveillante qu'il faut absolument que je ramène Maha à la maison. Sans se permettre la moindre

curiosité devant ce comportement inhabituel de ma part, elle prie calmement Maha de ramasser ses livres et demande si ma fille sera absente plus d'une semaine. Comme je n'en sais rien, je réponds dans le vague. Dans ce cas, reprend la surveillante, il faudra qu'on lui garde les cours jusqu'à son retour.

Une fois dans la voiture, Maha veut savoir ce qui se passe.

– Maman, on s'en va ? Que se passe-t-il ?
– J'avais peur que tu ne sois avec Abdullah.
– Abdullah ? Pourquoi Abdullah ?

Maha n'a que dix-sept ans, elle est la plus jeune de sa classe, à l'université. Mon fils a dix-neuf ans, il est censé lui aussi se trouver à l'université, dans un établissement où les filles ne sont pas acceptées bien entendu.

Maha me regarde avec stupéfaction :

– Maman, es-tu devenue folle ?

Puis, elle s'adresse à Sara pour comprendre :

– Qu'est-ce qui ne va pas, tante Sara ?

Sara explique le mystère de la disparition des deux passeports, et la raison pour laquelle Abdullah les aurait pris. Son regard croise alors le mien au-dessus de la tête de Maha. Maintenant, nous avons parfaitement compris.

– Fayza !...

J'ordonne au chauffeur de nous emmener chez Fouad et Samia. Les plans d'Abdullah sont clairs maintenant. Mon fils a pris le passeport de sa sœur pour Fayza, la femme de Jafer. Il a arrangé sa fuite. C'est Fayza qui voyage en ce moment avec le passeport de Maha, à destination du Liban. Le visage voilé, il est facile à une femme saoudienne de se faire passer pour une autre à la frontière.

Maha vient de comprendre la signification de l'acte de son frère. Elle me supplie de rentrer chez nous.

– Maman, s'il te plaît, laisse-les partir !

Je dois reconnaître que c'est un moment difficile pour moi. Si je ne fais rien pour prévenir les parents de Fayza, je deviens complice de mon fils et de son intrusion dans les affaires de quelqu'un d'autre. Si je suis responsable de la séparation des deux amants, alors qu'ils s'aiment au point de s'être mariés contre vents et marées, je ne pourrai plus jamais prétendre lutter pour les droits des femmes dans mon pays.

Sara et moi nous nous regardons longuement. Le regard de ma sœur est lucide, pénétrant. Je sais qu'elle revit ces horribles moments de torture qu'elle a dû subir lors de son premier mariage. Si notre mère ne s'était pas dressée contre notre père, au risque d'un divorce et d'une séparation définitive d'avec tous ses enfants, Sara serait restée la victime d'abus sexuels entre les mains d'un homme qu'elle haïssait, sans jamais connaître le merveilleux amour qu'elle a trouvé ensuite avec Asad.

Je dois prendre ma décision en fonction de cette intolérance et de cette répression auxquelles les femmes sont soumises dans mon pays. Je veux qu'elles vivent le meilleur et non le pire. J'ordonne à Mousa :

– À la maison !

Maha rit et m'embrasse en même temps, m'écrasant complètement sur la banquette de la voiture. Les yeux de Sara se sont illuminés. Ma sœur me prend la main avec un sourire.

– Sultana, ne crains rien, tu as pris la bonne décision.

Les yeux de Mousa se sont bizarrement agrandis, la bouche ouverte, mais muette, on dirait un oiseau mort de soif dans le désert. Son visage s'est assombri, il n'apprécie pas le tour qu'ont pris les événements. Je parle français pour qu'il ne comprenne pas :

– Regardez le chauffeur. Il n'est pas d'accord du tout.

– Quel homme le serait dans ce pays ? Dis-moi qui ? Si tu en trouves un, je... je l'épouse...

Ma fille me réconforte. Les événements de ces dernières minutes, que je craignais accablantes d'angoisse, s'achèvent dans un certain soulagement. Maha a l'esprit critique, elle est de mon sang, bien qu'elle n'ait encore aucune idée précise de sa propre libération.

– Je n'en connais qu'un ! C'est ton frère, Abdullah. Mon fils est un homme comme ça.

Un silence heureux nous apaise. Mon fils. Je le revois

dans mes bras. Le jour émouvant de sa naissance me revient comme un éclair. J'ai d'abord ressenti un formidable élan de bonheur, puis de l'inquiétude. Ce fils allait-il suivre l'exemple des autres hommes, de ses ancêtres, de ses parents, de tous ceux qui dans notre pays ne cessent d'alourdir les lois et de faire peser les restrictions sur les femmes ? J'ai prié ce jour-là, je m'en souviens, pour que ce ne soit pas le cas. Pour que, au contraire, le fils de mes entrailles apporte l'espoir dans l'histoire de notre pays. Qu'il aide au changement, qu'il tempère les rigueurs de nos coutumes sociales.

Il m'est difficile d'apprécier raisonnablement l'action d'Abdullah, mais, honnêtement, il s'est toujours conduit comme je l'avais espéré. Un enfant mâle, né de ma chair, réformateur du pays de ma naissance. Comme mon fils est brave !

Je me moque bien à présent de la réaction du chauffeur. Je peux parler en arabe avec Sara et ma fille, leur rappeler que la génération de Karim a au moins tenté une fois de faire entendre la voix des femmes, mais que cette voix a été réduite au silence par le fracas des militants religieux. Dégoûtée par la faiblesse des hommes de ce temps, je n'attendais plus d'aide de leur part depuis longtemps. Mais tout espoir n'est pas perdu, tant que les hommes d'Arabie donneront naissance à des fils comme le mien. Je leur dis aussi ce que je sens être la vérité de l'avenir. Mon cher fils est un prince qui un jour se servira de tout son pouvoir et de son influence pour améliorer le statut des femmes saoudiennes.

Je ne parle plus que de ça jusqu'à la maison, stimulée par l'acte de courage d'Abdullah, tout en sachant parfaitement que je scandalise Mousa, avec ma franchise, quand je parle de la liberté pour toutes les femmes ! Même pour la sienne qu'il oblige à vivre avec ses parents dans un petit village d'Égypte alors qu'il travaille en Arabie Saoudite.

Karim attendait impatiemment mon retour. Comme il n'a pas l'air étonné de la grande joie que je manifeste, j'imagine qu'il attribue mon changement d'humeur au soulagement d'avoir retrouvé ma fille saine et sauve. Mieux vaut qu'il ne sache pas qu'elle me vient de notre fils, du fait qu'il a tourné le dos à l'injustice et son cœur vers la liberté pour tous. Maha, un peu effrayée par la dureté du regard de son père, prétexte quelque chose à faire pour disparaître. Sara reprend ses enfants et rentre chez elle, après m'avoir chuchoté à l'oreille de l'appeler le plus vite possible. J'entends en fond sonore le chant ininterrompu des prières d'Amani, plongée dans sa communication avec Dieu.

Me voilà seule avec mon mari. Je croyais Karim en colère à cause de sa découverte, je ne m'attendais pas à ce torrent d'accusations.

— Sultana, ton parfum plane dans l'avion de Fayza.

Un court instant, cette insinuation me laisse coite. Puis la colère me saisit brutalement, m'envahit, me dépasse, et je tape du poing sur les bras de Karim. Connaissant mon tempérament, il s'y attendait et, d'un léger saut de côté, il esquive les coups. Les années passant, Karim a réussi à maîtriser ses réactions, il reste calme, et c'est moi qui passe toujours pour être la plus agressive dans nos altercations. Aujourd'hui ne fait pas exception.

— Sultana, ce n'est pas le moment de se battre. Fayza et notre fils se sont envolés du royaume.

Mon mari me secoue :

— Il faut que tu me dises où ils ont l'intention d'aller.

Toutes mes dénégations ne réussiront pas à le convaincre que notre fils n'a pas bénéficié de mon talent pour organiser la supercherie. Alors que je ne suis pour rien dans l'histoire, me voilà pareille au voleur que plus personne ne croit dès qu'un morceau de pain disparaît dans la ville. Mon passé remonte à la surface, je croule sous une avalanche de reproches effroyables alors que je suis innocente. Je paie le prix de mon passé de militante.

J'estime tout de même que la conduite de Karim, en tant que mon mari, pourrait être plus loyale, et je le lui fais remarquer. Il répond qu'il ne sait plus comment faire pour me croire. Il a épousé une femme mi-ange, mi-démon. Le démon qui est en moi roule l'ange bien trop souvent, et dès qu'il s'agit d'affaires de femmes je ne peux pas m'empêcher de parler pour mentir et d'agir par tricheries !

Furieuse comme je ne l'ai jamais été, devrais-je supporter cette fausse accusation avec élégance ? Je crache aux pieds de Karim et m'en vais en jurant de ne plus jamais adresser la parole à l'homme que j'ai épousé !

Karim préfère enterrer provisoirement ses doutes, car il craint, sans mon aide, de ne pas arriver à retrouver son fils ni la fille de Fouad. Il dit s'être trompé, il en est désolé, mais je dois empêcher Abdullah de commettre un acte d'autant plus offensant qu'il concerne la vie privée de quelqu'un d'autre.

Je refuse de lui pardonner, car je me méfie de ses véritables motifs. En fermant les yeux pour ne pas voir son visage, je lui fais signe de s'en aller. Dès que la porte a claqué, le plaisir d'avoir pris ma revanche me paraît soudain fade. Où est mon fils ? Est-ce qu'il va bien ?

Durant cinq jours, il n'y aura pas de paix dans la maison. Karim et moi nous ne pouvons plus nous parler sans crier. Amani prie et pleure, tandis que Maha chante des chansons d'amour pour célébrer l'évasion de Fayza.

Qu'y a-t-il de plus délicieux au monde que la victoire ? Fayza a atteint son but : échapper aux chaînes préparées pour elle et retrouver l'homme qu'elle aime.

Jamais je n'aurais imaginé la réaction de Fouad et Samia face à la fuite désespérée de leur fille. Je pensais que Karim serait accusé d'avoir usé de sa position et de vouloir protéger son fils unique. Or j'ai l'heureuse surprise de constater que Fouad semble se résigner au comportement de sa fille.

Le cinquième jour après leur évasion, Abdullah nous téléphone de Chypre. L'île est proche de la côte libanaise. Il ne craint pas notre réaction et prétend, malgré les protestations de son père, qu'il a fait œuvre de justice et non de vengeance en organisant les retrouvailles de Jafer et Fayza. J'ai le souffle coupé quand il nous raconte que Fayza a appelé ses parents une heure avant. Fouad et Samia non seulement ne sont plus en colère, mais ils ne désirent plus qu'une chose : avoir une deuxième chance d'accueillir Jafer dans la famille comme leur fils. Fouad a promis à sa fille que si elle et son époux ne tournaient pas définitivement le dos à la famille, jamais plus il ne se mettrait dans une telle colère.

Tant il est vrai que l'être humain refuse le compromis quand il se sait fort, et recherche l'arbitrage quand il est faible, la peur de ne plus jamais revoir leur fille a poussé Fouad et Samia a accepter son mariage avec un homme d'une richesse et d'un statut social inférieurs. De nature soupçonneuse, je me demande s'il ne s'agit pas encore d'un piège pour faire revenir Jafer dans un pays où il n'a aucun droit. Une fois en Arabie Saoudite, il pourrait très bien se retrouver en prison sous un prétexte quelconque si Fouad le désire.

Mais je suis trop pessimiste. Le même jour, Fouad prend l'avion avec sa famille pour la Grèce, ce merveilleux pays dont la civilisation remonte à la nuit des temps. Après avoir refusé une première fois ce mariage, ils vont rejoindre Jafer et Fayza, qui pourront enfin trouver le bonheur avec le consentement de la famille.

Il a fallu une permission spéciale à Fayza pour épouser un musulman d'un autre pays, et ce second mariage, plus joyeux que le premier, s'est déroulé dans un hôtel du Caire. Nous y avons rejoint notre fils à cette occasion. Jafer et Fayza avaient insisté pour que les invités, hommes et femmes, se rendent ensemble à la réception au Mena House Hotel.

Leur grand amour faisait une ombre au sourire de Karim, gêné que son fils ait pris parti dans la vie privée de son ami Fouad. Mais ce dernier l'a rassuré, en lui affirmant qu'il n'y avait pas d'autre solution. Bien avant qu'Abdullah ne vienne à son secours, le terrible chagrin de leur fille les avait convaincus, Samia et lui, qu'elle irait le rejoindre de toute façon. Et Fouad a expliqué à mon mari, très embarrassé, ou'ils avaient déjà pris la décision de transiger avec leurs principes le jour où Fayza s'est enfuie avec Adbullah.

Nous regardons Fouad embrasser les deux jeunes gens comme s'ils ne faisaient qu'un dans son cœur. Le regard de Jafer s'illumine dès qu'il le pose sur sa femme, il l'aime encore plus que jamais, c'est évident.

Je suis si heureuse ! Une femme saoudienne a réussi à épouser un homme *défendu* ! Je chuchote à l'oreille de Karim :

– Tu vois... d'une ligne droite on peut toujours faire une courbe...

Ce drame s'achève sur une scène de grande harmonie familiale. Un peu plus tard dans la soirée, nous contemplons dans les jardins de notre villa du Caire le lumineux ciel d'Égypte.

Mon mari me présente des excuses inhabituelles. Partagé entre l'amour et l'embarras, il promet de ne plus douter de moi à l'avenir. Adbullah lui a expliqué que je n'étais pas au courant de son projet de libérer Fayza. C'est Karim qui avait donné la combinaison du coffre à son fils, à une époque où il estimait nécessaire qu'il la connaisse. Il l'avait tout simplement oublié ! Puis, après mûre réflexion Karim fouille dans sa poche et en sort le plus gros diamant que j'aie jamais vu. La pierre est accrochée à une chaîne d'or qu'il passe tendrement autour de mon cou, et ses lèvres frôlent mes épaules.

Quelques années plus tôt, je haïssais le vide de mon existence de femme mariée. Il y a quelques mois, je cherchais désespérément un sens à ma vie. Ce moment particulier est un mélange d'émotions contradictoires. Affection, regret, et surtout confusion. Karim serait-il le phénomène rare ? Le mari saoudien charmant, viril, objectif et intelligent ? Est-ce que je me serais trompée sur son caractère ?

Un homme saoudien, fût-il mon mari, peut-il être la solution à mon bonheur, alors que toute ma vie je me suis battue contre les hommes saoudiens ? J'ai entendu dire qu'un avare n'est jamais satisfait de l'argent qu'il possède, pas plus qu'un homme sage ne l'est de son savoir.

Comment moi, une simple femme, pourrais-je jamais connaître un épanouissement ? Cette éventualité m'effraie. Il me vient à l'esprit un proverbe arabe : « Si ton mari est fait de miel, ne le dévore pas. »

Karim m'apparaît sous un jour nouveau. Au souvenir des nombreuses insultes dont je l'ai affligé, je prie Dieu de raccourcir ma langue et d'agrandir ma raison. Je souris à mon mari. Soudain je me sens soulagée, guérie de toutes les blessures que sa conduite m'a fait endurer au cours de notre mariage.

Alors, pourquoi montrer mes cicatrices ?

10

FATMA

> *Quelque chose était mort en chacun de nous
> Et ce qui était mort était l'espoir.*
> Oscar Wilde.

Le lendemain soir, toute la famille est réunie sous la véranda de notre villa du Caire où le jardin, délimité par le porche d'entrée, regorge de fleurs superbes. Un doux parfum de rose et de chèvrefeuille flotte dans l'atmosphère, rappelant la somptueuse occupation britannique de jadis dans la cité rebelle.

Nous savourons la fraîcheur relative et le calme de cet endroit ombragé. Car il n'y a pas un brin de vent dans cette ville, et les énormes bâtiments retiennent encore la chaleur de la journée qui oppresse les huit millions d'habitants du Caire.

Les enfants grognent après Fatma l'« étourdie » qui nous a encore oubliés. C'est ainsi qu'ils surnomment notre gouvernante égyptienne, derrière son dos. Je leur défends de rire d'elle, Fatma n'est plus toute jeune et ses pieds ont bien du mal à soutenir sa silhouette imposante. Mais les enfants ont certainement raison, Fatma doit encore s'occuper d'autre chose, et oublier complètement que ses maîtres attendent avec impatience une boisson fraîche. Fatma a des trous de mémoire. Par exemple, souvent elle ne se souvient plus pourquoi elle a quitté une pièce pour aller dans une autre ! Karim se plaint d'elle régulièrement, il voudrait qu'elle s'en aille et engager une femme plus jeune, plus énergique, une domestique efficace. Mais je résiste à ses récriminations, car cette pauvre femme dépend entièrement de nous et a toujours montré une tendre affection pour les enfants. Karim m'accuse d'être en réalité incapable de renoncer aux histoires qu'elle raconte sur les petits scandales du Caire. Mais ce n'est pas pour ça. Fatma est employée comme gouvernante depuis que nous avons acheté cette villa, il y a des années. Abdullah n'avait que deux ans à l'époque où elle est entrée dans notre vie, et nos deux filles n'étaient pas encore nées. Elle est un personnage qui fait partie de notre jeunesse.

Juste au moment où je repousse ma chaise pour aller lui rappeler ce que j'ai demandé, j'entends le claquement familier de ses sandales sur le carrelage du couloir qui mène jusqu'ici. Je regarde Karim, il me répond d'un hochement de tête irrité. Mon mari ne peut pas comprendre pourquoi il devrait supporter une domestique trop âgée. Je lui chuchote malicieusement à l'oreille :

– N'oublie pas, mon époux, que Dieu te regarde.

Il rétorque vertement :

– Sultana, ne t'occupe pas de mes rapports avec Dieu.

Les enfants pensent immédiatement que nous allons nous disputer et gâcher la soirée. Alors Amani met ses bras autour du cou de son père, tandis que Maha me tape sur l'épaule, en me suppliant de conserver mon calme. Mais je me sens trop bien pour me disputer. Mon regard tombe sur Fatma. Je me souviens de la fine et gracieuse jeune femme qu'elle fut et j'observe affectueusement le visage aux traits alourdis tandis qu'elle ouvre péniblement les deux portes vitrées de la véranda. Fatma est devenue énorme et porte avec difficulté un plateau où se balancent des verres et une carafe en cristal remplie de limonade.

Comme beaucoup de femmes égyptiennes, Fatma a dû lutter contre l'embonpoint dès la naissance de son premier enfant et, à chaque nouveau venu dans la famille, elle a grossi davantage, s'est élargie de même, à tel point qu'Abdullah, petit, m'a demandé un jour avec crainte si la peau de Fatma était encore assez grande pour contenir toute sa personne.

Son poids la ralentit et il lui faut du temps pour effectuer les quelques pas qui mènent de la porte à la table de bambou. Abdullah saute sur ses pieds et lui prend le plateau des mains en disant qu'il va s'occuper du service. Un regard rapide me confirme que Karim est sur le point de protester, mais qu'il pince les lèvres pour ne rien dire. Depuis qu'il est petit, Abdullah s'est toujours montré attentif à la souffrance des autres. Je suis fière de la sensibilité de mon fils, mais je sais que son père n'aime pas le voir faire le travail des domestiques.

Pour distraire Karim, je questionne Abdullah sur les détails de son voyage au Liban, car, depuis que nous sommes au Caire, nous n'avons pas eu beaucoup de temps pour nous parler. Je sais que Karim a passé de merveilleux moments à Beyrouth dans sa jeunesse. Beaucoup de familles saoudiennes y allaient en vacances avant les mauvais jours de cette guerre stupide qui a détruit la plus belle partie du pays.

Abdullah pense qu'il y a de l'espoir, Karim, lui, qu'il n'y en a pas. Abdullah dit avoir été impressionné par le moral des Libanais. Non seulement ils ont survécu à la pire des guerres civiles, mais ils ont gardé leur optimisme intact et refusent d'admettre qu'ils ne pourront plus vivre comme par le passé. Mon fils estime qu'il reste une chance sur deux pour que le peuple libanais se redresse et reprenne sa place privilégiée dans le monde arabe.

Abdullah se tait un instant puis demande si Karim serait éventuellement prêt à investir dans ce pays. Son frère le remercie d'un sourire approbateur. Mon mari est un homme qui se soucie de toutes les opportunités économiques, et le désintérêt apparent de son fils pour ce genre de choses a toujours été un souci pour lui jusque-là. Mais son sourire s'efface bien vite lorsque Abdullah ajoute que l'infrastructure du Liban étant complètement en ruine, il existe énormément de fonds de soutien auxquels Karim pourrait contribuer.

Je manque d'étouffer de rire devant la tête de mon mari. Il se tient raide, s'efforçant à manifester de l'intérêt pour la suggestion de son fils, mais il n'est pas loin de sombrer dans le désespoir ! Il regarde Abdullah comme s'il le voyait pour la première fois. Il faut dire qu'il ne s'est pas encore remis du dernier exploit de mon fils. Abdullah lui a annoncé fièrement qu'il avait fait don à l'hôpital où se trouve le frère de Jafer de la somme prise dans le coffre. Karim n'a pas eu le cœur de le réprimander pour une si bonne action, mais il a considéré son fils avec une affectueuse morosité, sans montrer son dépit d'avoir perdu un million de dollars.

Il m'a expliqué plus tard que, dans son esprit, donner de l'argent au Liban, c'est échanger du bon argent contre du mauvais, car personne ne sait si les fusils et les canons ne vont pas à nouveau embraser leur ciel. Que les Libanais fassent d'abord sérieusement la preuve de leur désir de paix, Karim verra ensuite comment apporter de l'aide à ses amis arabes.

Abdullah a été stupéfait du manque de moyens dont disposait l'institution qui abrite le frère de Jafer, et il reparle sans cesse de cet endroit. Il n'arrive pas à oublier les conditions de vie désastreuses des blessés là-bas. Lorsqu'il parle d'eux, son regard se voile d'émotion. Ces hommes, ces femmes, amputés, entassés dans de petites salles parce qu'il n'y a ni prothèses, ni fauteuils roulants. Abdullah a vu des hommes allongés sur des tables de bois, des hommes paralysés, acceptant stoïquement l'idée d'une vie morne et sans confort, et il a reconnu leur tragique réalité : un grand nombre de Libanais blessés n'ayant plus de famille, aucun proche n'est là pour subvenir à leurs besoins. Cette situation angoisse mon fils.

– C'est à croire que le monde préfère ignorer le désastre dans ce pays ?

Je lui rappelle qu'il y a au moins un homme heureux. Le frère de Jafer a plus de chance que d'autres, car Jafer a régulièrement envoyé de l'argent pour ses besoins médicaux. Évidemment, sa situation est précaire, comparée au système de protection sophistiqué qui couvre les Saoudiens grâce à l'immense fortune du pétrole. Mais il va bientôt disposer ici du meilleur traitement possible, car Fouad a insisté pour que Jafer ramène son frère avec lui et qu'ils vivent chez eux en famille. À présent, notre fils voudrait que son père puise encore dans sa fortune personnelle, car Abdullah estime qu'un nouvel hôpital disposant d'équipements modernes serait un don charitable. J'attends la réponse de Karim, il déteste refuser quoi que ce soit à son fils bien-aimé. Mon mari a les yeux clos. Concentré, il commence par se gratter le front, et c'est alors que notre conversation familiale est brutalement interrompue par un gémissement pathétique. Nous nous regardons, surpris, avant de comprendre que ce bruit étrange vient de l'intérieur de la villa, et que cette plainte, c'est Fatma !

Je pense d'abord qu'elle a dû se brûler car elle est devant le fourneau de la cuisine, occupée à faire frire des oignons et de la viande de bœuf pour le dîner. Mais le gémissement n'a pas interrompu son travail, elle continue à rouler les ingrédients dans la friture et ne s'est pas rendu compte que ses lamentations ont franchi les murs épais de la villa.

– Fatma ? Il y a un problème ? lui demande Abdullah.

Et Fatma répond, d'une voix d'outre-tombe :

– Oh ! Abdullah ! La femme la plus heureuse est celle qui n'est jamais venue au monde ! Ou alors celle qui est morte dans sa petite enfance !

Ployée sous le chagrin, Fatma commence à se frapper la poitrine. Maha lui arrache des mains la cuillère de bois, tandis qu'Amani essaie de consoler et de réconforter la pauvre femme. Abdullah me lance un regard interrogateur de ses yeux bruns. Je hausse les épaules, aussi perplexe que lui. La seule idée qui me vient à l'esprit, c'est que son mari a dû divorcer pour prendre une femme plus jeune, bien qu'ils forment un couple sans histoire depuis des années.

Le mari de Fatma, Abdul, est à la fois jardinier et chauffeur de la famille. Ils ont toujours dit être heureux de travailler pour des gens fortunés qui leur paient de bons gages et viennent rarement dans le pays. Ils peuvent ainsi passer le plus de temps possible avec leurs enfants, qui vivent dans un appartement du Caire, avec la mère d'Abdul. Mais je sais que la loi donne tout pouvoir aux Égyptiens sur leurs femmes, comme aux Saoudiens, et il est courant qu'un homme âgé épouse une seconde femme ou divorce de la première, pour prendre chez lui une femme plus jeune et plus séduisante.

L'expérience de la vie me fait dire que l'homme est en général à la base de la souffrance d'une femme. Si le commentaire amer de Fatma évoque le malheur d'être femme, j'imagine qu'un homme en est la cause. Rien de plus démoralisant pour une femme de son âge que d'être abandonnée par un époux après tant d'années.

Abdullah, Amani et moi nous la traînons dans le salon jusqu'à une chaise, tandis que Maha s'occupe d'achever son travail. Fatma gémit en marchant, la main sur le sommet du crâne, comme si elle cherchait à en extirper la douleur. Il faut que je sache ce qui la désespère à ce point. Je prie les enfants de nous laisser seules et lui demande de but en blanc :

— Fatma, ton mari a divorcé ?

Elle relève la tête et me regarde, ses yeux las étonnés de ma question. Elle répète ma phrase :

— Abdul ? Divorcé ? De moi ?

Puis elle sourit, mais faiblement.

— Ce vieil homme ? Qu'il essaie seulement ! Je lui briserai les os du crâne, comme un œuf, et je jetterai sa cervelle dans le caniveau !

Je me retiens d'éclater de rire car, par le passé, Karim a toujours dit que, d'après lui, Abdul était terrifié par sa femme, et qu'il existait au moins une femme mariée dans le monde qui n'avait pas besoin de mes conseils de féministe ! Abdul fait la moitié de la taille de Fatma. Un jour Karim a surpris le couple inopinément et a vu, de ses propres yeux, Fatma taper avec conviction sur le dos de son mari avec un gros madrier.

— Bon, si ce n'est pas Abdul, que se passe-t-il ?

Le lourd visage ridé de Fatma retombe dans le découragement, et elle semble tout à coup perdue dans ses pensées. Elle soupire tellement fort que je me doute que son chagrin est sincère. Je me demande avec de plus en plus d'inquiétude ce qui peut l'atterrer à ce point.

— Fatma ?

Je lui rappelle que je suis là. Soudain, son visage devient écarlate et le désespoir reprend de plus belle.

— C'est ma petite-fille Alhaan ! Son père est un démon, un âne bâté, ce Nasser ! Je le tuerais de mes propres mains, si ma fille me laissait faire ! Mais non ! Elle prétend qu'elle et sa famille ont le droit de vivre comme ils l'entendent !

Les yeux de Fatma brillent de colère, et son énorme poitrine palpite d'indignation.

— Ma propre fille veut que je reste en dehors des problèmes de la famille !

Elle me regarde, l'air consterné :

— Tu comprends ça ? Pas un mot à dire sur la vie de ma propre petite-fille ?

— Qu'est-ce qu'il a fait à cette enfant, ce Nasser ? À ta petite-fille ?

Je suppose tout de même que si la mère de l'enfant n'a émis aucune objection, l'enfant n'a pas eu de mal.

— Ce Nasser ! Il est d'un petit village ! Qu'est-ce qu'il connaît ?

Je sursaute d'étonnement, en voyant Fatma cracher sur notre moquette toute neuve. Elle marmonne, insultant Nasser, grognant après sa fille, suppliant Dieu d'aider sa petite-fille.

À bout de patience, j'élève la voix pour en finir :

— Enfin Fatma ! Enfin, dis-le ! Qu'est-ce qui est arrivé à ta petite-fille ?

Inconsolable et dans un sanglot, Fatma dit en serrant fort ma main :

— Cette nuit. Cette nuit, ils vont faire d'Alhaan une femme. Ils ont pris rendez-vous chez un barbier à neuf heures. Je ne crois pas à ce rituel. Aucune de mes filles n'a été traitée ainsi. C'est à cause de Nasser ! Est-ce que tu peux m'aider, madame, s'il te plaît...

Le passé resurgit brutalement. Je me souviens trop bien de l'histoire horrible que m'a racontée ma sœur aînée, Nura, quand on a « fait d'elle une femme ».

Karim et moi n'étions pas encore mariés et j'étais jeune, à peine seize ans. Ma mère venait de mourir, et Nura, étant notre sœur aînée, avait pour mission de répondre à mes questions sur l'excision. J'ignorais, jusqu'à ce moment-là, que Nura et mes deux autres sœurs, presque du même âge, avaient été victimes de ce rite atroce et avaient longtemps souffert de leur blessure.

Encore récemment, en Arabie Saoudite, l'excision des femmes n'était pas rare. Chaque tribu suivait ses propres coutumes. L'année dernière, j'ai lu *Le Quartier vide*, de St. John Philby, un respectable Britannique, aventurier du désert. Avec l'aide de mon grand-père, Abdul Aziz Al Sa'ud, le fondateur et le premier souverain du royaume d'Arabie Saoudite, St. John Philby a mené de grandes expéditions en Arabie dans les années trente. J'ai trouvé cet ouvrage dans la chambre de mon fils et j'ai eu grand plaisir à découvrir le travail historique de cet homme sur les tribus arabes à l'origine de la population saoudienne jusqu'à ce que j'atteigne un chapitre du livre racontant les découvertes de cet Anglais à propos de ce rituel. J'ai alors imaginé les souffrances de mes propres sœurs, la brutalité, le viol qu'elles avaient dû subir. Et j'ai pleuré en lisant le récit d'un entretien que Philby a eu avec un homme du désert :

> « Pourtant son sujet préféré était le sexe, et il aimait à se moquer de Salih, en détaillant la pratique de Manasir concernant cette cérémonie. " Croyez-moi, disait-il, ils laissent leurs femmes atteindre la puberté, avec un clitoris intact, et lorsqu'une fille va se marier, ils font une fête pour l'exciser, un mois ou deux avant le mariage. C'est uniquement à ce moment-là qu'ils font exciser leurs femmes, et non à la naissance, comme dans les autres tribus, Quathan et Murra, Bani Hajir, Ay et Ajman. Afin que leurs femmes deviennent plus désirables que les autres, et de jolies femmes aussi, et c'est excitant ! Mais ensuite, ils enlèvent

tout, et les rendent lisses, si lisses, afin de refroidir leur ardeur, sans leur ôter le désir... les filles sont opérées sous leurs tentes par des femmes expérimentées, qui demandent un dollar environ pour le travail. Elles sont expertes dans le maniement des ciseaux, des rasoirs et de l'aiguille que l'on utilise pour cette opération. " »

Je n'ai pas pu supporter ce récit. Cela me paraissait tellement étrange que des hommes puissent penser d'abord que des femmes intactes soient désirables, et ensuite se livrer à des procédés barbares sur ces mêmes femmes, dans le but de « refroidir leur ardeur ». J'ai appris dans mes propres lectures que l'excision des femmes leur fait redouter toute intimité avec leurs époux. J'en ai conclu qu'il n'y a rien de rationnel, ni d'exemplaire, d'en arriver à les mutiler.

Mon grand-père, Abdul Aziz Al Sa'ud, était un homme en avance sur son temps et recherchait le progrès en tout. Originaire du Najd, il ne croyait pas en l'excision des femmes, ni d'ailleurs en la scarification des hommes, tout aussi horrible. Au cours de cette opération, l'homme est écorché vif, on lui arrache la peau, du nombril jusqu'entre les jambes. Pour avoir été témoin d'une telle horreur, notre premier roi en a interdit la pratique. Mais malgré le décret de mon grand-père, les vieilles traditions ont mis du temps à disparaître, et les gens préféraient risquer une condamnation plutôt que de renoncer aux coutumes que pratiquaient leurs ancêtres.

Alors que certaines tribus ont aboli l'excision complète, d'autres pratiquent encore l'abblation uniquement du chapeau clitoridien ; c'est la métode qui perdure encore et le seul procédé analogue à la circoncision.

Mais il y a encore de malheureuses femmes appartenant à des tribus d'Arabie à qui l'on enlève tout le clitoris en même temps que les petites lèvres. C'est la pratique la plus courante ; comme si l'on coupait la tête du pénis de l'homme. Ma propre mère n'a pas tenu compte du nouveau décret royal, et trois de mes sœurs ont dû souffrir cette mutilation infâme. L'abolition de cette pratique dans notre famille n'est intervenue que grâce à un médecin occidental et à l'insistance de mon père qui a fini par convaincre ma mère qu'il s'agissait là d'une coutume païenne. Étrangement, ce sont les femmes qui, dans les pays musulmans, persistent à faire exciser leurs jeunes enfants car elles ont peur que leurs filles souffrent d'exclusion, qu'on les méprise pour leur différence, ce qui les priverait de maris dans l'avenir. Sur ce sujet-là au moins, concernant la sexualité féminine, les hommes instruits ont pris de l'avance sur leurs femmes.

Mais il existe une pratique encore plus atroce et dangereuse pour exciser une femme : la méthode pharaonique. J'ai peine à imaginer la souffrance de ces femmes à qui on l'inflige. Le procédé est le plus extrême, et, une fois le rite accompli, la jeune fille se retrouve sans clitoris, sans petites lèvres ni grandes lèvres. Si l'on faisait subir une telle opération aux hommes, ils se retrouveraient amputés de leur pénis et du scrotum, la peau qui entoure les testicules. Comment de telles coutumes ignobles peuvent-elles encore exister à notre époque ? En Arabie Saoudite, on a fait beaucoup pour éradiquer cette tradition, et la plupart des femmes de chez nous n'ont plus à se soumettre à cette expérience terrible. Les hommes de ma propre famille ont interdit cette coutume païenne, mais il reste encore quelques familles originaires d'Afrique vivant en Arabie, qui préfèrent braver une condamnation plutôt que d'abandonner le rituel. Ils prétendent que seule la suppression du plaisir garantit la chasteté des femmes ! À ce compte-là, pourquoi ne pas s'arracher les dents pour ne plus avoir faim, les oreilles pour ne plus entendre, et se crever les yeux pour ne plus voir ?

On m'a dit que cette pratique était originaire de la vallée du Nil. Je pensais que cette barbarie allait mourir là où elle était née. Pourtant, beaucoup de femmes égyptiennes, comme sur tout le continent africain, y sont encore astreintes.

Fatma s'accroche maintenant à mes deux bras. Sa supplication désespérée me ramène à la réalité du moment. Je me souviens avec grande tristesse du visage de cette jeune Alhaan, car elle est venue plusieurs fois chez nous, au Caire, avec sa grand-mère : une adorable petite fille qui m'a semblé vive et joyeuse. J'imagine la scène comme si j'y étais, la fillette que l'on traîne chez le barbier, déshabillée par sa mère, ses petites jambes que l'on écarte de force, devant cet ogre qui tient un rasoir aiguisé...

J'ai un sursaut horrifié. Je me demande avec incrédulité comment la mère de cette enfant peut faire subir une telle monstruosité à sa fille. Je sais que beaucoup de mères sont d'accord avec cette coutume intolérable, car l'Organisation mondiale de la santé a estimé que la mutilation des organes génitaux féminins affectait entre quatre-vingts et cent millions de femmes dans le monde. Tant de souffrances pour tant de petites filles ! Avec un espoir dans la voix, Fatma examine craintivement mon visage.

— Madame, tu peux la sauver ?

Je hoche lentement et tristement la tête.

— Qu'est-ce que je peux faire, Fatma, si toi-même tu ne peux rien. Je ne suis pas de ta famille. Mon intervention ne servirait à rien.

— Tu es princesse. Ma fille a du respect pour une princesse !

Je sais depuis longtemps que ceux qui n'ont pas de fortune croient volontiers que l'argent apporte la sagesse en même temps que l'indépendance financière. C'est une chose ancrée profondément dans notre culture. Mais je sens instinctivement que la fille de Fatma n'apprécierait pas mon intervention. Je baisse les bras, découragée.

— Que puis-je faire, Fatma ? Depuis que j'ai atteint l'âge de comprendre, j'ai réclamé la liberté des femmes devant de telles pratiques.

Ma voix s'éteint lentement, en même temps que mes espoirs.

– Au contraire, on dirait que le monde devient de plus en plus difficile pour nous autres les femmes.

Fatma reste silencieuse, ses yeux noirs noyés de chagrin.

– Si je pouvais, Fatma, j'irais aider ta petite-fille. Mais je n'ai aucun droit de donner mon opinion.

Fatma a l'air désappointée, mais me répond sans aucun reproche :

– Je comprends, Madame.

Elle me regarde en plissant les paupières :

– Mais j'aimerais que tu viennes quand même avec moi. Pour essayer.

Étonnée par son opiniâtreté, je sens mes résolutions partir en fumée. Un frisson de révolte m'envahit tandis que je demande faiblement :

– Où habite ta fille ?

– Tout près, c'est pas très loin en voiture. Si nous partons maintenant, nous arriverons avant que Nasser soit rentré du travail, réplique-t-elle, tout excitée.

Je rassemble tout mon courage et réfléchis. Au fond, je dois faire un effort, même si je dois échouer. Mais je vais être obligée de mentir à mon mari, car il me défendra d'y aller.

– Va chercher tes affaires, Fatma. Et ne dis pas un mot à ton maître.

– Oui, Madame, je savais bien que Dieu voulait que tu m'aides !

Je la regarde se précipiter, en courant aussi vite que son corps le lui permet. Malgré nos deux mondes différents, nous voilà devenues camarades de combat, luttant pour la même cause.

Pendant que je coiffe mes cheveux, cherche mon rouge à lèvres et mon sac de voyage, je décide de raconter une histoire à Karim selon laquelle Fatma vient d'apprendre ce matin que sa fille souffre d'une maladie féminine assez rare, qu'elle a refusé tout soin sous prétexte que Dieu voulait qu'elle meure. Comme elle ne reviendra pas sur sa décision, quel que soit l'homme qui lui propose ce traitement, Fatma m'a donc suppliée de venir avec elle convaincre sa fille qu'elle doit lutter contre la maladie pour le bien de ses propres enfants. Pour être plus convaincante avec Karim, je jouerai celle qui n'a pas envie d'y aller, mais qui ne pourrait pas se pardonner d'avoir laissé mourir une femme sans faire un effort !

Le scénario est médiocre, mais Karim a horreur des problèmes féminins et il se contentera de grommeler sans m'empêcher d'y aller. En fin de compte, je n'ai même plus besoin de lui jouer cette comédie, Abdullah me dit que son père a reçu un coup de téléphone pendant que je discutais avec Fatma. Il a chargé Abdullah de me dire qu'il partait rejoindre un de ses cousins au casino du Caire et ne rentrerait que très tard à la maison. J'ai idée que mon mari préfère prendre ses distances devant la récente requête de son fils. Et j'estime que son prétexte pour quitter la maison est aussi malhonnête que la fable que je m'apprêtais à lui raconter.

Karim est victime d'un trait commun à beaucoup d'Arabes. Il ne sait pas dire non et préfère inventer un petit mensonge puis disparaître de la vue de celui qui attend sa réponse. Je marmonne entre mes dents : « Bien... » Le malaise qu'il éprouve à rester face à face avec son fils tombe au bon moment. Après m'avoir transmis le message de son père, Abdullah reporte son attention sur la télévision, littéralement hypnotisé par un de ces feuilletons américains qui font les délices des Arabes de nombreux pays. Je remarque la lippe de désapprobation d'Amani. Ma fille est mécontente du choix de son frère, car ce spectacle, en particulier, n'est pas autorisé en Arabie Saoudite, en raison des nombreuses scènes inconvenantes qui s'y jouent.

— Abdullah, j'ai besoin de toi pour me conduire chez la fille de Fatma. Tu peux venir ?

Mon fils saute sur la moindre occasion de conduire la nouvelle Mercedes blanche que Karim vient d'acheter pour notre résidence du Caire. Je sais aussi que Karim a pris la précédente pour circuler dans le centre, au milieu du trafic infernal, car il craint énormément les

chauffeurs de taxi dans cette ville survoltée. Abdullah éteint immédiatement la télévision et se lève galamment :
— Je vais chercher la voiture.

Les rues du Caire sont envahies de véhicules de toutes sortes, et la circulation est presque toujours bloquée. Les piétons zigzaguent entre les voitures, les gens s'accrochent aux flancs des autobus regorgeant déjà de passagers, se balancent dangereusement aux portières et aux fenêtres, comme si c'était là le moyen le plus naturel au monde de voyager.

Notre voiture se fraie difficilement un chemin et j'observe avec stupéfaction cette marée humaine qui déferle sur la cité des pharaons. Avec un sentiment d'angoisse aussi, car il est évident que le Caire ne peut pas continuer à se développer comme cela.

Abdullah m'arrache à mes pensées en me demandant où nous allons. Je le mets dans le secret. Quand je raconte la source du chagrin de Fatma, la colère le prend. Il a déjà entendu parler de ce genre de choses, mais il les pensait très exagérées.

— C'est réellement vrai ? On fait encore cela à de petites filles ?

Je lui raconterais bien l'histoire de sa tante Nura, mais c'est un sujet trop intime, et ma sœur aurait terriblement honte que mon fils soit au courant de sa mutilation. Alors, je lui présente l'historique de l'excision. Il est heureux que la coutume soit interdite dans notre pays, mais toutes ces femmes qui souffrent encore ailleurs, inutilement, cela le rend malade.

Nous restons silencieux le reste du voyage, plongés dans nos propres pensées, concentrés sur notre mission de ce soir. La fille de Fatma habite dans une petite rue qui débouche sur une grande artère commerciale. Abdullah paie un commerçant pour obtenir le privilège de garer la voiture devant sa boutique de vêtements. Il lui promet même un pourboire substantiel si la voiture ne subit aucun dommage pendant notre absence. Il nous guide maintenant, en nous tenant toutes les deux par les épaules, au travers de la foule, jusqu'à la ruelle en question, trop étroite pour laisser passer une voiture, et nous marchons au milieu, sur les pavés. De fortes odeurs de friture nous accueillent au passage des restaurants où l'on sert des spécialités arabes.

Cet endroit éveille notre curiosité, car nous ne sommes jamais venus dans ces quartiers où la promiscuité et la pauvreté des habitants nous choquent tout autant l'un que l'autre.

La fille de Fatma habite un immeuble de trois étages au milieu de la rue, en face d'une mosquée qui semble délabrée et aurait besoin de réparations urgentes. Le rez-de-chaussée abrite une épicerie, les deux autres étages sont loués en appartements. Fatma lève le doigt pour nous indiquer que sa fille Elham habite au dernier étage. Elham devait nous guetter depuis le balcon de l'appartement, car elle reconnaît sa mère et se met à hurler son nom, mais on l'entend à peine dans le fracas de la cité.

Abdullah ignore que dans cette maison les femmes ont la permission de rencontrer des hommes étrangers à leur famille. (En Égypte, les coutumes varient d'une famille à l'autre.) Il va donc m'attendre dans un petit café à proximité, où l'on sert des *shawarma*, ces fines tranches de mouton rôti à la broche que l'on glisse à l'intérieur d'un morceau de pain arabe, avec de la tomate, de la menthe et des oignons pour en relever le goût. Les *shawarma* sont le mets favori de mes enfants, et Abdullah dit que le fumet lui a donné faim.

Elham et trois de ses filles nous accueillent sur le palier, parlant toutes en même temps, anxieuses de savoir ce qui se passe, s'il y a un malade dans la famille ou un drame quelconque justifiant ma venue. Au premier regard, Elham ressemble trait pour trait à Fatma dans sa jeunesse. Elle m'observe avec fascination quand Fatma me présente comme sa maîtresse, et princesse d'Arabie Saoudite. Je ne connais pas particulièrement Elham, bien que j'aie souvent rencontré les enfants de Fatma et ses petits-enfants. J'ai soudain conscience de mon étalage de bijoux, car dans ma hâte j'ai oublié d'enlever les grosses boucles d'oreilles en diamant et mon imposante alliance. Tout cela paraît insolent dans cet environnement si pauvre. La plus jeune fille d'Elham, une fillette de six ans, se fait gifler par sa mère alors qu'elle essaye de lisser de son petit doigt la pierre de ma bague.

Elham insiste pour que nous nous installions dans un petit salon et nous laisse quelques instants pour faire bouillir l'eau du thé. Fatma a deux petites filles sur les genoux et une troisième à ses pieds. Alhaan, elle, est invisible.

J'examine attentivement les lieux autour de moi, et constate qu'Elham a une vie très simple. Je ne m'attarde pas sur le sol recouvert de tapis élimés, ni sur les coussins déchirés. Il ne faut pas que l'on se méprenne sur ma curiosité. Au milieu de la pièce, un brasero, et une table carrée contre le mur où sont empilés des livres religieux. Une petite lampe à huile pend du plafond. J'ignore si l'appartement dispose de l'électricité. Tout est propre, sans tache, et il est évident qu'Elham est une femme fière, qui met un point d'honneur à ce que sa petite maison soit impeccable.

Elle revient vite nous servir du thé et des petits gâteaux aux amandes cuisinés par elle-même pour la fête familiale de ce soir, puis explique à sa mère que la petite Alhaan est très excitée par l'événement et qu'elle est montée sur le toit pour lire le Coran et se préparer consciencieusement au jour le plus important de sa vie. L'atmosphère jusque-là amicale devient pesante dès l'instant où Fatma aborde le sujet délicat, en suppliant sa fille d'annuler la cérémonie rituelle pour éviter à l'enfant de grandes souffrances.

Fatma a parlé d'un trait et, voyant qu'elle n'arrive pas à entamer la détermination de sa fille, se tourne vers moi. Si Elham refuse d'écouter sa propre mère, elle fera plus de cas, peut-être, d'une femme qui a reçu une brillante éducation. Une femme aussi qui a appris par de respectables médecins que la mutilation des filles n'est pas voulue par la religion, mais qu'il s'agit d'une coutume barbare, sans origine précise ni signification dans la vie moderne.

La tension monte, et bien qu'Elham reste polie et m'écoute, son visage s'est refermé et ses yeux regardent ailleurs avec une froide obstination.

Sachant par Fatma que la famille est religieuse, je me sers de ma connaissance en la matière, en expliquant que rien dans le Coran ne parle de ça. Et que si Dieu avait jugé nécessaire que les femmes soient excisées, Il aurait délivré Son message par la bouche du prophète Mohammed qu'Il a désigné pour nous le transmettre.

Elham veut bien admettre que l'excision n'est pas inscrite dans le Coran, mais pour elle la pratique est fondée sur les *usages* du Prophète, donc est devenue sacrée pour tous les musulmans.

Elle me rappelle le fameux *hadith*, une tradition signalée par le Coran mais qui n'en fait pas partie intégrante. Ce hadith évoque un entretien entre le prophète Mohammed et Um Attiya, une matrone qui excisait une petite fille :

– Raccourcis, mais ne détruis pas.

C'est cette tradition qu'Elham et son mari ont décidé de suivre et rien de ce que je pourrais avancer ne modifiera leur décision.

Nous discutons jusqu'à ce que la lumière commence à quitter la pièce. Le coucher du soleil approche. Nasser doit rentrer bientôt, et je n'ai aucune envie d'affronter le maître de maison. Je fais délicatement remarquer qu'il est l'heure pour moi de retourner auprès de mes enfants. Fatma, qui voit ses espérances brisées, commence à se lamenter en se frappant les joues jusqu'à ce que son visage devienne rouge.

Dans les yeux d'Elham passe une petite lueur de pitié pour le chagrin de sa mère, mais elle répète que la décision a été prise par son mari et qu'elle est d'accord avec lui. Leurs quatre filles subiront le rituel de l'excision quand elles en auront l'âge.

Je vois bien qu'Elham attend impatiemment que je parte. Comme je ne peux rien faire d'autre pour éloigner l'ombre affreuse du rasoir qui plane sur les filles de cette maison, je me lève. Le regard d'Elham croise le mien avec sérénité, et elle me salue poliment.

— Vous avez honoré ma maison de votre présence, princesse Sultana. Je vous en prie, revenez un autre jour, pour une plus longue visite.

Contre le souhait de sa fille, Fatma insiste pour assister à la cérémonie en disant que si cette horrible chose doit se faire, elle veut au moins surveiller le travail du barbier et s'assurer qu'il ne coupera rien d'autre que le chapeau du clitoris de sa petite-fille.

Je me résigne à l'inévitable et quitte la maison d'Elham sans avoir atteint mon but. Je traîne en descendant l'escalier. Pour me calmer les nerfs, je m'arrête un instant sur les marches et récite à voix haute un verset du Coran : « Tu ne feras pas le bien de qui tu veux, c'est Dieu qui fera le bien de qui Il veut. »

Mon fils m'attendait, assis à une petite table, à la terrasse du café. Son regard interrogateur ne me lâche pas tandis que je m'assieds à côté de lui. Il me scrute avec impatience :

— Alors ?

Je secoue négativement la tête.

— Non. On ne peut rien faire.

Le visage de mon fils s'assombrit à l'annonce de mon échec. Je suis lasse.

— Viens, Abdullah, rentrons à la maison.

Je jette encore un dernier coup d'œil par-dessus mon épaule au moment de quitter cette ruelle qui s'enfonce dans la nuit.

Le foyer d'Elham est plongé dans une obscurité profonde, comme s'il n'avait jamais existé. Mon fils ouvre la bouche pour dire un mot, mais je le fais taire d'une légère pression de la main sur ses lèvres. Je ne peux plus retenir mes larmes.

Mon fils ramène sans parler une mère éplorée à la maison. À peine arrivée, j'appelle mes deux filles, leur intime l'ordre d'oublier immédiatement tous leurs projets et de préparer les bagages. Nous allons quitter Le Caire dès que leur père sera rentré du casino. Je murmure à mon fils :

– Cette ville, que j'aime pourtant depuis mon enfance, est en train de perdre mon affection, j'espère que l'expérience de ce soir ne va pas se transformer en un dégoût général pour tout ce qui est égyptien.

Le regard d'Abdullah brille de compréhension, et je lui suis reconnaissante de comprendre ce que j'exprime à demi-mot. Peu de temps après, Karim est de retour à la maison, flottant dans une odeur d'alcool, ce qui provoque chez Amani l'irrépressible besoin de se confondre en prière afin que son père trouve la grâce de Dieu, et qu'Il lui pardonne ses actes. Dans le texte de sa prière, Amani décrit minutieusement les flammes de l'enfer qui attendent les membres de sa famille. J'étais déjà de mauvaise humeur, je supporte d'autant moins l'enthousiasme fanatique de ma fille. Elle m'exaspère de se permettre ainsi de critiquer les siens.

Dans le blanc de ses yeux, et en termes sans équivoque, je lui rappelle que je n'ai pas encore reçu de notification de la part de Dieu instituant ma fille censeur de l'humanité en matière de moralité. Karim retient ma main au vol, au moment où je m'apprête à pincer la joue de ma fille avec vigueur, et la garde fermement serrée contre sa poitrine, en intimant l'ordre à Amani de nous laisser seuls :

– Tu peux faire tes prières dans la solitude de ta chambre.

Puis il s'énerve tout seul, comme un homme ivre, en grognant qu'il a souvent remarqué mon incapacité à contrôler mon tempérament querelleur et qu'il serait temps de me donner une sérieuse leçon. Nous nous affrontons du regard un instant. Lui, immobile dans l'attente de ma réponse. Le sourire ourlé de mépris, il est facile de voir qu'il n'attend qu'une chose : la bagarre. Je cherche des yeux une arme quelconque, pour lui taper sur la tête. Je ne suis pas femme à faire des menaces en l'air, mais Karim me connaît bien et il se jette rapidement entre moi et le pot de cuivre que j'avais l'intention de saisir.

J'ai une furieuse envie de me battre. Par moments, je suis incapable d'être raisonnable, et Karim est deux fois plus grand que moi. Une fois désarmée, je suis considérablement désavantagée et facile à dominer. Quoi qu'il en soit, mieux vaut ne pas envenimer les choses. L'expérience m'a appris qu'il est impossible de faire entendre raison à un Karim qui a bu. Il m'inspire mépris et rancœur dans ces moments-là, et je me demande bien pourquoi j'ai aimé cet homme. Il est préférable d'éviter une confrontation inutile et d'attendre un moment plus favorable. Alors je lui éclate de rire au nez :

– Regarde-toi ! On dirait un éléphant qui veut écraser une fourmi ! Puis, avec un sourire : Je suis contente que tu ne sois pas rentré trop tard, à un moment de grand chagrin où j'ai tellement besoin de toi.

Comme il n'est pas intellectuellement au mieux de sa forme, il est facile à berner. Surpris un court instant par mon changement de tactique, il tombe naïvement dans le piège tendu, saisi de remords. Il ne pensait pas ce qu'il disait, il me présente ses excuses, me prend par les épaules, en se demandant ce qui a bien pu faire de la peine à son épouse adorée.

Je jette un coup d'œil à ma montre, il est près de neuf heures du soir ! L'idée que la pauvre petite Alhaan est sur le point de subir cette atroce mutilation me rend à moitié folle, j'oublie instantanément tout le reste. La voix tremblante d'émotion, je dis à mon mari :

– L'amour n'existe pas dans la vie des femmes, à mon avis il vaudrait mieux pour elles accepter la mort.

Karim ne peut pas comprendre d'où viennent mes idées noires. Ma vie n'est-elle pas parfaite me demande-t-il, y a-t-il quelque chose au monde que je désire et que mon mari ne m'a pas donné ? Il sait parfaitement que la principale source de mon mécontentement est cette injustice sociale qui frappe directement les femmes.

Il me rappelle qu'ensemble nous avons toujours fait

en sorte que nos filles n'en supportent pas trop les conséquences. Que peut-il faire de plus que de préserver celles qu'il aime ? Karim me sourit avec douceur, en caressant mes lèvres d'un doigt tendre. Et je me dis, tout à coup, voilà pourquoi il m'a plu. Il *était* doué d'un véritable charme personnel qui *rachetait* des traits d'une perfection moins évidente. C'est pour cela que je l'ai aimé.

Il ne sait pas comment trouver une solution, d'ailleurs délicate, à mon mécontentement permanent. Je ne peux pas échapper au destin qui m'a fait naître en Arabie Saoudite, ajoute-t-il. Pour lui les femmes devraient se résigner aux limites qu'impose notre culture.

– Dieu sait tout, dit-il, et Son dessein de planter mes racines dans le sol de l'Arabie Saoudite ne regarde pas le reste de la terre.

Mon sang ne fait qu'un tour, je le déteste à nouveau ! Comme je regrette que tous les hommes ne se transforment pas en femmes, de temps en temps, et aient à vivre dans ce monde cruel et incompréhensible ! J'enrage devant cette distance qu'il prend vis-à-vis de moi, de ma connaissance de la souffrance des femmes. Une femme peut-elle contraindre au malheur un homme qui court partout sur la terre et enchaîne les pieds de chaque femme ? Il est stupide d'attendre des hommes de notre société qu'ils se mettent une seconde à la place des femmes pendant que les femmes jouiraient à leur tour du statut des hommes ! Je suis trop obsédée par le sujet pour poursuivre une conversation normale avec mon mari. Je lui propose de nous coucher de bonne heure et d'en reparler plus calmement le lendemain. Karim est d'accord ; non seulement il n'a plus envie de jouer, mais il s'endort toujours après avoir bu. Il se prépare donc volontiers pour se mettre au lit pendant que je vais voir les enfants, donner des ordres pour qu'ils dînent sans nous et que leurs bagages soient prêts pour quitter Le Caire dès le lendemain matin. Le temps de regagner nos appartements, Karim s'est endormi profondément, avec la respiration lente et calme d'un homme en paix.

Portée par ma propre rébellion, atterrée par les croyances de la fille de Fatma, je repense aux propos de Karim. Je serais une femme destinée à subir l'inégalité ? En dépit de mon statut inférieur, jamais je n'accepterai, jamais je ne me résignerai à l'excision. Et avant de tomber moi-même dans un sommeil agité et sans repos, je fais un vœu. Que ma colère demeure face au destin des filles comme la petite Alhaan, qu'elle survive à la coutume barbare qui l'a réveillée.

11

MONTE-CARLO

> *Dire des femmes qu'elles représentent le sexe faible est une diffamation, c'est une injustice des hommes vis-à-vis des femmes. Tu préserveras l'honneur de ton épouse et tu ne seras pas son maître, mais son véritable ami. Ne laisse personne d'autre la regarder comme objet de son désir.*
>
> Mahatma Gandhi

Fatma a du mal à se montrer chaleureuse en nous disant bonjour ce matin. Elle a travaillé dur dans la cuisine pendant que toute la famille dormait et semble affolée à l'annonce brutale de notre départ pour Monte-Carlo. Là-bas, sur la Riviera française, nous allons rejoindre trois de mes sœurs et leurs familles qui sont en vacances dans la petite principauté.

Je peux imaginer la scène de la mutilation de sa petite-fille et je sais qu'il n'y a pas de mots pour décrire cette nuit tragique. Alors, je fais en sorte de rester seule avec elle et lui demande des nouvelles de la santé d'Alhaan. Les mains crispées, le regard dur, signe de sa grande colère, Fatma me dit que l'enfant ne va pas bien. Sur ordre de son gendre, le barbier a ôté la totalité du clitoris, ainsi que les petites lèvres. Il a fallu des compresses spéciales pour arrêter le flot de sang.

Je me sens confusément coupable de m'être montrée incapable d'empêcher que l'on brutalise cette enfant et la questionne avec inquiétude :

– Tu as peur qu'il y ait d'autres complications ?

En voyant mes yeux pleins de larmes et mon air affolé, Fatma essaie de dédramatiser de son mieux, en me prenant par le cou :

– Madame, le mal est fait. Maintenant, il faut vivre avec. Tu as fait tout ce que tu pouvais. Je te remercie de ton affection pour quelqu'un qui t'est étranger. Rassure-toi, je crois qu'Alhaan va se remettre.

Je ne trouve pas un mot à dire. Fatma me sent hors de moi et ses yeux ne quittent pas les miens. Nous restons ainsi longtemps, à nous regarder profondément. Ni l'une ni l'autre ne bouge, et il monte entre nous un immense amour.

Elle se mord les lèvres.

– Princesse Sultana, tu étais dans mes rêves la nuit dernière et je sens qu'il faut que je t'en révèle le message.

Je retiens mon souffle, effrayée de ce qu'elle va dire ; j'ai toujours mal supporté les prédictions surnaturelles. Fatma me considère tristement.

– Madame, tu es entourée de tous les biens de la vie, et pourtant tu parais vide. Ce mécontentement vient du fait que tu as un cœur d'enfant dans un corps de femme. C'est ce mélange qui te fait mal à l'âme. Ni toi, ni personne, ni aucun enfant de Dieu ne peut résoudre tous les problèmes de l'humanité. Je suis chargée de te dire qu'il n'est pas si honteux de s'incliner devant la réalité et que tu devrais apaiser cette soif de bataille qui coule dans tes veines.

Le visage de ma mère m'apparaît comme dans un rêve obscur empli de souvenirs épars. Il n'y a aucun doute dans mon esprit, ma mère se sert, dans le monde des vivants, de la pauvre Fatma pour communiquer avec sa fille. Les paroles de Fatma sont exactement celles qu'utilisait ma mère dans mon enfance. Quand j'étais petite, ses mots de réconfort me semblaient peu clairs et je ne me sentais pas concernée. Maintenant que je suis adulte, ce n'est plus le cas. Alors que j'étais encore enfant, lorsque ma mère a compris qu'elle allait mourir, je sais que son unique regret de quitter cette terre était de me laisser seule avec mon caractère indiscipliné, sans un guide solide. Elle avait peur que je ne réagisse aux difficultés de l'âge adulte avec la précipitation de l'enfance, car je voulais toujours absolument avoir raison et m'empêtrais moi-même dans des discussions sans fin.

Ma mère bien-aimée communique avec moi! Une douce chaleur envahit mon corps, je me sens plus calme que ces derniers jours. Les souvenirs s'éclairent, et je peux presque sentir la divine présence de ma mère. Je n'ai aucune explication logique à ce gémissement que je sens sourdre de ma poitrine, ni aux sanglots et aux paroles incohérentes de cette femme qui se jette dans les bras solides de Fatma qui me console comme son enfant. J'espère simplement, de tout mon cœur, retrouver un instant, un seul instant, celle qui m'a donné le jour. Et je m'écrie :

– Comme elles sont heureuses, celles qui ont encore leur mère !

En quittant la ville du Caire, je pense encore au destin tragique qui attend tant de jeunes filles en ce pays d'Égypte. Je chuchote à mon fils que de tels événements tragiques rendent finalement la vie ici moins agréable et moins chaleureuse qu'on aurait pu s'y attendre.

Ce soir-là, notre avion privé atterrit à l'aéroport international de Nice-Côte d'Azur. Mes trois beaux-frères ont loué une immense villa sur les collines au-dessus de Monaco, et Asad a prévu trois limousines pour venir nous chercher.

En fait, la villa est un véritable palais appartenant à un aristocrate français et comportant au moins soixante pièces – bien plus qu'il n'en faut pour les quatre familles. Mes sœurs ont épousé des hommes qui n'ont pas d'autres femmes, si bien que notre groupe de huit adultes et de seize enfants pourrait paraître restreint pour un rassemblement de plusieurs familles arabes.

Trois routes vont de Nice à Monaco, mais personne

n'a envie de prendre la route côtière, ou basse corniche, qui est généralement encombrée. La moyenne corniche est la route du milieu, la grande corniche, la supérieure. J'exprime le désir de prendre la moyenne corniche ; je sais que c'est la plus belle des trois routes, avec des points de vue magnifiques sur la côte. Karim n'est pas d'accord, il dit que nos filles ont aussi le droit de choisir le chemin que nous emprunterons. Je lui pince le gras de la jambe, à mon avis ce n'est pas une bonne idée, mais il s'obstine à leur demander leur opinion.

Comme je m'y attendais, Maha et Amani se disputent immédiatement, chacune voulant une route différente. Je chuchote à Karim : « Je te l'avais bien dit ! » Nos filles ne se mettent jamais d'accord sur rien, quel que soit le sujet, et ce depuis qu'elles ont appris à parler. Je reconnais que rien n'est simple dans notre existence depuis que j'ai mis trois enfants au monde.

Le chauffeur clôt la discussion en disant qu'un camion chargé d'œufs a eu un accident et que la moyenne corniche est momentanément fermée. Et comme deux des routes sur les trois sont toujours encombrées, il propose de prendre la grande corniche. Comme une enfant qu'elle est encore, Amani boude, mais Maha et Adbullah sont contents de revoir ces paysages attachants dont ils ne se souviennent guère depuis notre dernier voyage à Monaco il y a trois ans.

La grande corniche a été construite par Napoléon et ses contreforts suivent l'ancienne voie romaine. Le chauffeur nous emmène sur le flanc sud des Alpes-Maritimes, où le site est réellement spectaculaire. Je fais remarquer qu'en comparaison avec les dunes de sable beige et brun de nos pays désertiques la verdure luxuriante de l'Europe est un repos pour les yeux. Amani prend mon commentaire pour une insulte envers le pays du Prophète, au point que Karim perd patience et demande sèchement à sa fille « s'il lui plairait » d'éviter de donner des interprétations religieuses à une simple remarque.

Je pense intérieurement que ma précieuse petite fille

devient réellement insupportable. Mon amour pour elle ne s'éteindra jamais, mais il y a des moments où je la déteste foncièrement pour son arrogance et son attitude, faussement pieuse à mon sens.

Je suis heureuse que le trajet se termine et de quitter cette atmosphère familiale confinée pour retrouver mes sœurs. Sara, Tahani et Nura devaient nous attendre avec impatience derrière la porte car dès que la limousine prend l'allée circulaire menant à la villa elles apparaissent sur la terrasse.

Ma joie de les voir est de courte durée.

Reema a été hospitalisée !

Nura me l'annonce dès les embrassades terminées. Mais quelle maladie a donc frappé la cinquième de nos sœurs ? Volontairement, Sara échange un long regard entendu avec Nura, avant de m'expliquer.

– Elle a été blessée.

– Ah ?

Ma voix est si tendue qu'elle ne peut franchir ma gorge. J'ai peur d'un accident de voiture – la circulation en Arabie Saoudite est à l'origine de nombreuses morts, beaucoup de jeunes garçons conduisent comme des fous et font la course dans les rues.

Le silence s'installe entre nous trois, nous nous regardons prudemment, j'avance pas à pas, lentement, dans l'attente que quelqu'un se décide à m'éclairer sur la santé de ma sœur. Karim et Asad attendent eux aussi sans rien dire. Comme personne ne parle, je me sens défaillir. Ma sœur est-elle morte ? Et personne dans la famille n'aurait le courage de me l'annoncer ? Finalement, je demande plaintivement si elle est gravement blessée ?

Nura rétorque :

– Il semble que ce ne soit pas mortel.

La coutume arabe de contourner ainsi les mauvaises nouvelles me rend malade ! J'ai envie de hurler ! Que quelqu'un me dise enfin ce qu'il y a à savoir ! Qu'on me soulage de cette attente infernale ! Qu'elles cessent de me distiller goutte à goutte et avec répugnance la vérité !

— Qu'est-il arrivé ? Je supporterais n'importe quoi plutôt que cette torture !

Mes sœurs échangent des regards étranges. Reema est certainement morte ! Asad prend tendrement le bras de Sara en suggérant :

— Rentrons. Je vais faire préparer le thé.

Je suis Sara à l'intérieur de la villa sans faire attention aux pièces que nous traversons. Je ne pense qu'à Reema. Reema qui a toujours inspiré de l'affection à tout le monde.

Le jour de sa naissance, Reema n'a pas reçu la beauté en partage. Ma sœur n'est pas née avec un visage affreux ou difforme, mais rien dans son apparence ne suscitait la jalousie des autres jeunes mères. Un jour, Nura m'a confié que Reema était la seule des filles de la famille qui n'ait pas eu besoin de la protection de la pierre bleue, censée éloigner les mauvais esprits. Qui voudrait jeter un mauvais sort sur une enfant aussi disgracieuse ? De plus, en grandissant, Reema s'est vue affligée d'une silhouette lourde qui lui a valu les sarcasmes habituels des autres enfants.

De mes neuf sœurs, Sara est la plus belle. Quant aux autres filles de la famille, quatre sont assez jolies, trois ont du charme, une autre est élégante et gracieuse, alors que Reema manque du plus petit éclat de beauté. Elle a toujours été celle qui n'attirait personne, qui a raté ses études, et n'a jamais rien compris au jeu.

Le seul et unique don qu'elle possède, c'est la cuisine. Elle est douée non seulement pour reproduire les plats merveilleux que préparait notre mère, mais pour improviser des mets délectables, arabes ou français, qui ne l'aident pas à maîtriser sa silhouette corpulente. Dans un pays où l'on admire plus que tout la beauté féminine, Reema n'a pas de chance.

Une fois installées au salon, Karim et Asad nous laissent un moment pour s'occuper du thé. En refermant la porte sur eux, j'entends Asad parler à voix basse avec Karim et je comprends que mon mari est au courant de ce qui est arrivé à Reema avant moi, sa propre sœur.

– Je veux savoir la vérité. Reema est morte ?
– Non.

Nura a répondu avec un visage sombre qui présage la gravité de la situation. Finalement, c'est Tahani qui parle :

– Elle a été agressée par Saleem.

Je me sens glacée.

– C'est vrai ?

Visiblement émue, Sara ajoute :

– Notre pauvre sœur a été lâchement brutalisée par son propre mari !

– Pourquoi a-t-il voulu la battre ? Elle a dû lui donner un motif ?

Comme beaucoup de personnes peu attrayantes physiquement, Reema est toujours agréable, gaie, cherchant toujours à faire plaisir autour d'elle. Comme si un caractère joyeux permettait d'oublier le reste, en suscitant l'admiration de ceux qui l'entourent.

Saleem. Si je me souviens bien du mari de Reema, lui non plus n'est pas gâté par la nature. Mais nous l'avons toujours connu calme et gentil. Comme on dit dans le monde arabe : « Chaque pot trouve son couvercle. » Saleem était considéré comme un parfait conjoint pour Reema, et cette union semblait leur convenir. Un acte de violence paraît inexplicable de sa part et ne cadre pas avec son caractère. La seule question possible est celle que je pose à Nura :

– Est-ce qu'il est devenu fou et qu'il a alors agressé Reema ?

Je ne m'attendais certes pas à la réponse.

Il y a environ un an, Reema a confié à notre sœur aînée Nura le noir secret qui empoisonnait sa vie. Saleem avait bizarrement changé de personnalité : une fatigue permanente, une insastisfaction profonde. Soudain, cet homme tranquille et sans histoire se trouvait atteint de la plus noire mélancolie. Alors qu'auparavant il était toujours content de rentrer chez lui, il se montrait maintenant irritable, cherchant sans cesse un prétexte pour adresser des reproches à sa femme ou à ses quatre enfants. Il ne s'intéressait plus du tout à son travail et, depuis des jours, traînait au lit jusqu'au milieu de l'après-midi. Saleem, victime du poids de ses propres émotions, empêchait sa famille de vivre normalement.

Reema s'était attachée de plus en plus à son époux au cours des années de leur mariage, or il lui a dit un jour froidement qu'il ne l'avait jamais aimée, qu'en conséquence il n'avait jamais connu l'amour et ne l'avait épousée que pour le prestige de sa famille. Reema a supporté l'hostilité incompréhensible de Saleem avec un amour et un souci constants. Elle a avoué à Nura qu'elle avait même eu peur d'une tumeur au cerveau, ou bien qu'il souffre d'un déséquilibre mental. Quelle autre explication pour qu'un homme ait changé à ce point sans qu'aucun traumatisme particulier ne soit survenu dans son existence ?

Elle le suppliait donc d'aller voir un médecin et de se faire soigner. Mais au lieu de rechercher l'aide d'un professionnel dans son malheur, Saleem se délectait de son mal de vivre. Lui qui buvait rarement s'est mis à s'enivrer de plus en plus fréquemment. Il en devenait violent, non seulement avec Reema, mais aussi avec l'aînée de ses filles. Reema craignait d'avoir à divorcer et d'être séparée de ses deux jeunes fils, car il l'avait menacée de se libérer d'elle, en assurant que c'était la seule manière pour lui de guérir de son mal de vivre.

Nura pouvait difficilement donner un conseil à notre sœur, car personne ne pouvait plus approcher Saleem sans provoquer une tension terrible. Récemment, la famille de Saleem avait demandé l'une des filles de Nura en mariage pour un de leurs fils, mais l'affaire n'avait pas pu se concrétiser. En effet, Ahmed et Nura avaient déjà envisagé un autre fiancé pour leur fille. Et depuis, la famille de Saleem les tenait à l'écart, ayant pris pour une offense ce qui ne l'était pas.

Nura me raconte que Saleem, qui se remettait progressivement, au point de travailler à nouveau, montrait de plus en plus de mépris pour Reema. Il s'est mis à faire de nombreux voyages en Asie. Et Reema s'est aperçue que ces voyages n'avaient rien à voir avec ses affaires. En réalité, Saleem s'offrait des orgies sexuelles à Bangkok ou à Manille.

Finalement, le mois dernier Reema s'est réfugiée chez Nura, le visage tuméfié à la suite d'une histoire horrible. Elle venait de surprendre son mari au lit avec une femme de chambre srilankaise. Quand elle a voulu protester, Saleem s'est jeté sur elle à coups de poing en la menaçant de lui retirer les enfants si elle avait le malheur d'ouvrir la bouche devant quiconque.

La famille de Saleem est très religieuse, dévote même, et la honte serait terrible pour eux s'ils apprenaient sa conduite – ce qui ne changerait rien d'ailleurs à son comportement. Il est vrai que beaucoup de Saoudiens ont des liaisons secrètes avec des femmes non mariées, mais personne dans notre famille n'a épousé un homme assez vulgaire et désinvolte pour envisager des relations sexuelles avec une domestique dans sa propre maison.

Reema ne savait plus quoi faire, elle est donc allée voir une femme imam, une Égyptienne, pour lui demander de lui donner par écrit la réponse à cette question : « L'islam permet-il à un homme d'avoir des relations sexuelles avec sa servante, sans l'épouser ? » Elle pensait que son mari respecterait la règle religieuse si elle lui apportait le texte écrit. Dans l'esprit de notre pieuse sœur, il était impensable d'aller contre les enseignements du Coran !

Reema voulait donc discuter avec Saleem de la loi. Nura lui a conseillé de faire très attention, car elle craignait qu'il ne jouisse plus de sa santé mentale.

Nura a pris une copie du texte pour elle-même et l'a rangée dans ses affaires de prière, pensant qu'une autre femme en aurait peut-être besoin un jour. Autant qu'elle s'en souvienne, la loi écrite par l'imam exprimait clairement que l'islam ne permet pas de relation sexuelle entre un maître et une servante. L'imam a confirmé que l'idée même était un outrage et que seules les relations sexuelles dans le mariage doivent exister.

L'imam savait que ce qui se passait en réalité dans la

vie quotidienne n'était pas toujours sanctionné par l'islam. De nombreux cas semblables dans le royaume ont été soumis à son attention, de maîtres obligeant les servantes à répondre à leurs désirs et profitant de leur situation d'infériorité pour se satisfaire physiquement à moindres frais. L'imam a décrété que de telles relations étaient illicites et conduisaient aux trois délits expressément condamnés par l'islam, qui concernent « toute relation portant préjudice à la morale de la société, ou qui découle de la promiscuité, ou qui affecte les droits d'un individu quelconque. En islam, la seule légalité sexuelle demeure dans le mariage ».

Le courage de Reema d'aller chercher ainsi une opinion extérieure me surprend quelque peu car elle est si timide de nature. Je demande à mes sœurs si cette loi, qu'elle a rapportée à Saleem, a été la raison de sa violence. Nura répond par la négative.

– Alors ?

Sara se met à pleurer et quitte la pièce en disant qu'elle refuse d'en entendre à nouveau le récit. Tahani s'apprête à la suivre, mais Asad est près de la porte. Je le vois prendre sa femme dans ses bras pour l'emmener dans un endroit tranquille. Tahani revient s'asseoir près de moi et me tapote la main nerveusement. Signe qu'elle est en train de me préparer au pire.

– Le médecin ne nous a pas donné tous les détails, mais père et Ali sont allés à son cabinet et ont appris la vérité sur l'histoire, car Saleem a fini par avouer au médecin ce qui était réellement arrivé à Reema.

Saleem rentrait d'un voyage à Bangkok et il regardait des cassettes pornographiques. Après une nuit passée à boire et à visionner les films, il a voulu faire l'amour avec sa femme, alors qu'il ne lui montrait plus aucun intérêt depuis longtemps. Quand il l'a réveillée au beau milieu de la nuit, elle lui a répondu qu'elle était indisposée.

Les yeux mi-clos, Nura s'allonge sur le canapé. Tous les musulmans savent que le Coran interdit les relations sexuelles pendant le cycle menstruel des femmes. Le

Coran le dit clairement : « Sur les règles de la femme, s'ils demandent la réponse : elles sont une blessure, et une souillure, éloignez-vous des femmes qui ont leurs règles et ne les approchez pas avant qu'elles ne soient propres. Lorsqu'elles se sont purifiées, vous pouvez les approcher de n'importe quelle manière, à tout moment, et en tout lieu, choisi par vous et par Dieu. »

Reema aurait-elle été violée et battue par son époux, durant cette période qui lui est interdite ?

Je me doute des pensées de Nura, et de ce qu'elle doit révéler. Comment le dire ? Son visage est devenu blanc de rage.

– Saleem était ivre, il s'est mis en colère après sa femme, furieux de son état et de son refus... Ma sœur prend une profonde inspiration de colère. Sultana, Reema a été battue sauvagement, et Saleem l'a violée en un endroit du corps qui n'est pas réservé à un époux. Le médecin de la clinique privée a dit à père que l'assaut de Saleem avait été si violent et si brutal qu'il avait fallu pratiquer une opération d'urgence. Reema devra porter un anus artificiel pour le restant de sa vie.

Je reste bouche ouverte sur un hurlement silencieux. Reema ? Violentée et handicapée à vie ? Je sens la haine m'envahir. Je comprends maintenant pourquoi Sara a préféré sortir, car elle a subi le même genre d'abus sexuel lorsqu'on l'a mariée contre son gré à un premier époux. Un véritable malade mental.

Je me lève et tape du pied si violemment qu'un vase manque de tomber de son piédestal. Prise d'une rage terrible, je hurle :

– Si Saleem était dans cette pièce, je le tuerais de mes mains. Il est en prison, j'espère !

Tahani a un claquement de langue désabusé.

– En prison ? C'est le mari de Reema, il a le droit de faire ce qu'il veut.

– Mais sa conduite est interdite ! Il y a sûrement moyen d'ordonner une enquête religieuse !

Nura me regarde avec une tendresse mêlée de tristesse.

– Sultana, tu parles comme une enfant. Qui, dans notre pays, prendrait le parti d'une femme contre son mari ? Notre père lui-même et notre frère ont décidé qu'il s'agissait d'une affaire privée entre Reema et Saleem, et que personne dans la famille n'avait à s'en mêler.

Tahani me confie :

– Père nous a défendu de t'en parler, mais nous avons décidé qu'il le fallait. La prochaine fois que tu la verras, elle sera encore sous le choc.

J'insiste :

– Il faut que Reema divorce, c'est tout !

Mais Nura me ramène à la réalité :

– Et qu'elle abandonne ses enfants ? Deux des filles ont atteint la puberté, et les garçons ont huit et neuf ans. Saleem a le droit de les enlever à leur mère. Et c'est ce qu'il fera, il l'en a déjà menacée. Sultana, elle mourrait sans ses enfants !

Comme elle me voit prise d'une fureur dont je ne démords pas, Nura me demande :

– Dis-moi, Sultana, pourrais-tu vivre sans les tiens ?

Dans mon pays, en cas de divorce la mère a la garde de ses enfants s'ils sont encore en nourrice. Dans la plupart des cas, la coutume veut qu'une mère ait celle de ses filles jusqu'à la puberté. Pour les enfants mâles, le garçon peut rester avec sa mère jusqu'à sept ans. Lorsqu'il atteint cet âge, il est censé pouvoir choisir entre sa mère et son père, mais il est courant que le père prenne son fils avec lui à cet âge-là. Un fils *doit* aller avec son père à la puberté, sans tenir compte de ses souhaits. J'ai connu personnellement des femmes qui ont perdu la garde de leurs enfants en bas âge et ne les ont jamais revus. Malheureusement, lorsqu'un père prend l'initiative d'emmener ses enfants avec lui, aucune autorité légale ne peut le forcer à les rendre à leur mère, et aucune loi ne peut entraver sa décision unilatérale sur l'avenir de ses enfants. Je sais que si Saleem refuse un droit de visite à ma sœur, elle ne les verra plus.

Si nous avions seulement l'appui d'un homme. Si

seulement un homme de la famille, notre père ou Ali, prenait le parti de Reema, sa position dans la négociation des enfants serait solide. Mais notre père et mon frère estiment qu'un homme a le droit de faire ce qu'il veut avec les femmes de sa famille; alors personne n'aidera Reema.

Le moment est grave. Nura suggère avec espoir que Saleem va peut-être reprendre ses esprits. Mais Tahani réplique à la cantonade qu'autant essayer de rectifier la queue tordue d'un chien.

C'est sans espoir.

Après discussion, nous déclarons, mes sœurs et moi, que Riyad nous manque. Nous allons laisser nos époux à Monte-Carlo, avec les enfants, et rentrer en Arabie Saoudite le jour suivant. Ce soir-là, Karim s'efforce de me remonter le moral. Après tout, ma sœur n'est pas morte de ses blessures, et c'est la vie, ça changera... Les jours meilleurs viendront bientôt et, à son avis, Saleem n'a fait que passer une crise qui ne durera pas. Il se fait du souci quand je lui promets que Saleem va payer pour ce qu'il a fait à la douce Reema. Et il tente de calmer mon humeur coléreuse en plaisantant :

– Sultana, je te vois mal en exécuteur des hautes œuvres, le glaive à la main ! Épargne la vie de Saleem !

Mon mari continue de parler, mais je ne l'écoute plus. Tant d'ignorance dans le pays d'une si grande religion, c'est lamentable !

12

FOYER CONJUGAL

> *Une fille ne possède que son voile et sa tombe, rien d'autre.*
>
> Proverbe saoudien.

Mon frère Ali est venu nous chercher à l'aéroport international King Khalid, à trente-cinq kilomètres du centre de Riyad. L'air préoccupé, le ton sec, il nous emmène directement à la clinique voir Reema. Elle a passé une journée particulièrement difficile et réclame Nura depuis le matin.

La circulation est dense, le trajet nous prend plus d'une heure. Perdues dans nos réflexions, nous ne pensons en fait qu'à Reema, et la conversation entre nous est banale et sans intérêt. Puis Ali sort de son mutisme pour nous annoncer qu'il est lui-même en pleine crise familiale. Mon frère estime avec une certaine arrogance, et un énervement visible, que la malheureuse « maladie » de Reema tombe mal. Il est extrêmement contrarié de se trouver mêlé malgré lui aux problèmes personnels de Saleem.

Très sérieusement, il se demande tout haut ce que Reema a bien pu faire pour déclencher la colère de son mari ! Il la rend coupable de cette agression volontaire ! Sara et Tahani lui jettent des regards furibonds, je surprends dans leurs coups d'œil autant de reproches que j'en ai en moi-même pour son commentaire inhumain.

Évidemment, il m'est impossible de retenir ma langue :

– Ali, plus le temps passe, plus ta stupidité grandit, et plus ton intelligence baisse !

Je meurs d'envie de lui griffer la figure, mais pour ne pas me montrer sous mon plus mauvais jour devant Nura et Tahani, je me résigne à un silence méprisant.

Ali n'a qu'un an de plus que moi, mais il a l'air d'avoir au moins dix ans de plus. Les rides creusent son visage, il a des poches sous les yeux. Dans sa jeunesse, il était beau garçon et fier de son allure. En prenant de l'âge, il a énormément grossi, et arbore un double menton imposant. Sa manière de vivre, dans l'excès et les abus de toutes sortes, se lit parfaitement sur son visage et sa silhouette. Ce début de déchéance physique renforce mon moral.

Le visage de ma sœur aînée s'est assombri et, d'un ton soucieux, plein de tendresse, elle le questionne sur ce qui se passe dans sa famille.

Nura est la seule de ses dix sœurs à aimer tendrement Ali. Les sentiments des autres, pour ce frère unique, sont plus proches de la pitié. On peut la comprendre, car Nura a été protégée par la différence d'âge importante entre eux. C'est la plus âgée, elle était déjà mariée et mère de famille quand Ali est né, et s'est trouvée, heureusement pour elle, à l'abri de son comportement insupportable. En outre, Nura a hérité du caractère doux de notre mère et appartient à cette minorité de gens qui trouvent toujours naturellement des excuses aux autres, ou acceptent la plus lamentable des dérobades pour des fautes inexcusables. C'est pourquoi sa réaction devant le commentaire insensible d'Ali n'est pas la même que la nôtre. Ali se renfrogne légèrement, regarde du côté de la portière et annonce avec dédain qu'il a divorcé de Nada. Nura s'étrangle :

– Encore ?

Ali hoche affirmativement la tête.

– Ali ! Comment as-tu pu faire ça ? Tu avais juré à Nada que tu ne divorcerais plus d'avec elle !

Nada est la plus belle femme d'Ali, et sa favorite. Il l'a épousée il y a sept ans, et ils ont eu trois jolies petites filles.

Selon la loi musulmane, le droit de l'homme au divorce est inscrit dans le Coran. Cette menace systématique, qui pèse constamment au-dessus de leur tête, est particulièrement angoissante pour les femmes de mon pays. Et il est intolérable que tant d'hommes tournent cette loi, déjà trop laxiste, en leur faveur et divorcent sous les plus fallacieux prétextes, aggravant ainsi la situation sociale de leurs épouses. Les femmes n'ont pas le même choix, car un divorce en leur faveur n'est accordé qu'après une enquête minutieuse sur leur vie privée. Et il est rare qu'on le leur accorde, même si leurs raisons sont valables. Cette absence de liberté de l'épouse convient parfaitement aux hommes. Elle est totalement injuste, et souvent à l'origine de cruels comportements dans l'exercice du pouvoir de l'époux. Le mot « divorce » sort trop facilement de la bouche d'un homme qui veut punir sa femme. Il n'a qu'à dire : « Je divorce de toi », ou « Je te répudie » pour jeter son épouse hors du foyer conjugal, souvent sans ses enfants.

En homme qui contrôle aussi mal sa langue que son caractère, Ali a souvent utilisé le divorce comme une arme contre ses femmes. Je sais qu'il a divorcé de chacune d'elles, au moins une fois, et deux fois de Nada. La plupart du temps, une fois sa colère passée il annule le divorce et reprend pour épouse celle qu'il a répudiée la veille ou la nuit précédente. Ali abuse de cette facilité. Car non seulement les hommes ont le droit de divorcer quand ça leur chante, mais ils peuvent aussi changer d'avis et reprendre la vie commune comme si rien ne s'était passé.

Selon la loi musulmane, un homme peut faire ce « choix » à deux reprises. S'il divorce pour la troisième fois, la procédure est en principe plus compliquée. Donc, dans un accès de colère, Ali a divorcé de Nada pour la troisième fois et, selon la loi, il ne peut plus se remarier avec elle tant qu'elle n'aura pas épousé un autre homme et qu'elle en aura divorcé à son tour. À force de se comporter de manière infantile, Ali a finalement réussi à se séparer de la seule de ses épouses pour laquelle il semble éprouver un véritablement sentiment.

Je réprime un sourire, en citant le Coran avec application afin de ne pas oublier un seul mot : « Vous pourrez divorcer deux fois de vos épouses, après cela vous devrez soit les reprendre avec bienveillance, soit les laisser partir avec des rentes. Dans le cas où l'homme divorcera d'une épouse pour la troisième fois, la loi ne lui permet pas de la reprendre, tant qu'elle ne sera pas devenue l'épouse d'un autre homme ! »

Je me tourne face à mon frère :
– Alors Ali ? Nada va épouser qui ?

Il me jette un regard furibond et répond froidement :
– Non, non, personne. Nada n'a pas envie d'épouser quelqu'un d'autre.
– Ah ? C'est curieux ! Nada est célèbre pour sa beauté dans la communauté féminine. Quand on saura qu'elle est libre, toutes les mères vont lui envoyer leurs fils, toutes les sœurs vont pousser leurs frères à la demander en mariage. Il n'y a qu'à attendre et on verra bien.

Sara intervient aussitôt, peu disposée à supporter les feux de notre guerre coutumière et sans fin dans un lieu aussi étroit que la limousine :
– Ali, qu'est-ce qui a provoqué ce divorce ?

Il est terriblement embarrassé. Il prétend que la raison en est très personnelle, cependant il aimerait bien que Nura et Sara, si elles le peuvent, aillent voir Nada afin de la persuader, de lui donner une nouvelle chance. Il n'avait pas réellement envie de divorcer. Si Nada refuse de tenir compte de la situation et qu'elle ne manifeste pas son choix devant les autorités, alors il recevra probablement l'ordre de la laisser quitter librement le foyer conjugal et, ce faisant, un autre homme pourra légalement prendre sa suite...

Nura et Sara acceptent d'aller parler à Nada.

La voiture ralentit, et Ali fouille à l'abri des rideaux

sombres qui obturent les vitres, à la recherche d'un assortiment de voiles d'abbayas et de shaylas entassés sur le siège arrière.

– Dépêchez-vous de vous habiller! On arrive!

C'est un véritable calvaire pour nous quatre de revêtir les lourds vêtements noirs de l'honnêteté et de la pudeur dans un si petit espace. Ali nous ayant rejointes sur le tarmac de l'aérodrome, nous sommes descendues directement de l'avion pour monter dans la voiture et nous n'étions pas vêtues convenablement jusque-là.

La clinique privée appartient à deux associés, un Libanais et un Saoudien. C'est l'une des plus fréquentées par les membres de la famille royale en cas de nécessité impérieuse. Trois princesses de mes parentes y sont d'ailleurs régulièrement et discrètement soignées, pour abus de drogue ou d'alcool.

On nous escorte à l'intérieur de l'établissement, en nous laissant passer par une petite porte de service. L'un des médecins de Reema nous reçoit. Il nous informe qu'il est interne, ancien spécialiste à Beyrouth et récemment engagé par les propriétaires de la clinique pour s'occuper de la famille royale. Il est facile de comprendre pourquoi on l'a choisi : il est grand, séduisant, courtois, et son air compétent inspire confiance.

Le médecin marche entre Nura et Ali, et j'ai beau faire mon possible pour les suivre de près et écouter leur conversation, je comprends mal ce qu'il dit. Nous passons devant un groupe d'infirmières asiatiques rassemblées dans une salle de service. À leur accent, je devine qu'elles sont philippines.

La fenêtre de la chambre de Reema est encore fermée, mais les volets légèrement entrouverts laissent filtrer un mince rayon de soleil qui éclaire la pièce d'une lumière tamisée. La chambre est toute blanche. Accroché au-dessus de la tête de Reema, un immense lustre de perles blanches détonne étrangement au milieu de l'installation médicale. Reema se repose mais ouvre les yeux dès qu'elle entend nos voix. Elle a du mal à reprendre ses esprits et à revenir à la réalité. Son visage est extrêmement pâle, son regard, celui d'une enfant effrayée. Autour d'elle, tout le matériel de soins intensifs : des aiguilles plantées dans ses bras et un tube dans l'une de ses narines.

Nura se précipite à son chevet pour prendre dans ses bras le corps inerte sous le drap. Sara et Tahani s'essuient les yeux, moi-même je m'effondre dans un fauteuil immaculé et j'ai peine à la regarder. Je me mords les lèvres jusqu'au sang, serrant les accoudoirs du fauteuil à m'en rompre les ongles. Mal à l'aise devant tout ce chagrin, Ali chuchote à Sara qu'il reviendra nous chercher dans une heure pour nous raccompagner chez nous. Mais avant de partir, il n'oublie pas de lui rappeler qu'elle doit absolument aller voir Nada ce soir même.

La colère me submerge à la vue de ma pauvre sœur blessée et humiliée à en mourir. J'aimerais pouvoir mettre à feu tout le pays ! Que le mal succombe sur la terre de mon enfance, qu'il se dessèche et se réduise en cendres, en même temps que tous ces hommes ! Ils n'ont que le Coran à la bouche pour justifier les blessures qu'ils infligent aux femmes !

Il faut que je me calme. Ce n'est pas le moment de provoquer un scandale et de rajouter à la souffrance de Reema. Le Prophète a promis le châtiment pour ceux qui font le mal. Mais la religion ne parvient pas à m'apaiser aujourd'hui, même en sachant que Saleem souffrira un jour des mille feux de l'enfer pour ce qu'il a fait à ma sœur.

Je n'ai pas la patience d'attendre la divine intervention. Rien ne pourrait refroidir la rage qui bouillonne en moi, si ce n'est le spectacle des restes mutilés de ce Saleem ! Je le voudrais en morceaux, ce monstre !

Bercée par Nura, Reema peut enfin parler avec chacune d'entre nous. Elle nous supplie de traiter Saleem avec la même gentillesse que d'habitude, car l'un des devoirs d'un bon musulman est de pardonner. Voyant la colère sur mon visage, Reema cite pour moi un verset du Coran :

– Sultana, n'oublie pas ce qu'a dit le Prophète : « Pardonne, même si tu es en colère. »

Incapable de résister, je récite le texte suivant : « Et que le mal soit récompensé par le mal. »

Sara me pince les fesses avec autorité pour me rappeler de ne pas faire davantage de peine à Reema. Je m'écarte de son chevet pour aller à la fenêtre, sans rien distinguer du paysage, juste pour me calmer.

Car Reema continue de parler. Et je ne peux pas croire à ce que j'entends. Elle me bouleverse, et me glace à la fois, avec son discours mesuré, son éloquence de femme résignée. Je retourne près d'elle, pour la regarder en face. Au fur et à mesure qu'elle exprime l'intensité de ses sentiments, ma sœur pince les lèvres avec détermination, fronce les sourcils avec conviction. Elle dit que Saleem lui a demandé pardon, qu'il s'est repenti et lui a promis de ne plus jamais se montrer violent. Elle dit qu'il ne va pas divorcer et qu'elle ne le veut pas non plus. Il est impossible qu'elle croie à tout cela !

Je comprends soudain ce qui se passe en elle. L'unique angoisse de ma sœur est d'être séparée de ses quatre enfants. Ce sont eux qui lui insufflent cette faculté de pardonner, d'oublier l'acte odieux de cet homme. Rien d'autre. Elle est capable de tout accepter, même les pires indignités, tant qu'elle pourra rester auprès de ses précieux enfants. Elle nous demande de jurer devant elle que personne dans la famille ne cherchera à la venger.

C'est la promesse la plus difficile qui ait jamais franchi mes lèvres, on dirait que ma langue refuse d'obéir à mon cerveau. Mais je promets quand même. Je n'ai pas d'autre choix que celui d'accepter le vœu sincère de ma sœur. Une fois guérie, ma sœur retournera au foyer de cet homme qui a su si bien cacher pendant des années son extrême violence et sa cruauté. Je suppose que le pardon n'adoucira même pas le tempérament écœurant de cet homme. Et nous ne pouvons rien y faire.

Ce sentiment de frustration terrible qui me serre le cœur ne fait qu'empirer lorsqu'une infirmière égyptienne rapporte à Nura que Saleem est venu rendre visite à sa femme aujourd'hui même. Devant l'infirmière, il a relevé sa chemise d'hôpital et, en voyant l'ouverture pratiquée sur le côté de son ventre pour la poche de contention, il a eu une grimace de dégoût. L'infirmière ajoute qu'il s'est permis une remarque odieuse, en disant à sa femme qu'il ne divorcerait pas d'elle, mais qu'elle ne le reverrait jamais dans son lit, car il ne pourrait pas supporter la vue et l'odeur d'une chose aussi répugnante.

Je m'étonne moi-même de ne pas exploser de rage. Nous étions arrivées ici, mes sœurs et moi, comme une armée alliée, déterminée à arracher Reema des mains de ce malade sexuel. Mais vaincues par sa peur légitime, nous opérons une retraite, petit groupe d'épouses en linceuls noirs, anonymes, démunies du pouvoir de réclamer justice contre un odieux individu.

La douleur cuisante de la défaite m'est personnellement insupportable. Qui peut nier que la muraille fondatrice de l'ordre social saoudien repose sur la dictature masculine ?

Comme nos maris et nos enfants sont toujours à Monte-Carlo, nous décidons de nous installer ensemble chez Nura. Ali vient nous chercher à la clinique. Sara et Nura assurent à notre frère que l'un des chauffeurs de Nura va les emmener chez Nada et lui conseillent en attendant d'aller dormir ce soir chez une autre épouse. Après avoir téléphoné à Monte-Carlo, pour donner des nouvelles de Reema, Tahani va se coucher, fatiguée. J'insiste pour accompagner Sara et Nura jusqu'au palais de Nada. On me force alors à jurer une nouvelle fois que je ne vais pas chercher à influencer Nada et lui conseiller de se séparer d'Ali.

Mes sœurs me connaissent trop bien et il faut admettre qu'elles ont raison, j'avais déjà préparé un plan dans ma tête pour convaincre Nada d'aller le plus vite possible en épouser un autre. Mon frère a toujours traité les femmes avec mépris, et j'estime qu'il est temps pour lui d'apprendre que le divorce n'est pas une arme dans l'espoir qu'en perdant la seule femme qui l'intéresse il se calmera peut-être un peu. Mais me voilà avec une autre promesse difficile à tenir.

Il est presque neuf heures du soir quand nous arrivons. La résidence d'Ali est d'un calme surprenant. Nous n'apercevons, en faisant le tour des quatre palais que possède mon cher frère, aucune de ses épouses, pas une concubine ou un enfant à l'horizon. Le palais de Nada, cerné par des murs épais, est le troisième. Le gardien nous informe que Nada est dans son bain, mais qu'elle nous attend car elle lui a donné l'ordre de nous accompagner jusqu'à ses appartements.

Rien, chez mon frère, n'est modeste. La marque de la richesse du pétrole est reconnaissable à chaque pas. Je pénètre sous un porche d'entrée aussi grand que celui d'un aéroport, tout en marbre blanc, et d'une outrageuse magnificence. Les marches de l'escalier monumental luisent comme des diamants. Je me souviens qu'un jour il nous a parlé avec orgueil des colonnes d'argent qui soutiennent ce chef-d'œuvre de simplicité... Des portes de dix mètres de haut, ornées de poignées d'argent massif, nous mènent jusqu'aux appartements privés de Nada.

Je ne voudrais pas être méchante, mais mon frère a subi une énorme perte lors de la crise mondiale du marché de l'argent en 1980. Il a dû acheter plus de ce précieux métal qu'on ne le pensait, uniquement pour y voir s'écrouler sa fortune. Ce désastre financier représente maintenant pour Ali le bénéfice d'un palais recouvert d'argent !

Je n'ai jamais vu la chambre de Nada, bien que j'aie reçu une fois une invitation pour en admirer l'installation. Par une Sara totalement choquée et furieuse je m'étais laissé raconter que le lit était entièrement sculpté dans l'ivoire, et je constate l'exactitude de sa description. Ali s'est d'ailleurs vanté du troupeau d'éléphants dont la mort a permis de fabriquer l'énorme structure, mais je suis incapable de me rappeler du nombre qu'il avait évoqué.

Il n'y a qu'à regarder l'opulence des palais de mon

frère pour avoir une image qui justifierait l'exil des Al Sa'ud du trône d'Arabie Saoudite. Un tel étalage de perversion de la richesse ne mérite pas d'autre sort. Devrons-nous, un jour, partager la disgrâce royale, comme tous les autres : le roi Farouk d'Égypte, le chah et la chabanou d'Iran, le roi Idriss de Libye ? Il est certain dans mon esprit que, si la classe ouvrière d'Arabie Saoudite pouvait voir les appartements privés du palais de mon frère, la révolution serait inévitable et je frémis à cette terrifiante idée.

Nada fait son entrée dans la chambre, élégamment coiffée, l'allure altière, la poitrine serrée dans une robe de lamé or aveuglante. Il ne faut guère d'imagination pour comprendre pourquoi mon frère est tellement séduit par sa superbe épouse. Nada s'est fait une réputation dans la famille, avec ses manières audacieuses et son goût pour se battre avec un homme qui, avant elle, a rencontré peu de résistance de la part des femmes. Malgré son habileté à torturer mon frère, qui devrait me plaire, j'ai toujours pensé que son regard avait quelque chose de subtilement avide, et je n'ai toujours pas changé d'opinion. Ce qui démange Nada, c'est sa cupidité. À mon avis, elle n'a épousé mon frère que pour la contenter. Je me rappelle que Sara disait à son propos : « L'insécurité de son mariage l'oblige à paraître ce qu'elle n'est pas ; Ali peut se passer d'elle à tout moment, puisqu'il a d'autres femmes. » Une telle situation crée évidemment le besoin d'assurer sa sécurité financière. Mais je garde des doutes sur sa véritable nature, tout en étant bien obligée d'admettre qu'elle paie cher le luxe qui l'entoure, car la vie conjugale avec Ali n'est sûrement pas un conte de fées. Ce doit même être bien sinistre.

– C'est Ali qui vous envoie, n'est-ce pas ? demande-t-elle immédiatement à notre arrivée.

J'examine son visage en pensant qu'elle fulmine comme si notre visite se révélait d'avance une grossière erreur. Mal à l'aise, entre la pitié et l'animosité, je préfère m'esquiver sous prétexte d'aller chercher une boisson au bar tandis que mes sœurs font cercle autour d'elle. La maison est parfaitement calme, il n'y a personne. Après m'être servi un gin soda, je n'ai plus envie de les rejoindre, je préfère me promener à la recherche des appartements personnels de mon frère, situés à l'étage inférieur du palais, et je parviens à les trouver facilement.

J'éprouve soudain une envie enfantine de fouiller, comme jadis, dans les affaires d'Ali, et j'y fais une découverte qui me surprend d'abord, et m'amuse ensuite énormément. J'ai repéré un petit paquet sur son bureau et j'examine avec une certaine curiosité ce qu'il a acheté apparemment lors de son dernier voyage à Hong Kong : des sous-vêtements. Une petite notice bizarre, en papier mince et transparent, est accrochée au paquet. Je la déchiffre avec de plus en plus d'intérêt :

> Le Caleçon Fantastique : Félicitations pour votre achat du nouveau Caleçon Fantastique ! Le caleçon que vous venez d'acheter peut être porté tous les jours.
> « Ce caleçon est garanti pour améliorer les performances sexuelles de son porteur. Le secret de ce sous-vêtement miraculeux réside dans la poche " stratégique " qui maintient les organes sexuels à la température idéale, et dans des conditions optimales.
> « Le Caleçon Fantastique est recommandé à tous les hommes, mais plus particulièrement à ceux qui désirent garder une vie sexuelle active et qui travaillent assis. »

Je commence à rire, à rire, et une vilaine idée me vient à l'esprit. Je dissimule sous ma longue robe le sachet de plastique contenant le « Caleçon Fantastique » et son mode d'emploi. Je n'ai pas encore d'idée précise sur la façon dont je vais me servir de cette chose, mais il vaut mieux que je garde le secret vis-à-vis de Karim. Je me retrouve au temps de notre jeunesse, celui de ma rivalité féroce avec Ali, et je jubile à l'idée qu'il va chercher partout, frénétiquement, à travers la maison, son caleçon magique.

Je retrouve mes sœurs dans l'escalier ; un coup d'œil

me suffit pour comprendre qu'elles n'ont pas réussi à convaincre Nada : elle va quitter Ali.

Au contraire de la pauvre Reema, Nada ne se fait aucun souci pour ses enfants, car Ali n'éprouve pas d'amour forcené pour sa descendance féminine. Il n'a jamais caché à sa femme que leurs trois filles ne représentaient rien pour lui et qu'elles pouvaient vivre avec leur mère.

Je m'en vais sans un au revoir. Dans la voiture, mon larcin me fait revivre intensément des émotions enfantines. Je suis une princesse, de la maison des Al Sa'ud, roulant lentement dans les rues de Riyad et jouissant impunément du plaisir de l'alcool.

Soudain je demande à Sara pourquoi Nada a décidé d'abandonner l'existence luxueuse des Al Sa'ud. Elle est d'origine médiocre, d'une famille de second plan, il lui sera difficile de retrouver la fortune dont elle jouissait en qualité d'épouse d'Ali. C'est la grande beauté de Nada, et non les relations familiales, qui lui a fait obtenir un mari aussi puissant et fortuné.

Nura m'explique ce qu'elle a cru comprendre : il semble que le divorce d'Ali et de Nada ait été décidé après une nuit d'amour. Nada a fini par leur confesser, en larmes, qu'elle divorçait pour la troisième fois à cause d'un problème sexuel. Ali vient la chercher à n'importe quelle heure du jour ou de la nuit, pour se satisfaire. Qu'elle dorme profondément ou non. La semaine passée, Nada a refusé de faire l'amour avec son mari et Ali a insisté, affirmant que lorsqu'un homme exige des rapports sexuels de sa femme, elle n'a pas le droit de refuser, même à dos de chameau ! Comme Nada le repoussait quand même, il a décidé de divorcer.

Puis Sara raconte que Nada lui a fait une autre confession surprenante. Bien qu'étant la favorite de toutes ses épouses, elle ne peut plus supporter la tribu des bâtards qui naissent de toutes ses infidélités. Notre frère est le père de dix-sept enfants mais a une descendance illégitime de trente-trois autres enfants. Le lieu que Nada doit considérer comme son foyer se trouve en réalité envahi par la horde des concubines et de leur progéniture.

À l'évocation de l'activité sexuelle de mon frère, je ne peux m'empêcher d'éclater de rire en pensant au Caleçon Fantastique de ce cher Ali. Mais je refuse de révéler la source de cette hilarité et de divulguer mon secret. Mes deux sœurs doivent penser charitablement que cette journée fertile en émotions a ébranlé le cerveau fragile de leur cadette, qui rit comme une folle, et à en pleurer.

Un Caleçon Fantastique ! Où va se nicher l'orgueil masculin ?

Épilogue

> *Ô Dieu, fais de la fin de ma vie le meilleur de ma vie,*
> *Que mes bonnes actions soient récompensées*
> *Que le plus beau de mes jours soit celui où je te rencontrerai*
> *Ô Dieu, fais que la mort soit la plus belle chose, celle que nous n'aurons pas choisie, mais que nous attendons,*
> *Que la tombe soit le meilleur asile où nous demeurerons.*
> *Et en dépit de la mort, fais que le meilleur vienne après la mort.*
>
> Une prière de pèlerin.

Une semaine s'est écoulée depuis que nous avons quitté Monaco. Dans deux jours, maris et enfants seront de retour en Arabie Saoudite.

Cette nuit-là, les dix filles de ma mère sont réunies au foyer de Nura. C'est une bénédiction que Reema soit avec nous, elle est sortie de clinique le matin même pour s'installer chez sa sœur aînée, le temps de sa convalescence.

Une rencontre douce amère pour nous toutes qui célébrons le vingtième anniversaire de la mort de notre mère. Un rituel annuel que nous n'avons jamais oublié de commémorer, car elle nous manque terriblement, même vingt ans après.

Avant, nous célébrions sa mémoire en nous racontant

243

nos histoires d'enfance favorites, en nous rappelant aussi à quel point elle a merveilleusement influencé nos vies. Ce soir, en raison de la tragédie que vient de vivre Reema, nous sommes dans l'absence et les souvenirs sont plus attristants que par le passé. Sara dit pensivement :

– Vingt ans ? Je n'ai pas vu le visage de ma mère depuis si longtemps ? C'est incroyable.

Pour nous toutes, les années ont passé plus rapidement qu'on aime à le penser. Je me rends compte tout à coup qu'à part Sara et moi huit de ses filles ont déjà atteint l'âge où elle est morte. Des murmures et des lamentations accueillent ma réflexion. Nura me supplie :

– Sultana, je t'en prie, n'ajoute pas d'autre chagrin à notre peine !

Nura a des petits-enfants à présent, et il y a des années que l'âge de notre sœur aînée est un sujet tabou.

Reema réclame le silence, elle a une petite anecdote à propos de notre mère qu'elle n'a jamais rapportée car elle avait peur que je n'en prenne ombrage. Ma curiosité est piquée au vif, je suis surprise mais rassure Reema ; rien de ce qu'elle dira ne provoquera de récrimination de ma part.

– Alors, tu dois promettre, Sultana ! Et faire honneur à ta parole, quoi que tu ressentes !

J'accepte en riant, de plus en plus curieuse.

J'avais huit ans à peine. Un jour, notre mère appelle Reema dans sa chambre à coucher, pour lui demander de faire une promesse solennelle. Timide et modeste, croyant qu'on allait lui confier un secret particulier, qu'elle serait seule à connaître avec notre mère, ma sœur assure que personne ne saura.

Notre mère lui confie alors une découverte préoccupante au sujet de Sultana et lui dit : « Sultana est une voleuse ! »

À ce moment du récit, mes yeux s'écarquillent, tandis que mes sœurs se laissent prendre d'un fou rire à mes dépens. Reema lève la main pour réclamer le silence et achève son histoire.

Donc, notre mère a surpris la cadette de ses filles, moi, s'appropriant ce qui ne lui appartenait pas. Elle a trouvé des jouets, des livres, des bonbons, des gâteaux et tant d'autres choses dont je n'ai pas la propriété, telle que la collection de disques d'Ali. Maman explique à Reema qu'elle a tout essayé avec moi : compréhension, punitions, etc., rien n'y a fait ; je suis une enfant qui n'a pas honte de désobéir à sa mère. Elle a donc besoin de l'aide de Reema pour sauver mon âme. Et maman fait promettre à Reema que, chaque fois qu'elle fera une prière, et ce jusqu'à la fin de ses jours, elle n'oublie pas de demander à Dieu de protéger Sultana, de guider Sultana et de pardonner à Sultana.

Les yeux brillants de larmes, Reema me regarde maintenant en disant :

– Sultana. Je me suis fait énormément de soucis à cause de ta conduite scandaleuse. Cette promesse était un grand poids pour moi. Je suis mulsumane pratiquante, je ne me contente pas des cinq prières quotidiennes obligatoires, je prie souvent à d'autres occasions. Je ne pouvais pas rompre une promesse faite à ma chère mère et je savais que j'allais devoir prier pour toi jusqu'à ma mort. Je prie toujours, mais tu n'es plus une voleuse, et mes prières ont été exaucées.

La pièce résonne des éclats de rire de mes huit sœurs qui s'en donnent à cœur joie. Une fois le calme revenu, nous apprenons que notre mère a demandé et obtenu la même promesse de chacune de mes sœurs ! Et chacune est restée convaincue qu'elle était la seule à détenir le fameux secret concernant la petite Sultana, la voleuse. Pendant vingt ans, aucune n'a failli à sa promesse. Aucune ne l'a révélée aux autres, ni à personne. Maintenant que nous savons toutes la vérité, la crise de fou rire devient hystérique, on doit nous entendre à travers les murs du palais de Nura !

J'éprouve un réel sentiment de soulagement. J'ai dû être protégée par une armée d'anges gardiens, car chacune de mes sœurs est dévote. Pour plaisanter, Tahani me demande à brûle-pourpoint :

– Sultana, on aimerait bien savoir si Dieu a exaucé toutes nos prières. As-tu pris quelque chose qui ne t'appartenait pas depuis ton enfance ?

Elles attendent évidemment une réponse négative. Il leur est difficile d'imaginer que je suis restée une malicieuse enfant voleuse. Un sourire gêné, indécis, fleurit sur mes lèvres, je commence à m'agiter un peu. Le Caleçon Fantastique que j'ai volé est caché dans mes affaires, ici, dans la chambre que j'occupe. Étonnée de mes hésitations, Nura répète :

– Sultana ?...
– Attendez un peu.

Je cours chercher mon larcin. Quand je reviens portant le caleçon d'Ali, elles n'en croient pas leurs yeux. Quand je leur lis la notice elles n'en croient pas leurs oreilles. J'ai audacieusement disposé deux bananes à l'endroit spécifié « stratégique » de la notice... Nura essaie de prendre un air désapprobateur, mais le fou rire de mes autres sœurs repart de plus belle, à tel point que trois d'entre elles sont obligées de quitter la pièce. Nous ne pouvons plus nous contrôler, la crise est générale, et l'une des trois servantes de Nura se précipite en courant pour voir ce qui se passe ; elle a entendu des hurlements depuis le jardin !

Le calme revient à grand-peine au moment où le téléphone sonne et nous oblige à revenir à des sujets plus sérieux. C'est Nashwa qui appelle en demandant Sara, sa mère. Apparemment, elle téléphone depuis Monaco pour se plaindre de sa cousine Amani. Ma fille a suivi sa cousine dans les rues de Monaco et s'est permis de l'accuser d'être « une femme de vice et de mauvaise vie ». Nashwa est véritablement furieuse et indignée, d'autant plus qu'Amani est allée jusqu'à lui prendre son maquillage, son vernis à ongles, ses lunettes de soleil, en prétendant que porter de telles choses c'était violer la loi islamique ! Nashwa prévient sa mère que si personne ne contrôle Amani, elle va s'en charger avec trois de ses camarades françaises, et ce soir même ! Elles vont la déshabiller complètement et l'abandonner en sous-vêtements, toute seule, dans l'endroit le plus touristique ! Sa pudeur lui apprendra à faire toute une histoire sur la moralité des autres !

Nous oublions momentanément les caleçons miracles de notre frère. Mes sœurs ne se privent pas d'ironiser sur le fait que la fille de Sultana se soit prise d'une telle ferveur religieuse, alors que la fille de Sara, elle, s'amuse dans des discothèques !

Je les quitte un instant pour joindre Karim et lui expliquer que la tension entre sa fille et sa cousine Nashwa prend des proportions insupportables. Il me répond qu'il a déjà décidé de garder Amani avec lui et de la surveiller jusqu'à son retour à Riyad. Notre fille s'en est pris le jour même au directeur de l'hôtel, en réclamant des ascenseurs séparés pour les hommes et les femmes dans son établissement, lui faisant remarquer qu'il était indécent d'enfermer ensemble des gens inconnus, et de sexes différents, dans un espace aussi étroit. Je roule des yeux effarés à entendre cette nouvelle lubie intégriste, et tombe d'accord avec mon mari qui veut emmener Amani chez un psychologue à son retour dans le royaume. Cette idée me soulage un peu. Maha vit, elle, maintenant, en famille, comme une jeune fille responsable et équilibrée. Mon aînée ne pense plus désormais qu'à ses études et à ses projets d'avenir.

En rejoignant mes sœurs, je les trouve en grande discussion sur le fondamentalisme, provocation permanente pour notre famille qui dirige le royaume d'Arabie Saoudite. Mes pensées retournent vers Amani et sa foi extrémiste. Toutes mes sœurs disent la même chose : leurs maris ont très peur de l'écart grandissant entre la monarchie et le mouvement réactionnaire idéologique.

On sait que les leaders fondamentalistes islamiques sont jeunes, cultivés et civilisés. Ils prêchent un retour au Coran sans compromis, incompatible avec notre régime qui incline au modernisme et à l'occidentalisation du royaume.

Je ne dis pas grand-chose, bien que j'aie personnellement procédé à une enquête sur ce mouvement, car ma propre fille fait maintenant partie d'un tel groupe qui prône l'opposition à la monarchie. Je me sens trop concernée par le sujet en cours et préfère m'occuper des coussins qui soutiennent la tête lasse de ma sœur Reema. Je me demande quel genre d'agitation je verrai se produire dans ce pays que j'appelle ma demeure. Ma fille sera-t-elle parmi ceux qui veulent renverser le pouvoir légitime en Arabie Saoudite?

Une fois ce sujet épuisé, Reema annonce qu'elle a encore d'autres petites choses à nous raconter. J'espère qu'un autre de mes péchés ne va pas faire la joie du public et m'efforce de garder un visage impénétrable. Calmement, et sans aucune émotion apparente, Reema annonce que Saleem a prévu de prendre une autre épouse.

Notre mère a été profondément humiliée par notre père qui a eu quatre épouses, mais Reema est la première de mes sœurs à subir une telle épreuve.

J'ai envie de pleurer, mais Reema ne veut pas qu'on pleure, elle sera plus heureuse ainsi. Elle aura la paix, et ainsi elle n'est pas séparée de ses enfants. Elle proclame haut et fort qu'elle sera heureuse, mais ses yeux ont un autre langage. Je sais que ma sœur a aimé Saleem, d'un amour sincère et honnête. Sa récompense pour avoir été une épouse fidèle et une mère aimante ne lui sera pas donnée sur cette terre. Par égard pour elle, mes sœurs lui souhaitent du bonheur et la félicitent de cette infime victoire.

Puis Nura nous annonce que Nada est redevenue l'épouse d'Ali, une fois de plus. Notre frère a signé un document donnant une fortune personnelle à Nada, et lui a offert un voyage à Paris pour y acheter des diamants et des rubis dignes de la reine d'Angleterre.

Tahani demande comment Ali s'est débrouillé pour contourner la loi religieuse qui lui interdisait de réépouser Nada. Je ne m'étonne pas d'apprendre qu'Ali a tout simplement loué les services d'un cousin saoudien pour épouser Nada sans consommer le mariage. Ensuite, ils ont prononcé le divorce, et Ali et Nada ont donc pu se remarier ! Je connais les enseignements de l'islam sur de tels agissements et je rappelle à mes sœurs qu'un tel acte est interdit. Le Prophète lui-même dit que Dieu punit les hommes qui se livreront à de tels arrangements, car ce n'est rien d'autre qu'une ruse envers Dieu et une faute grave. Sara demande :

– Mais qui va intervenir ?

Nura reconnaît :

– Personne. Mais Dieu le sait.

Nous avons beaucoup de peine pour Ali, un péché de plus vient salir son âme déjà bien noire. La soirée va sur sa fin, et le téléphone sonne à nouveau. L'une des servantes de Nura décroche et informe que l'on demande Tahani. Pour celles qui ont laissé leurs enfants à Monaco, c'est peut-être l'annonce d'un nouveau problème. Tahani va répondre en promettant de nous donner des détails.

Mais nous l'entendons pleurer presque aussitôt et nous ruons auprès d'elle. Elle raccroche en larmes, et nous avons du mal à la calmer, craignant le pire, un accident quelconque. Enfin, la voix enrouée de larmes, Tahani parle :

– Sameera est morte.

Personne ne fait un mouvement, pas une parole, nous sommes tétanisées. Depuis combien de temps notre amie est-elle enfermée dans la chambre des femmes ? Cette cellule dans la demeure de son oncle infâme ? J'essaie de compter sur mes doigts. Sara demande :

– Combien, Sultana ?

– Environ quinze ans...

Tahani marmonne :

– J'ai commis un grave péché. Il y a des années que je prie Dieu pour qu'il enlève son oncle de cette terre !

On nous avait dit que l'oncle de Sameera était malade et fragile, ce qui nous avait donné l'espoir qu'après sa mort Sameera serait de retour parmi nous.

Je m'autorise un commentaire sarcastique :

– On aurait dû savoir qu'il ne fallait pas avoir confiance en un homme comme lui et qu'il ne mourrait pas de sitôt.

Durant toutes ces années, beaucoup de gens ont essayé d'obtenir la libération de Sameera. Son péché n'était pas si épouvantable pour mériter une punition éternelle sur la terre. Mais l'oncle estimait qu'il était le seul à en juger et à connaître les volontés de Dieu. Il n'est jamais revenu sur ce verdict sévère.

Sameera était une jeune femme brillante, ravissante, de caractère agréable. Peu importe les dons dont la nature l'avait gratifiée, un sort cruel les a réduits à néant. Par la faute de l'invraisemblable cruauté de cet homme, soi-disant son oncle, soi-disant son protecteur, elle est morte, enfermée dans un cachot sinistre, privée de tout contact humain durant quinze années.

Tahani fond en larmes. Entre pleurs et hoquets, ses mots ont peine à sortir. Elle parvient à nous dire que Sameera a été enterrée aujourd'hui. Sa tante a raconté au téléphone que, malgré son visage émacié elle était encore belle, enveloppée d'un linceul blanc, sa dernière parure pour apparaître devant Dieu. Comment se consoler d'une fin si cruelle ?

Secouée de sanglots, j'essaie de me souvenir d'un poème de Khalil Gibran, à propos de la mort. Je commence à chuchoter les quelques mots dont je me souviens, puis la mémoire revenant, hausse légèrement la voix pour que les autres m'entendent :

> « Tu ne chanteras qu'après avoir bu à la rivière du silence. Tu ne grimperas qu'après avoir atteint le sommet de la montagne. Tu ne danseras que lorsque la terre aura réclamé tes membres. »

Nous joignons nos mains, mes sœurs et moi, pour ne pas oublier que nous sommes une chaîne, aussi forte que le chaînon le plus fort, aussi faible que le chaînon le plus faible.

Plus que jamais nous appartenons à une fraternité, bien plus puissante que nos liens du sang. Jamais plus

nous ne nous assoirons pour réfléchir à la cruauté des hommes et à l'arbitraire obscène et vil qui conduit d'innocentes femmes à la mort. Je dis :
— Il faut que le monde sache que les femmes d'Arabie Saoudite avancent encore et encore dans la connaissance de leur droit.

Mes sœurs me regardent, l'une après l'autre, et pour la première fois je sais qu'elles comprennent pourquoi j'ai fait ce que j'ai fait. À cet instant même je prononce un vœu. Peu importe comment évoluera l'ordre moral de notre pays. Le droit triomphera un jour. Le grand mouvement des droits civiques des femmes d'Arabie Saoudite ne fait que commencer et ne sera pas vaincu par l'ignorance et l'endoctrinement des hommes.

Les hommes de mon pays devront maintenant grandir en maudissant mon existence, car je ne cesserai jamais de me battre contre les crimes affreux qu'ils ont laissé commettre sur les femmes d'Arabie Saoudite.

Table des matières

Avertissement..................................	7
Prologue......................................	9
1. Dévoilée	13
2. Maha	31
3. Londres	51
4. La Mecque	71
5. Amani	85
6. Hadj	109
7. Extrémiste	127
8. Histoire d'amour	149
9. Abdullah	175
10. Fatma	193
11. Monte-Carlo	215
12. Foyer conjugal	229
Épilogue	243

*Achevé d'imprimer en mars 1998
sur les presses de l'Imprimerie Bussière
à Saint-Amand (Cher)*

POCKET - 12, avenue d'Italie - 75627 Paris Cedex 13
Tél. : 01-44-16-05-00

— N° d'imp. 412. —
Dépôt légal : novembre 1997.

Imprimé en France